中国和俄罗斯人文交流史

（17世纪至今）

陶源　聂品　著

科 学 出 版 社
北　京

内 容 简 介

本书从历史学的视角切入，试图对17世纪至今的中俄人文交流的内容和特点进行梳理。按照不同时期的分段研究，本书试图反映中俄人文交流特定历史时期的不同观点和侧重方向，并对历史意识、国家意志、汉学研究与人文交流之间的关联性进行剖析，在此基础上思考传统文化交流和时代精神之间的互动关系，进而探寻中俄人文交流的规律，以期为中外人文交流提供有益启示。

本书可供历史学、国际关系等专业的师生阅读和参考。

图书在版编目（CIP）数据

中国和俄罗斯人文交流史：17世纪至今 / 陶源，聂品著.—北京：科学出版社，2019.9

ISBN 978-7-03-061846-7

Ⅰ.①中… Ⅱ.①陶… ②聂… Ⅲ.①文化交流-文化史-中国、俄罗斯 Ⅳ.①K203②K512.03

中国版本图书馆CIP数据核字（2019）第142735号

责任编辑：任晓刚 / 责任校对：韩　杨

责任印制：张　伟 / 封面设计：楠竹文化

科学出版社出版

北京东黄城根北街16号

邮政编码：100717

http://www.sciencep.com

北京中科印刷有限公司印刷

科学出版社发行　各地新华书店经销

*

2019年9月第　一　版　开本：720×1000　1/16

2020年1月第二次印刷　印张：15

字数：230 000

定价：82.00元

（如有印装质量问题，我社负责调换）

目　　录

绪　论

党的十九大报告指出："加强中外人文交流，以我为主、兼收并蓄。"①强调："要尊重世界文明多样性，以文明交流超越文明隔阂、文明互鉴超越文明冲突、文明共存超越文明优越。"②2017 年，中共中央办公厅、国务院办公厅印发的《关于加强和改进中外人文交流工作的若干意见》为中外人文交流指明了方向，也为中外人文交流指明了途径、宗旨等。

中俄互为最大的邻国，中俄关系是全面战略协作伙伴关系。中俄人文交流具有深厚的传统，梳理其发展历史对于构建人类命运共同体，促进中俄民心相通和文明互鉴，共同展望未来，推进新型中俄关系具有重要的战略意义。

---

① 习近平：《决胜全面建成小康社会 夺取新时代中国特色社会主义伟大胜利——在中国共产党第十九次全国代表大会上的报告》，北京：人民出版社，2017 年，第 44 页。

② 习近平：《决胜全面建成小康社会 夺取新时代中国特色社会主义伟大胜利——在中国共产党第十九次全国代表大会上的报告》，北京：人民出版社，2017 年，第 59 页。

一、研究现状、趋势和意义

（一）研究现状

1. 国内学者的研究

（1）中俄文化交流活动和交流史的研究。有记载的中俄人文交流始于17世纪中俄建交及传教士使团的文化和教育活动，迄今已有300多年的历史。学者对于中俄人文交流进行了分阶段的梳理和研究，如《俄国传教团与清代中俄文化交流》①、《中俄文化关系史稿（17世纪—1937年）》②、《中苏文化交流史（1937—1949）》③、《1949—1966年的中苏文化交流》④、《中苏关系史纲（1917—1991）》⑤、《多极化世界格局中的中俄科技、教育、文化交流》⑥、《苏联解体后的中俄人文外交》⑦、《中俄人文合作历史与现实》⑧等。

（2）中俄专门领域的人文交流研究。中俄人文交流聚焦于教育、文学、戏剧、音乐、图书档案等领域，这方面代表性的成果有：《中俄（苏）教育交流的演变》⑨、《别求新声——汪介之教授讲比较文学及中俄文学交流》⑩、《中俄图书馆专业化交流的实践与探索》⑪、《中俄档案文化合作交流研究》⑫、《中俄戏剧交流及其相互影响》⑬、

---

① 肖玉秋：《俄国传教团与清代中俄文化交流》，天津：天津人民出版社，2009年。
② 黄定天：《中俄文化关系史稿（17世纪—1937年）》，长春：长春出版社，2011年。
③ 李随安：《中苏文化交流史（1937—1949）》，哈尔滨：哈尔滨出版社，2003年。
④ 文记东：《1949—1966年的中苏文化交流》，哈尔滨：黑龙江大学出版社，2011年。
⑤ 沈志华：《中苏关系史纲（1917—1991）》，北京：新华出版社，2007年。
⑥ 王奇：《多极化世界格局中的中俄科技、教育、文化交流》，北京：清华大学出版社，2004年。
⑦ 孙学文：《苏联解体后的中俄人文外交》，哈尔滨：黑龙江大学硕士学位论文，2014年。
⑧ 郭力等：《中俄人文合作历史与现实》，哈尔滨：黑龙江大学出版社，2013年。
⑨ 余子侠，刘振宇，张纯：《中俄（苏）教育交流的演变》，济南：山东教育出版社，2010年。
⑩ 汪介之：《别求新声——汪介之教授讲比较文学及中俄文学交流》，北京：中央编译出版社，2014年。
⑪ 毕洪秋：《中俄图书馆专业化交流的实践与探索》，《图书馆建设》2017年第12期。
⑫ 徐丹丹，于元元：《中俄档案文化合作交流研究》，《中国档案》2016年第12期。
⑬ 刘平：《中俄戏剧交流及其相互影响》，《戏剧文学》2016年第11期。

《两大邻邦的心灵沟通——中俄文学交流百年回顾》[①]、《中俄音乐交流史事回顾与当代反思》[②]、《中国—俄罗斯旅游合作论坛文集（2012）》[③]等。

（3）俄罗斯的中国形象和中国的俄罗斯形象问题。一国在另一国家人民心中的形象是两国人文交流的基础，学者在对历史资料和文化现象分析的基础上，深入思考了国家和民族的文化形象问题，如《俄罗斯的中国形象》[④]、《中国的俄罗斯形象（1949—2009）》[⑤]、《俄国"熊"眼中的中国"龙"——基于中国文化软实力调查数据的分析》[⑥]等。

（4）中俄人文交流的未来与展望。21 世纪以来，中俄人文交流进入新的阶段，也必将迎来新的时代。学者对该领域进行了构想和展望，如《21 世纪中俄人文交流与展望》[⑦]、《"一带一路"框架下的中俄人文合作与交流》[⑧]、《"一带一路"背景下中俄人文交流转型发展的挑战与思考》[⑨]等。

（5）中俄文化交流的全面梳理。国内许多学者对俄罗斯汉学和中俄文化交流发端以来近 300 年的中俄文化交流进行了梳理，肖玉秋，阎国栋，陈金鹏撰写了《中俄文化交流史（清代民国卷）》[⑩]和岳巍的《中俄文化交流史（中华人民共和国卷）》[⑪]。

---

① 李逸津：《两大邻邦的心灵沟通——中俄文学交流百年回顾》，哈尔滨：黑龙江人民出版社，2010 年。

② 陶亚兵：《中俄音乐交流史事回顾与当代反思》，北京：人民音乐出版社，2011 年。

③ 中国旅游研究院，俄罗斯"无国界世界"旅游协会：《中国—俄罗斯旅游合作论坛文集（2012）》，北京：旅游教育出版社，2012 年。

④ 孙芳等：《俄罗斯的中国形象》，北京：人民出版社，2010 年。

⑤ 李随安：《中国的俄罗斯形象（1949—2009）》，哈尔滨：黑龙江教育出版社，2013 年。

⑥ 李玮：《俄国"熊"眼中的中国"龙"——基于中国文化软实力调查数据的分析》，《国外社会科学》2012 年第 5 期。

⑦ 文记东：《21 世纪中俄人文交流与展望》，《中国社会科学院研究生院学报》2016 年第 6 期，第 140—144 页。

⑧ 刘利民：《"一带一路"框架下的中俄人文合作与交流》，《中国俄语教学》2015 年第 3 期。

⑨ 高艺：《"一带一路"背景下中俄人文交流转型发展的挑战与思考》，《对外传播》2017 年第 7 期。

⑩ 肖玉秋，阎国栋，陈金鹏：《中俄文化交流史（清代民国卷）》，天津：天津人民出版社，2016 年。

⑪ 岳巍：《中俄文化交流史（中华人民共和国卷）》，天津：天津人民出版社，2016 年。

2. 俄罗斯学者的研究

俄罗斯学者对于中俄人文交流没有专门的论著，只在中俄关系、外交和国家形象的某些成果中提到了两国的人文交流，如 О.Б.拉赫曼宁（О.Б.Рахманин）在其著作《20世纪俄苏中关系史》（*Кистории Отношений России СССР с Китаем в XX Веке*）[①]中，介绍了1917—2000年的两国关系，其中有很多章节都提及了两国人文领域的交流与合作，主要介绍了苏联解体后中俄在人文领域合作机制的建立问题；В. Л. 拉林（В.Л.Ларин）在其著作《20世纪80年代地区层面的俄中关系》（*Российско-китайские Отношения в Региональных Измерениях 80е Годы XX Начало XXI Века*）[②]中涉及了俄罗斯远东地区同中国东北地区在文化、教育、旅游等领域的交流合作；卢金博士（А.В.Лукин）在《俄国熊看中国龙：17—20世纪中国在俄罗斯的形象》（*Медведь Наблюдает за Драконом. Образ Китая в России в XVII-XX Веках*）[③]一书中论述了17—20世纪中国形象在俄罗斯的演变，这种形象的演变是中俄交流中对中国的观察和评价，体现了中俄人文交流在俄罗斯所产生的积极效果。此外，在俄罗斯的《世界经济与国际关系》（*Мировая Экономика и Международные Отношения*）、《远东问题》（*Проблемы Дальнего Востока*）和《历史问题》（*Вопросы Истории*）等杂志上，也有一些涉及中俄人文合作专门领域的论文。

（二）趋势及简评

对中俄人文交流的属性进行界定，对其历史进行全面的爬梳，以及对中俄人文交流中的跨文化交际、历史、外交和双方形象等问题的内在关联性的思考将成为该领域研究的趋势。而综观已有研究，这方

① Рахманин О.Б. К истории отношений России-СССР с Китаем в XX веке. Обзор и анализ основных событий. М.: Памятники исторической мысли, 2002. С. 512.

② Ларин В. Л. Российско-китайские Отношения в Региональных Измерениях 80е Годы XX Начало XXI Века. Издательство: Восток-Запад, 2005.

③ Лукин А.В. Медведь наблюдает за драконом. Образ Китая в России в XVII-XX веках. Издательство: Восток-Запад, 2006.

面的论著还相对缺乏，且这类研究对于促进民心相通、文明互鉴，以及构建人类命运共同体的作用亟待深挖，本书正是拟在这些方面有所突破。

（三）理论及实际意义

1. 理论意义

（1）关联性。研究强调史学观念，通过不同时期的分段研究，反映中俄人文交流特定历史时期的不同观点和侧重方向，突出历史意识、国家意志、汉学研究与人文交流之间的关联性，为中外人文交流提供有益启示，并补充和丰富中外人文交流的学术史。

（2）全面性。项目全面收集和梳理了中俄人文交流第一手文献资料，其中包括俄罗斯和苏联报纸的相关报道及某些未公开出版的手稿和图片资料，同时也包括近几年的最新资料，力求资料全面、系统，为中俄人文交流史研究提供素材和语料。

（3）战略性。以区域国别研究方法为指导，对三百年来，特别是苏联和后苏联时代的中俄人文交流的方方面面进行梳理，从国家的现实与长远利益出发，提出关于研究对象形势发展对我国的不利影响和有利影响，形成相关咨询建议。

（4）补充性。研究结果可补充和丰富现有跨文化交际、世界中国学和中俄关系研究的理论成果，研究将是对区域国别研究的有益补充。

2. 实际意义

（1）及时性。本书符合国家发展的大局，对于创新高级别中俄人文交流机制，改革人文交流内容、形式和工作机制，彰显中国特色、中国风格、中国气派，促进中外民心相通和文明互鉴具有实际的指导作用。

（2）实践性。为高校及各单位的俄语国家国别区域研究和国际合作提供实际的可行性经验和借鉴，切实推进各高校关于俄罗斯的教学、科研及其他领域的交流与合作，为中俄人文交流进入新阶段提供理论与实证的支持。

（3）为国内高校正在布局的区域国别教学及相关学科教学提供教辅材料。

（4）为国内历史学、文化学和国际关系学者开展中国和斯拉夫、中亚及波罗的海沿岸国家等人文交流提供辅助性资料。

二、主要研究内容

1. 明晰人文交流的属性

已有的中俄（苏）交流史主要聚焦于文化、文学或教育等层面。人文交流是新近提出的概念。本书拟通过学术史的梳理，明确人文交流既包括大国外交的众多元素，又包括民间交流的方方面面。只有通过传统文化交流和时代精神互动的双向动态解析，才能获得对此类现象更为完整的信息。据此，本书将基于前人的理论思考，对人文交流的属性从形式到内涵进行解读和厘定，并以此作为整个研究的横向线索。

2. 梳理300多年来中俄人文交流史实

（1）17—20世纪初的中俄人文交流。俄国东正教驻北京传教团是1917年以前中俄文化交流的主要渠道。使团促进了中俄在宗教、哲学、语言、文学、历史学、地理学、教育、图书、医学、美术和教堂艺术等方面的交流。这一时期的交流以宗教为契机，涉及了人文领域的方方面面，也正是在这一时期，俄罗斯汉学和中国的俄语教育开始萌芽。本书将从宗教、教育、汉学研究、图书交流等多个维度对这一时期的中俄交流活动进行描写和梳理。

（2）1917—1949年的中苏人文交流。这一时期国内进步知识分子追随苏联思想，译介苏联文学，人文交流表现为输入为主。本书将描写这一时期世界上第一个社会主义国家苏联对中国革命的影响，梳理这30 年里苏联对中国的援助和支持，回顾这一时期的民间人文交流活动，并探讨这一时期苏联文学、哲学、文化学、艺术等对国内知识界和普通民众的影响。

（3）1949—1966 年的中苏人文交流。中华人民共和国成立后 17 年的中苏文化交流在中外文化交流史上具有特殊的地位。这一时期的中苏人文交流受到意识形态的影响，呈现中国学习苏联的一边倒局面，且中苏关系经历了大起大落。本书将对这一时期的两国人文交流进行分领域爬梳，从教育、科学技术、文学、汉学、艺术、电影等方面对这 17 年的人文交流史进行论述。

（4）1967—1991 年的中苏人文交流。1967 年直至苏联解体期间，中苏人文交流较前一阶段热度降低，两国外交经历了复杂的历程，但是中苏在文学、艺术、汉学等领域的交流与合作并未停止。对这一时期的研究仍将以上述几个重点的领域为横向线索，对相关史料进行爬梳。值得一提的是，这一时期苏联对于中苏人文交流的记载和报道在国内还涉及较少，本书将搜集并阅读俄语和英语的相关资料，并从中苏两个视角梳理这一阶段的人文交流史。

（5）1991—2013 年的中俄人文交流。苏联解体后中俄在文化领域的交流得到了快速发展，并且取得了很多重要的成果。本书仍将以文化、教育、文学、语言及旅游等人文交流最活跃的领域为主要维度，对这一时期的重要事件，如中俄互办“中国年”“俄罗斯年”“旅游年”“语言年”及中俄青年交流等进行梳理。

（6）2013—2017 年的中俄人文交流。2013 年习近平主席在哈萨克斯坦提出了“一带一路”倡议，俄罗斯是丝绸之路沿线的政治大国和“一带一路”倡议的积极响应者，这一时期中俄人文交流日益活跃，领域也日益扩大，为促进民心相通和构建人类命运共同体发挥了积极作用。我们将对近五年中的大事进行记录和整理，并展望中俄人文交流的趋势和未来。

3. 挖掘中俄人文交流的深层次规律

本书在整理描写上述史实的基础上，以历史学的视角分析 300 多年来中俄人文交流的特点和趋势，指出跨文化交流、意识形态、民间交流活动的关联，思考传统文化交流和时代精神互动关系。在当代社会文化背景下，中俄人文交流还将迎来怎样的机遇和挑战，为中俄各领域的深度交流提供史实和形而上的思考。

第一章　17—20世纪初的中俄人文交流

中国14世纪的史料中记载，被俘虏的俄罗斯人组成“宣忠扈卫斡罗斯亲军”驻扎在北京北部[①]，而俄罗斯文献中第一次提到中国是在15世纪索菲亚第二部编年史中[②]。此后，两国之间的联系一度中断。随着资本主义经济因素的发展，西欧各国接连探寻通向东方的北方之路。16世纪后半叶起，俄国越加频繁地从外国资料中获取有关中国的信息。17世纪，为了抢在英国之前掌握同中国贸易往来的主动权，俄国陆续派出使团和商队，了解中国的风土人情、生活习俗、地理状况。1618年，И. 佩特林（Иван Петлин）率领俄国使团抵达北京，虽然没有同中国建立稳定关系，但带回了明朝万历皇帝的国书和在中国的亲历见闻。由此，中俄两大文明开启了正式交往的历史。

佩特林之行和他的《详细笔记》引起了莫斯科的极大兴趣。1654年，沙皇派出了以祝贺大清新帝登基为目的的第一个出使中国的俄国官方使团，团长是费多尔·伊萨科维奇·拜科夫（Фёдор Исакович Байков）。

---

① （俄）П. Е. 斯卡奇科夫：《俄罗斯汉学史》，柳若梅译，北京：社会科学文献出版社，2011年，第2页。

② （俄）亚·弗·卢金：《俄国熊看中国龙——17—20世纪中国在俄罗斯的形象》，刘卓星等译，重庆：重庆出版社，2007年，第4页。

但由于拜科夫拒绝在觐见皇帝时行屈辱性礼节，清朝停止与其进行谈判，并命使团离开中国。为了与清朝建立正常的外交关系和贸易关系，俄国于1675年派出以斯帕法里（Николай Гаврилович Милеску-Спафарий）为团长的使团，尽管使团没有完成任务，但促进了俄国对中国的了解，形成了关于中国及其文化、人民生活、地理状况、政治体制等各方面的清晰概念，为后期的中俄人文交流奠定了基础。

第一节　俄国东正教驻北京使团

1685年和1686年，清政府在雅克萨（现为阿尔巴津）之战中抓获了大批战俘，其中大部分被遣返回国，愿意留在中国的战俘则被编入镶黄旗第四参领第十七佐领，称为“俄罗斯百人队”。为满足这部分战俘的宗教信仰要求，清政府拨给他们一座关帝庙作为临时祈祷所，由马克西姆·列昂节夫（Максим Леонтьев）主持教中事务。不久此庙改建为东正教堂。1695年，俄国托博尔斯克教区主教送来教会证书，正式承认这所小教堂，即后来的“北馆”。

1712年，清政府派出图理琛使团经俄地前往土尔扈特部，意在说服阿玉奇汗共同进攻准噶尔部。作为对俄方允许使用俄地联络的回报，第一届俄国东正教使团随同由俄国返回的中国使团一起赶往北京。他们以北馆为驻地，正式建立北京东正教会临时机构。1728年，《恰克图条约》签订，专门为俄商划拨了房舍，允许修建俄罗斯教堂。1732年，俄国在北京玉河桥东交民巷建立了新的东正教教堂，命名为“奉献节教堂”，俗称为俄罗斯南馆。至此，俄国东正教驻北京传教士团的法律地位被正式确认下来。1860年中俄《北京条约》签订之后，南馆改为俄罗斯使馆，原馆内传教士团重新合并于北馆。1715—1956年，俄国东正教驻北京传教士团在华活动近二百五十年，先后派出二十届传教士团，累计二百多人，在中俄人文交流中发挥了巨大的作用。

俄国东正教传教士团入京时，西方基督教传教士在中国的辉煌时期已过，礼仪之争使得清政府与罗马教廷的关系恶化，西方传教士几乎全被赶往澳门。因此，在1860年之前，为了不致引起清政府的不满，不失去得到中国消息的这条唯一途径，沙俄政府禁止东正教使团在中国人中间活动，俄罗斯神职人员只在为数不多的阿尔巴津人中传教，后来渐渐扩展至亲属之中。第二届传教士团修士大司祭安东尼·普拉特科夫斯基（Антоний Платковский）向圣务院报告："1731年3月25日有9名中国人接受了俄国的正教信仰，受洗中国人中有男性25人，另有8人准备领洗。自那日起，每个月都有1—2人来此接受洗礼，其中既有富庶诚实之人，也有一些穷困之人。"[①]据估计，1715—1860年，仅发展教徒二百名左右[②]，而且绝大多数是雅克萨战俘后裔，中国人入教不过寥寥数人。

中国人领洗往往带有很强的目的性，即为了和俄罗斯人打交道、做生意。在俄国商队到来之前，先向别人借妥一笔钱或货，为的是等商队来了之后，领了洗，可以比较方便同俄国人做生意，而且由于他们已入了教，商队总管也会允许他们同俄国人做生意。当商队在北京时，这些新领洗的人也经常进教堂；可是在这批商队走后到下一批商队到来之前，在教堂里任何时候也看不到他们的踪影[③]。

在第八届传教士团修士大司祭格里鲍夫斯基看来，俄国传教团本身素质和品行的低下是难以向中国人传教的主因。苏联侨居美国的作家彼得罗夫在其所著《俄国传教团在十八世纪中国》一书中对俄国传教团的传教困难做了更全面的论述，即俄国传教团来华的最初目的是为雅克萨战俘主持圣事，并非传教；不愿与在北京的耶稣会士发生冲突；理解清廷对传教的态度，不希望西方传教士被驱逐的命运落到自己头上；在对话政策上，俄国始终将政治、领土和贸易利益置于首位，传教不过是用

① （俄）尼古拉·阿多拉茨基：《东正教在华两百年史》，阎国栋、肖玉秋译，广州：广东人民出版社，2007年，第100页。

② 李明滨：《中国与俄苏文化交流志》，上海：上海人民出版社，1998年，第65页。

③ （俄）尼·伊·维谢洛夫斯基：《俄国驻北京传道团史料》第1册，北京第二外国语学院俄语编译组译，北京：商务印书馆，1978年。

来达到其侵华的工具或手段之一[①]。

1858年的《中俄天津条约》使俄国获得了在中国自由传教的权利，并允许其前往北京之外的地区传教。1861年，俄国公使馆成立，东正教驻北京传教士团从原来的以参与俄国外交活动为主，转变为以传教事务为主，开始真正发挥其宗教职能。在第14届传教士团任期内（1858—1864年），共发展教徒约200人，此后每年都有一定数量的中国人入教。1881年，中国人蜜特啰芳（Митрофан Цзи）成为第一个担任东正教神职的中国人。1892年，信仰东正教的中国教徒人数达到459人，其中包括149名雅克萨战俘后裔，其余310名教徒中，有250人居住于北京城中，另60人在东安定村[②]。此后，东正教势力继续向天津、汉口和东北等地扩散。在这一时期，传教士团把很大精力放在翻译和刊印东正教神学书籍上，并未进行大规模传教。

1900年义和团运动爆发，烧毁了传教士团在北京的驻地北馆，杀害222名中国籍东正教徒。此举不但没有阻止东正教在中国的传播，反而加快了传教士团发展中国教徒的速度。俄国获得庚子赔款后，在北京、天津、哈尔滨、上海等地设立主教区，在1917年十月革命爆发之前，受洗教徒总数已增至6000人。为提高传教效果，传教士团于1902年成立翻译委员会，重新翻译了大量经书。委员会成员除了俄国神父之外，还包括6名中国教士和2名抄写工，仅在其成立后的6年里，就翻译和印刷了20多种汉语译作。1904年3月25日，《中国东正教公会公报》在哈尔滨创刊，1907年更名为《中国福音报》，改由北京传教士团印字房出版。该刊不仅详细报道传教士团的重要活动，还回顾东正教传入中国以来的重要事件。随着教务的不断拓展，中国籍神职人员的数量增长很快。到1913年，传教士团的正式成员中，中国人为46人，俄国人为35人，已经可以用汉语开展每日的宗教活动。

从1917年之前的东正教驻北京传教士团的传教活动来看，传教显然不是其主要目的，他们在传布基督教的幌子下执行着外交职能，是沙

① 肖玉秋：《俄国传教团与清代中俄文化交流》，天津：天津人民出版社，2009年，第12页。
② 陈月清，刘明翰：《北京基督教发展述略》，北京：首都师范大学出版社，1998年，第204页。

皇专制制度殖民政策的积极推动者[①]。传教士团实际上既是沙俄政府驻中国的外交使团，又是有组织有计划地培训中国学家的大本营。它同时接受沙俄外交委员会（外交部）亚洲司、西伯利亚总督、科学院和东正教会的严密控制与领导，是沙俄官僚政治的一个特殊的涉外机构[②]。在1917年之前，传教士团始终是中俄文化交流的重要桥梁，俄国依托于传教士团，对中国进行了二百余年不间断的研究，涌现出许多世界知名的汉学家。

第二节 俄国汉学研究

俄国东正教传教士团自第一届起，即有随班的留学生一同前往，《恰克图条约》第五款规定："另外，弗拉基斯拉维奇—拉古津斯基伯爵想将四名男学生，两名年龄稍大，懂俄语和拉丁语，留在北京学习语言，他们将住在沙皇出资建造的住所，学成后归国。"此后每届都有学生来到中国，一边学习汉语、满语，一边研究中国文化历史，成为俄国汉学的开拓者和奠基者。

一、俄国汉学先锋罗索欣

罗索欣（Илларион Калинович Россохин）作为第二届俄国东正教使团成员被派往中国，因其语言能力出众，被清政府聘为理藩院通译，从1738年起为内阁俄罗斯文馆教习。他与懂俄语的满人富勒赫一起将斯莫特里茨基（Мелитий Смотрицкий）的《俄语语法》翻译成满语，称作《俄罗斯翻译捷要全书》。这是中国俄语教学历史上的第一部教科书。

---

① Л.Е.斯卡奇科夫：《中国书目》，1932年，第7—8页。

② 孙越生：《俄苏中国学概况》，中国社会科学院文献情报中心：《俄苏中国学手册》，北京：中国社会科学出版社，1986年，第4页。

从罗索欣留下的手稿中可以看出，他在北京做了大量开创性的工作，和富勒赫一起翻译了10本汉语和满语资料，得到了一份中国地图，并用俄语标注了地理名称。回国前罗索欣已经精通汉语和满语，积累了大量关于中国人民日常生活和中国文化的知识。1741年，罗索欣返回俄国，成为圣彼得堡皇家科学院的成员，开始了他的汉满语教学和翻译生涯①。

1747年，罗索欣完成了中国古代简史的俄译本，因为该书截止到元代，又补充了元、明、清的内容，并在书后附上中国度量衡、中国古代首都、中国省份和蒙古行政区划。可惜的是，皇家科学院对译稿正确性有所保留，未将其出版。

1750年，罗索欣将五卷本《亲征朔漠方略》翻译完毕，此项浩大工程进行了五年之久。罗索欣在这部著作中附上了地名索引，从中文古籍中把“中国皇帝年表”和“职官名称”单独收入一册。在上交译文的汇报中，强调译文有着扎实的材料基础，包括给皇帝的奏折，圣旨、谕令，按日期和类别分类的奏书②。

译完《亲征朔漠方略》之后，罗索欣立马着手翻译《资治通鉴纲目》。这份长达2900页的译稿最终在1756年完成，是这部历史著作的第一个欧洲语言译本。这部译稿和其他译著一样，被放进了科学院图书馆的档案室。

1756年，枢密院责令必须按时译完16卷本的《八旗通志》，并派来列昂季耶夫协助，两位最早的汉学家共同开始了两人规模最大的一部译作。1761年，罗索欣去世，译完了5卷，其余的11卷由列昂季耶夫单独译出。尤其值得一提的是，第17卷是译者注释，极具学术价值，共计323页，其中罗索欣完成了256页。目前，如果要核实18世纪上半叶的一些事件、史实时，仍需要查看罗索欣的注释③。

---

① 罗索欣的教学活动将在下节详述——笔者注。

② 转引自（俄）П. Е.斯卡奇科夫：《俄罗斯汉学史》，柳若梅译，北京：社会科学文献出版社，2011年，第63页。

③ 转引自（俄）П. Е.斯卡奇科夫：《俄罗斯汉学史》，柳若梅译，北京：社会科学文献出版社，2011年，第65页。

二、18世纪最重要的汉学家列昂季耶夫

列昂季耶夫（Алексей Леонтьевич Леонтьев）是第三届传教士团成员，在北京期间，他替代回国的罗索欣担任清朝理藩院的通译，并在俄罗斯文馆教授俄语。比罗索欣幸运的是，列昂季耶夫的著作和译作都得到了出版，身后还留下了大量手稿，涉及中国历史、地理、政策和哲学等。

（一）中国哲学思想的翻译

列昂季耶夫是第一个翻译《大学》和《中庸》的人，同时还以“中国典籍即易经中阴阳的两重作用”为题节译了《易经》。他认为《易经》是“世上所有学问的基础”，“但只翻译了开始部分，后面部分术语艰深，翻译不了”。《易经》的俄文全译本直到1960年才问世。

列昂季耶夫流传最广的译作是《中国思想》、《圣谕广训》和《格言》。《中国思想》一共出了四版，《格言》出了两版，这些书包含了清朝皇帝和历代大臣的治国专论，尤其重视雍正皇帝和大臣德沛的思想与言论。通过他的译文和注释，俄国读者第一次全面了解到中国的哲学思想。

列昂季耶夫还从满语和汉语文本翻译了《三字经》和《名贤集》，合编成《三字经名贤集合刊本》，1779年由圣彼得堡皇家科学院出版。在俄国读者眼里，《三字经》是一部中国文化百科全书，所包含的中国封建伦理和道德说教，与所谓“开明专制”的政治气氛颇为协调，因此，俄国官方喉舌《圣彼得堡通报》即于次年发表书评，将这本“诗体箴言”推荐给俄国民众①。

（二）大清律法翻译

1778—1779年，列昂季耶夫出版了由满文缩译，并附加少量注释的

---

① 蔡鸿生：《俄罗斯馆纪事》，广州：广东人民出版社，1994年，第92页。

两卷本《大清律例》，这引起了女皇叶卡捷琳娜二世的重视，命令他全文翻译《大清会典》。《大清会典》是以行政法律为主要内容的法律汇编，详细记述了清代行政法规和各种事例，极具学术价值和历史价值。1781—1783年，三卷本的《大清会典》问世，由俄国政府出资印刷，是俄国汉学史上的一部翻译力作。

《大清律例》的翻译，是欧洲历史上第一次对中国律法的翻译，其英译本直到1810年才在伦敦出版，更为完整的法文版则在1924年问世。

（三）中国史地著作的翻译

列昂季耶夫最著名的史籍翻译自然是与罗索欣合译的《八旗通志》，这也是18世纪俄国汉学最杰出的成就。尽管俄国政府十分重视这部巨著，它的出版却拖延了许多年，直到1784年在罗蒙诺索夫的大力支持下才得以全部出版。

《大清一统志简编》是列昂季耶夫的又一部译著，出版于1778年，将有关中国最重要的地理和经济信息翻译出来并汇集成书。此外，他还参考了罗索欣的译稿，翻译了《1677年到1689年中国人与准噶尔人战争报道》，即前文提到的《亲征朔漠方略》。继罗索欣之后，列昂季耶夫再次翻译图里琛的《异域录》，译名为《中国使臣出使卡尔梅克阿玉奇汗（附对俄领土与风俗的描述）》。

列昂季耶夫的作品涉猎甚广。他译自《万宝全书》[①]的《农桑撮要》卷中，谈到了所有的农活和蚕业的生产过程。1775年，出版了一本简要介绍中国象棋的小册子，引发了人们对中国象棋的兴趣，被认为是“俄罗斯象棋术语史上的里程碑”。

列昂季耶夫的译文准确，风格流畅，著作颇丰，完全可以称得上是18世纪最重要的汉学家。他和罗索欣一起为俄国汉学的进一步发展奠定了基础。

---

① 《万宝全书》一书是一部研讨万年历法、揭示神秘文化的运行规律和推算方法及讲述生活百科知识的综合类工具书。清代烟水山人编，后由毛焕文修订刊行。

三、俄国汉学奠基人比丘林

1808年，第九届东正教驻北京传教士团抵达北京，团长正是后来成为俄国汉学奠基人的比丘林（Иакинф Бичурин）。来华之后，比丘林先花时间整顿教务，却招致下属的不满，并且随着对使团传教事务的熟悉，他发现阿尔巴津人加入东正教不是出于对基督的信仰，而是为了面包，自此失去了对传教的信心，不再重视教堂事务，转而把大部分时间用于研究中国及其语言。比丘林发现中国主要的典籍都是汉语写的，便决定放弃满语、蒙语，专攻汉语。因此，比丘林的绝大部分著作都是利用汉语典籍编译而成。

比丘林在华13年，返回俄国时带回了12箱汉文和满文书籍、1箱手稿、1箱颜料和6卷地图。这些书中包括5部汉语字典、2部满语字典、中国历史著作（43卷、2箱）、中国法律方面的书籍和其他书籍。

（一）汉语研究

在北京期间，比丘林发现学习汉语最大的困难是缺乏教科书和汉俄词典，于是立即着手编纂词典事宜。在他的构想中，最基本的词典应该是鲜活的口语词典。比丘林穿上中式衣服，出入集市商铺，问清物品名称，请人写下汉字，自己记下发音，再和自己的汉语老师一起把这些收集来的资料整理好。通过这种方式，比丘林来京四年后便编出了一部不大的《汉俄词典》。但比丘林对这部《汉俄词典》并不满意，又着手编纂一部新的大词典。他一生到底编了多少部词典，目前尚无定论。仅苏联科学院远东研究所档案馆就保存有5部比丘林的词典，在列宁格勒大学图书馆还发现3部词典，其中一部就是9卷本（共1922页）的《汉俄重音词典》。

《汉文启蒙》是比丘林最重要的汉语语言学著作，出版于1835年，1838年又出了修订版。他将《汉文启蒙》分为两个部分，第一部分介绍有关汉语文字和书写的基本知识，特别强调了汉字的多义性、声调、书写及方言问题。第二部分阐释汉语的语法规则，主要内容为词类以及实字和虚字的使用。正文后面是附录，分别是笔顺表、六体表、讹误字表、异写字表、新旧字形对照表、偏旁部首表、异形偏旁表、汉语量词表、天干地支表和敬语表。《汉文启蒙》在俄国人学习汉语的过程中发挥了重要的作用，后来成为喀山大学和圣彼得堡大学唯一的汉语语法教材，还被作为俄国东正教驻北京传教士团成员来华前的语言培训教材，其重要地位可见一斑。

（二）对中国边疆民族史地的研究

比丘林对中国边疆民族史地的研究主要集中在1826年至1834年，在瓦拉姆修道院完成了一系列著作，清单如下：①1828年的《西藏志》。②1828年的《蒙古札记》。③1829年的《准噶尔志》。④1829年的《成吉思汗家族前四汗的历史》。⑤1833年的《西藏和青海人的历史》。⑥1834年的《15世纪至今的卫拉特人或卡尔梅克人史评》。

《西藏志》译自《卫藏图识》，比丘林在书中做了较详细的注释，附录了从成都到拉萨的道路图。这是俄国第一部关于西藏的书，引起了学术界的热议。《莫斯科通报》《祖国之子》《莫斯科电讯》《北方蜜蜂》等杂志均发表了评论，尤其是俄国科学院通讯院士先科夫斯基（O. И. Сенковский）对《西藏志》大加赞扬，认为此书不仅为俄国带来了荣誉，也为整个欧洲带来了荣誉①。

《蒙古札记》是比丘林第一部原创著作，以比丘林1821年由北京返回祖国时的游记为主，辅以他1807年蒙古之行的见闻，对蒙古的历史、现实、与中原的关系等做了详尽的阐释。该书得到了俄国科学院的高度评价，同年12月，比丘林被选为俄国科学院通讯院士。

1829年在彼得堡出版的《成吉思汗家族前四汗的历史》，是在翻译《元史》和《资治通鉴纲目》中蒙古人历史的一些章节的基础上完成的。比丘林在翻译时加上了大量的注释，这些注释既是对所述史实进行解释，也是对西方汉学界或俄国社会在该问题上的错误认识加以澄清。他的这部译作至今仍是这些中国历史典籍的唯一俄译本，每一个蒙古历史学家以及

① 阎国栋：《比丘林的中国边疆史地研究》，《中国边疆史地研究》2001年第2期，第104—107页。

每一个描写 13—15 世纪蒙古人的作家都要不同程度地参考该书[①]。

1829 年，比丘林出版了另一本边疆少数民族史地研究作品《准噶尔志》。该书以《西域传》《前汉书》《西域见闻录》《西域同文志》等汉语典籍译文为基础，介绍了西域的历史和现状。在此书中，比丘林提出“东突厥斯坦”的概念，这在世界上尚属首次。

《西藏和青海人的历史》一书于 1833 年出版，由中文的《廿三史》和《通鉴纲目》翻译而来。书中附有中国西藏东北部和中国西部省区的地图和古今对照的地名表，还有一些关于中国纪年、度量衡、钱币的文章。

1834 年出版的《15 世纪至今的卫拉特人或卡尔梅克人史评》是一部按时间顺序编写的关于卡尔梅克人历史的资料汇编。比丘林在撰写过程中引用了《新疆志聊》《西域见闻录》，还参考了历史学家费舍尔（И. Э. Фишер）、雷奇科夫（П. И. Рычков）和汉学家利波夫措夫（С. В. Липовцов）、列昂季耶夫和罗索欣的著作和译文。同之前的著作相比，本书独立研究的比重加大，代表了比丘林以译著为基础进行独立研究的开始。随着该书的出版，比丘林对中国边疆民族史地的研究暂告一段落，直到 19 世纪 40 年代后期才重回这个题目，完成了自己的最后一部著作《古代中亚各民族历史资料集》，为自己的中国研究画上了完满的句号。

（三）对中国传统文化的研究

比丘林遗有三部大部头译著，一是《御批资治通鉴纲目》，二是《大清一统志》，三是《大清会典》。这三部译作为比丘林的汉学研究提供了坚实的文献基础。另外值得一提的是，比丘林根据清人吴长元编著的《宸垣识略》，结合欧洲人的兴趣和自己的亲历观察，删繁就简，增补注释而完成了《北京志》一书，书后附有他于 1817 年绘制的北京地图，极具实用价值。

在按计划完成对中亚民族史的研究之后，比丘林的研究旨趣转向中

---

① 转引自阎国栋：《俄罗斯汉学三百年》，北京：学苑出版社，2007 年，第 51 页。

原地区的历史和文化。1840年，比丘林出版了《中国及其居民、风俗、习惯和教育》，介绍了许多中国文化知识、日常生活习俗和国家管理体制。但这部书招致了一些批评，原因在于其中的相当一部分内容已经以单篇文章的形式发表过，难以满足读者需求。这促使比丘林重新审视自己的第一部关于中国的著作，决定撰写一部全新的《中华帝国详志》。《中华帝国详志》是一部包罗万象的著作，一直是汉学家的重要资料。

1844年，比丘林完成了《中国的民情和风尚》一书的写作，但直到1848年才出版，甫一出版，便引起社会的广泛关注，共有六篇书评围绕此书展开。其中别林斯基（В. Г. Белинский）在《当代人》杂志上发表文章，赞扬了新作的优点，同时也批评比丘林将中国过于理想化。

比丘林一生著作颇丰，去世前把168部书、地图和手稿寄给了自己的母校喀山神学院。他关于中国的著作丰富多样、客观公正，推动了中国知识在俄国的迅速普及。在比丘林时期，汉学的学科特征愈加明显，他无愧于“俄国汉学奠基人”的称号。

四、汉学巨匠巴拉第

巴拉第原名卡法罗夫（П. И. Кафаров），巴拉第是他担任第十二届传教士团助祭时所取的法号，后来他又分别以第十三届和第十五届传教士团领班的身份来到中国，在中国生活了33年。因此，巴拉第的汉学研究可分为三个阶段。第一次来华时，巴拉第痴迷于佛教研究，读完了汉文《大藏经》全部750卷，并在离京前将全部摘录赠送瓦西里耶夫。第二次来华时正值中国内忧外患之际，巴拉第主要从事外交活动，协助签订《中俄瑷珲条约》，几乎没有进行汉学研究。第三次来华期间，巴拉第编写出令其蜚声国际汉学界的《汉俄合璧韵编》，奠定了他作为俄罗斯汉学界三大巨匠之一的地位。

1843年，巴拉第完成了第一篇关于佛教的论文《中国佛教诸神及他们的画像概要》。次年又完成了手稿《迦毗罗论》，该文共120页，是一篇介绍性文章，以汉语《丹珠尔》中的《金七十论》为蓝本。19世纪 50 年代，巴拉第发表了两篇关于佛教的文章《佛陀传》和《古代佛教史》，分别收录于《俄国驻北京传教团成员著作集》第一卷和第二卷，详细介绍了中国佛教产生的历史、佛祖的生平和各种佛教仪式。此后，巴拉第没有再进行佛教研究。

《俄国驻北京传教团成员著作集》是一部集刊，共四卷，由巴拉第倡议、组织并编辑出版，尤以第四卷学术价值最高。第四卷于 1866 年出版，收录的三篇文章均出自巴拉第之手。《元朝秘史译注》译自《永乐大典》，译文准确优美，做了660条注释，并附有长篇前言，介绍了《永乐大典》的来历以及万光泰、钱大昕、徐松、张穆和何秋涛等学者的校勘和研究工作。此文使巴拉第名声大振，一举成为俄国蒙古历史研究的大家。《长春真人西游记译注》也是蒙古学译作，在前言中巴拉第回顾了该书出版的历史，介绍了全真教的起源和教义，叙述了丘处机拜见成吉思汗的缘由等，单是注释就有 150 页之多，是目前世界上唯一的《长春真人西游记》全译本。在《中国的穆斯林》一文中，巴拉第概述了伊斯兰教传入中国的过程和发展历史，介绍了中国穆斯林的宗教和生活习俗，并对一些重要的民族学问题提出了自己的观点。

从 1871 年起，巴拉第专注于编写大型汉俄辞书《汉俄合璧韵编》，可惜的是，他生前并未完成这项巨大的工程。留在北京的手稿由柏百福补译，素餐尘人李寿轩、金台业儒甄云甫参校，于 1888 年由北京同文馆出版。这部辞典并不是一部普通的汉语学习工具书，而是一部“中国文化百科全书”[①]。巴拉第在词汇本义之外，还提供详尽的中国历史、地理、宗教、哲学、文学、艺术、民俗等方面的知识，因此甫一出版便备受国际汉学界瞩目。美国著名汉学家丁韪良（W. A. Martin）发表书评，认为该书在“短时间内不会被超越和遗忘”。法国汉学家沙畹认为这部辞书是汉语词典所不能解决的问题所依赖的“最终的论据”[②]。这部辞书成为各国汉学家重要的工具书之一，为巴拉第带来了国际声誉，现代俄罗斯汉学界将他和比丘林、瓦西里耶夫一起并称为

① 阎国栋：《俄罗斯汉学三百年》，北京：学苑出版社，2007 年，第 99 页。

② （俄）米·瓦·阿列克谢耶夫：《1907 年中国纪行》，阎国栋译，昆明：云南人民出版社，2001 年，第 274 页。

"俄罗斯汉学界三大巨匠"①。

五、汉学宗师瓦西里耶夫

瓦西里耶夫（В.П.Васильев）是19世纪下半期俄国最重要的汉学家，皇家科学院院士，通晓汉、满、蒙、藏、梵、朝、日文，领导圣彼得堡大学汉学近半个世纪，不仅著作等身，还培养了许多国家栋梁，一手创立了俄国汉学史上第一个汉学流派——圣彼得堡学派，对俄国汉学教育和研究产生深远影响。

1834 年，瓦西里耶夫进入喀山大学语文系东方班学习蒙语和鞑靼语，毕业后留校任教，分别以《佛教文献之精髓》《论佛教的哲学原理》通过学士和硕士学位答辩。为了学习藏语，以便将来主持藏语教研室的工作，瓦西里耶夫加入第十二届俄国东正教驻北京传教士团。在北京的十年期间，尽管与传教士团团长相处不快，瓦西里耶夫却始终不忘自己的使命，广泛涉猎中国、印度以及藏传佛教典籍，就许多汉学问题进行研究，最终从原来的蒙古学家和佛学家成长为一代汉学大师。

（一）中国文学研究

瓦西里耶夫是俄国第一位中国文学史专家，在他之前的汉学家大多关注的是中国政史地方面的研究，他首次在喀山大学开设了中国文学史课程，成为世界汉学史上将中国文学史引入大学课堂的第一人。

国人一般认为英国人翟里斯（A. Giles）的《中国文学史》（1901年）是世界首部中国文学史，但经李明滨教授考证，早在 1880 年，瓦西里耶夫就出版了《中国史纲要》一书，这是第一部由精通汉语的外国人对中国文学的历史进行系统考察并就每个文学发展阶段的作品和作家进行科学评论的通史著作。全书由 15 部分组成，将哲学、历史、宗教、自然科学、文学等领域的文献尽收其中，都纳入了文学的范畴。这实际上

① 陈开科：《19 世纪俄国汉学大师巴拉第的生平及学术》，《汉学研究通讯》2006 年第 3 期，第 27 页。

反映出瓦西里耶夫独特的中国文学观，即将中国所有的文化典籍都视为文学作品。这种文学观也延续到了他的另一部文学著作《中国文学史资料》中去。

1887年，《中国文学史资料》石印出版，此书根据中国文学史课程讲义编写而成，分为"中国文学史资料""中国文学史附录""书目"三部分，着重介绍了儒、释、道三大哲学流派的著名学者及其作品，并在附录中补充了佛教在中国流传的历史。

（二）中国宗教研究

瓦西里耶夫是一位杰出的宗教研究者，学术界公认其佛教研究的学术价值最高[①]。他利用在北京的十年，掌握了对于佛教研究至关重要的藏、梵、汉、满语，得以阅读大量佛教文献，积累了雄厚的佛教研究基础。1857年，瓦西里耶夫出版了《佛教，其教义、历史和文献》第一卷《总论》，这部著作为他带来了世界性声誉，至今仍受到佛教研究者的广泛关注。1869年，该书的续篇《佛教，其教义、历史和文献，第三部分，印度佛教史》出版。这两部作品后来被翻译成德文和法文，被视为欧洲佛教研究的最高成就。

瓦西里耶夫出版的佛教著作较少，这与当时社会对这一问题的不够关注有关，因此，瓦西里耶夫最有价值的论著，都是以手稿的形式保存。其中规模最大的是《佛教术语词典》，是《翻译名义大集》的俄文译本，遗留下两卷手稿，第一卷1205页，第二卷922页，大部分释义准确，内容丰富。另一部手稿《佛教文献述评》不仅详细论述了佛教各流派的文献，还翻译了智旭和尚编撰的《阅藏知津》，所采用的材料极为丰富。

瓦西里耶夫还是俄国第一位研究西藏历史文献的人，这反映在他的手稿《西藏佛教史》中。该书主要记录了1746年之前西藏发生的政治与宗教事件，根据藏传佛教格鲁派学者松巴堪布的《如意宝树史（印藏汉蒙佛教史如意宝树）》第二部分写成。此外，瓦西里耶夫还全文翻译了

① 阎国栋：《俄罗斯汉学三百年》，北京：学苑出版社，2007年，第87页。

玄奘的《大唐西域记》，以及印度佛教中观派的主要论著《百论》等大量佛教文献，现在都收藏在俄罗斯科学院东方学研究所彼得堡分所。

瓦西里耶夫对道教的研究也具有开创意义。他研究了道教的历史发展过程，对早期道教文献版本进行了考证，对道教人物做了详细介绍，还研究了长生不老术，如炼丹、气功等。这些研究成果集中反映在他已出版的两部宗教著作和1873年出版的《东方的宗教：儒、释、道》一书中。

值得注意的是，瓦西里耶夫首先提出了儒学是否属于宗教的问题，并认为这可能由于各人的判断标准不同而产生不同的答案。在儒家典籍中，瓦西里耶夫完成了《论语》和《诗经》的翻译，对儒学的起源和孔子所发挥的作用做了分析。

（三）中国历史地理研究

瓦西里耶夫有关中国历史地理的研究主要出版于19世纪60年代，其中大部分著作在内容上延续了由比丘林而始的俄罗斯汉学的方向。1861年，他出版了《10—13世纪中亚东部的历史和古迹》，此书是为了填补比丘林没有研究契丹人、女真人、满族人的历史空白。1863年，瓦西里耶夫出版了第二部满族研究专著《元明两朝关于满族人的资料》，凭借此文通过了东方语言博士学位答辩。该书重点考察了元明两朝满族的历史，高度评价了满族在人类历史上的突出地位。

瓦西里耶夫还翻译了许多重要的中国历史文献，主要有《满洲志》和《大清朝初征服蒙古人》，前者译自清代官修地方志书《盛京通志》，后者译自魏源的《圣武记》。他还发表了一系列关于清代历史的文章，如《塞北纪程》《宁古塔纪略》《中国穆斯林运动》《当今中国藩属国的政治分立》《辽史、金史、元史及当今大清常见的姓氏（非汉族的）》《分封制总论》《就扎哈罗夫的文章论中国人口问题》《王安石传》等。

在地理研究方面，1852年瓦西里耶夫发表了《中亚及中国版图内的山脉》一文，虽然篇幅不大，但内容充实。1855年，《论满洲火山的存在》一文描述了康熙六十年（1721年）黑龙江五大连池火山喷发。1857—

1858年，瓦西里耶夫利用清代著名历史地理学家齐召南撰写的《水道提纲》编写了《流入阿穆尔河主要河流介绍》一文。他所撰写的《中国地理概况》不但介绍了中国地理，还收录了游记作品。

1866年，瓦西里耶夫出版了他的第一部汉语语言学著作《汉字解析》，次年又推出与之配套的《汉字笔画系统——首部汉俄词典试编》，标志着俄国的汉语语言学研究和汉语教学同时进入了一个新时期。这套笔画体系加上前文提到的比丘林所著《汉文启蒙》，使得俄国的汉语教学跻身欧洲前列。

1900年4月，瓦西里耶夫在圣彼得堡去世，俄国汉学的一个时代也随之结束。

第三节 俄国的汉语教学和国内俄语教学的开端

中俄两国自17世纪正式交往以来，翻译人员缺乏，使得两国交往之路平添波折。佩特林首次出使北京，带回明朝皇帝的文书，却无人能翻译出来，直到1676年帕斯法里出使中国途中才找到翻译，获知文书大意。1689年中俄《尼布楚条约》谈判时，由法国耶稣会士和葡萄牙耶稣会士以拉丁语来做转译。这种受制于第三方的窘况使得两国政府都强烈意识到进行正规语言教育、培养自己的语言人才的重要性。

一、俄国的汉语教学

俄国东正教驻北京传教士团的“俄罗斯馆”是俄国人最早的汉满语学校，在很长一段时间里这里是俄国培养汉满语人才的唯一机构。该馆设立于北京国子监下，由清政府派汉、满族教师为来华的俄国学员教授汉满语文和经史典籍。在第一届和第二届使团成员中，罗索欣学习语言的成绩最为突出。在俄罗斯科学院图书馆手稿部至今仍保存着罗索欣在北京学习时的笔记本。这个笔记本是本会话手册，共52个主题，182页，分别写着俄语、汉语和满语的对应语句。从前言中可以得知，这个学习笔记实际上是《满汉字清文启蒙》的俄译本，是保存下来的传教士团学员的第一部教材。

1741 年，罗索欣回到俄国，被俄罗斯科学院安排做汉语和满语教学与翻译工作。同年 8 月，四名士兵从警备学校来到俄罗斯科学院，跟随罗索欣学习汉语和满语。在教学方法上，罗索欣沿用了中国传统的启蒙教学法，要求学生们背诵《千字文》《三字经》等书。为帮助学生学习汉语语音，他还编了一本《用俄语字母记录的汉语发音》，创造了俄国第一个汉俄译音方案。

在罗索欣开展教学活动之前，莫斯科已经有了第一所满语和汉语学校[①]，这所学校的唯一一个老师是中国人周戈[②]，学生也只有两名：列昂季耶夫和卡纳耶夫（Андрей Канаев）。周戈原先是一名军人，没有任何教学经验，基本的学习方法就是学词、巩固、背词，而且教学中最大的问题是没有教材。列昂季耶夫和卡纳耶夫学习结束后，被派往东正教驻北京传教士团。周戈原本被派往彼得堡做罗索欣的助手，但是被俄罗斯科学院拒绝了。

19 世纪 20—50 年代，中俄贸易的迅速发展，给汉语学校的开办带来契机。1830 年，比丘林来到恰克图，亲任恰克图汉语学校的教师。1835 年，比丘林重返恰克图，带来了自己编的汉语语法书，并制定教学大纲，规定学校的学制为四年。第一年通过对照俄语语法规则讲解汉语语法的使用规则，使学生了解汉语和俄语的差别所在；第二年，继续学习语法，并按相关的贸易专题开始练习会话；第三年，按照汉语语法规则通过分析翻译短文进行扩展对话练习；第四年，除练习汉语会话之外，还教授常见汉语短语和一些形式的用法，特别是注意词在不同情况下的用法差别，最后学习分析汉语书面语，并练习翻译书

① （俄）П. Е. 斯卡奇科夫：《俄罗斯汉学史》，柳若梅译，北京：社会科学文献出版社，2011 年，第 70—72 页。

② 亦有人译作舒哥。他从托博尔斯克被带到彼得堡，因犯事而处于监禁中，为了摆脱监禁，多次要求领洗。

面语①。这份教学大纲奠定了俄国汉语教学的基础。1838年年初，比丘林返回彼得堡，汉语学校由克雷姆斯基负责。1861年，克雷姆斯基去世，恰克图汉语学校名存实亡，再加上汉语教学已经进入大学课堂，恰克图汉语学校完成了其历史使命。

1837年，喀山大学开设了汉语教研室，由西维洛夫任教研室主任，这说明俄国本土的汉语教学开始从学习班、学习学校转移到高等学府，开始有计划地培养汉语人才。西维洛夫在《汉语教学大纲》中提出，应该重视汉语语法、声调、偏旁部首的学习，建议为汉语文献加注标点符号，规定使用比丘林的《汉文启蒙》作为教材，同时辅以欧洲汉学家的著作。他的这套教学方案被延续了下来。1850年，校方聘请刚从北京学成归来的瓦西里耶夫为编外教授，教授汉语、满语中国历史和中国文学课程，从此喀山大学的汉满语教学进入了一个新的发展阶段。1855年，尼古拉一世下令，除喀山大学保留鞑靼语专业外，俄国其他所有院校的东方语言教学实施合并，成立圣彼得堡大学东方语言系。于是，喀山大学东方系迁往圣彼得堡，开启了瓦西里耶夫时代。

圣彼得堡大学东方系至十月革命前共开办60多年，教学和学术成果举世瞩目，是俄国东方学研究中心和东方语言人才培养基地。但是办学工作进展得相当困难，开办之初仅有三名学生，最多时也不过十几人，而且淘汰率高，能读到毕业的人并不多，从1887至1900年共毕业26人，60多年里仅有近百名毕业生②。授予东方哲学硕士学位和博士学位的要求自然也是愈加苛刻。1864年，汉满语专业改为汉满蒙语专业，同时还强调蒙语文学和汉语、满语文学之间有密切关系，强调中国历史、蒙古历史和满族历史之间存在共性，以及这些地区的地理位置构成政治统一体。学生可以按照自己的志愿在汉语和蒙语、汉语和满语之间选学两种基本语言，第三种语言则是选修。值得一提的是，在圣彼得堡大学东方系还活跃着一批汉语母语教师，如桂荣、苏忠、高音奇、桂芳、孟喜寿、程先生（均为音译）等人，他们多教授汉语口语和汉语书写。

---

① （俄）П. Е. 斯卡奇科夫：《俄罗斯汉学史》，柳若梅译，北京：社会科学文献出版社，2011年，第154页。

② 李明滨：《中国与俄苏文化交流志》，上海：上海人民出版社，1998年，第80页。

1899 年，俄国政府在符拉迪沃斯托克设立东方学院，开设了汉、满、日、朝等语言专业，主要培养行政、工商业界教学和翻译人才。

二、清代俄语教育之“三馆”

清政府为俄国传教士团学员设立“俄罗斯馆”之后，同时也决定开设“俄罗斯文馆”，派中国学生去学习俄罗斯语文。俄罗斯文馆（1708—1862 年）是中国第一所官方俄文学校，学生来自八旗子弟，基本保持在 24 名左右，学习俄文和拉丁文，拉丁文由耶稣会士教授，俄文则由俄、中教师教授。刚开始时，主要由俄商和在华定居的俄罗斯人担任俄罗斯文馆的教学工作，他们口语流畅，却不通语法。于是，为了提高教学水平，清政府从俄国传教士团学员中聘请教习。罗索欣和列昂季耶夫都曾经在俄罗斯文馆任教。文馆所使用的教材即罗索欣所译的《俄罗斯翻译捷要全书》，这是中国俄语教学历史上的第一部教科书。

为免除师生衣食之忧，清政府自康熙五十年（1711 年）起，每月每人给钱两千，通过严格的分期考试即月课、季考、岁试三项检查教学，根据五年一次的大考结果授官衔，并不断加以改进。这也说明文馆不仅是单纯培养翻译人才，兼有培养同俄国政府办理外交、商务官员的目的。

随着外交事务的日益繁忙，1861 年，清政府设立总理衙门，专门处理外交事务。次年，成立京师同文馆，从八旗子弟中挑选十三四岁以下聪颖的少年入学。这是一所多语种学校，设有英、法、俄、德、日文，1863 年设俄文馆，教习及考试制度均习俄罗斯文馆旧例，同年俄罗斯文馆并入同文馆。课程设置上除了语言之外，增设中文、史地，以及若干自然科学课程，学制改为八年，实际上具备了综合大学的性质。1876 年公布的八年课程表便集中体现了这一点：

首年，认字写字，浅解词句，讲解浅书。

二年，讲解浅书，练习文法，翻译条子。

三年，讲各国地图，读各国史略，翻译选编。

四年，数理启蒙，代数学，翻译公文。

五年，讲求格物，几何原本，平三角，弧三角，练习译书。

六年，讲求机器，微分积分，航海测量，练习译书。

七年，讲求化学，天文测算，万国公法，练习译书。

八年，天文测算，地理金石，富国策，练习译书。

从以上课程安排情况可以看出，同文馆的教学遵循了循序渐进、由浅及深的原则，外语则一直是最重要的课程，贯穿八年学习之中。

在洋务运动的推动下，各地也纷纷创办新式学堂，其中教授俄语的有广州同文馆、新疆俄文馆、珲春俄文书院、湖北自强学堂、黑龙江俄文学堂等。

1900 年，八国联军入侵北京，整个同文馆停办，于 1901 年并入了京师大学堂，改为翻译科，不久于 1903 年又改为京师大学堂的译学馆。译学馆学制五年，除了学习语言文字之外，必须学习人伦道德、中国文学、历史、地理、算学、博物、物理及化学、图画、体操共九门普通学，以及交涉、理财、教育三门专门学。译学馆还特别重视中文课程，其用意在于保障外文人才有高度的翻译水平。

1902 年，清政府颁布《钦定高等学堂章程》，规定省会所设学堂为高等学堂，学生中学毕业后先于高等学堂修业三年，再入大学肄业，一切办法均照京师大学堂预备科办理。政科为预备入大学的政治、文学、商务三科所设，规定政科科目中俄文教授三学年，每周 7 学时。这种新的学校教育制度推动了地区方言类学堂乃至俄语教育的发展。

除了中国本土的俄语教学之外，清政府还积极派出学生留学俄国，以期通过耳濡目染，尽快掌握俄语。1896 年，俄文馆派出首批寓居馆留学生四人，对他们规定了明确的学习任务和学习期限以及严格的奖惩方法，提供优厚的物质待遇，对三年期满果有成效者，给予嘉奖。中日甲午战争及庚子之变后，为救亡图存，清政府派遣学生出国学习农工商矿等实业。当时俄国的铁路学堂、矿物学堂教学质量尤为出色，吸引了中国学生前往。自 1899 年起，清朝中央各部和地方各省都纷纷向俄国派遣留学生，从此，中国的留俄教育由专门学习俄文语言文字转为全面学习西学、西艺。

清代的俄语教育主要以“三馆”为主线一路发展，刚一开办就具有正式的组织形式和机构，培养目标也十分明确。但当时的封建社会背景、清廷闭关自守、师资问题、教材匮乏陈旧等都极大影响了俄语教育的发展。清代俄语教育在曲折中发展前进，为今后的外语教育发展奠定了基础，提供了借鉴经验。

第四节　清代中俄图书交流

1917 年之前，俄国共派了 18 届传教士团来到中国，利用其维持与清政府的外交关系，维护在华政治和经济利益。这个身份特殊的宗教机构在清代中俄人文交流中发挥了重要的作用，其中包括两国间的图书交流。

一、俄国的汉籍收藏

俄罗斯学术界将 1730 年视为俄国汉籍收藏的肇始之年，第一批中国图书是北京的耶稣会士所赠，交由劳伦茨·朗格（Лоренц Ланг）带回的 8 套共计 82 本汉满语书籍。

第二届东正教驻北京传教士团成员罗索欣生前向彼得堡皇家科学院出售自己从中国带回来的 52 种图书。他去世之后，遗孀将丈夫留下的 55 本汉满文图书和两幅中国地图卖给彼得堡皇家科学院，以解生活之急。这两批图书里既有语言文学书籍、历史地理书籍，其中包括《金瓶梅》《水浒传》，也有自然科学书籍，主要是医书。对于俄国汉学史来说，这批书具有重要的实用价值和象征意义。1747 年，科学院图书馆和珍宝馆遭受了严重火灾，为恢复原有藏书，叶拉契奇（Ф.Елачич）于 1753 年奉命前来中国采购，按照罗索欣所列的书单，共购得 42 种图书，包括《史记》《资治通鉴》《资治通鉴纲目》《汉书》《南史》《北史》。

传教士团自组建时就开始了图书收藏，每当新老教士团换班时，都要进行图书交接。1795年，第8届传教士团团长格里鲍夫斯基（Софроний Грибовский）在俄罗斯馆建立了一处书房以收藏中国图书，同时也收集传教士团成员的手稿。经过百余年的积累，该图书馆到19世纪下半期成为俄国最大的中国文献收藏地之一。

比丘林回国时所带的书籍，装满了12个大箱子，超过了前8届传教士团的总和。第10届传教士团团长卡缅斯基（П. И. Каменский）1830年从中国带回了大批图书，将其中的上百册分赠给圣彼得堡神学院、外交部亚洲司、圣彼得堡公共图书馆以及伊尔库茨克和尼布楚的学校，将一部《康熙字典》赠给了莫斯科大学图书馆。科瓦列夫斯基（О. М. Ковалевский）作为第11届临时派遣人员，在短短一年内为喀山大学搜集到汉、藏、蒙、满书籍189套共1433卷。第12届的瓦西里耶夫为喀山大学收集了849种2737卷14 447册珍贵的抄本和刻本。例如，五世达赖喇嘛的《密幻传》、思吉斡节尔的《佛陀十二行赞》以及《丹珠尔》三卷本蒙文抄本都是不可多得的珍品。他还特别关注中国文学作品，一共搜集到125种小说、弹词和剧作，这里还不包括《汲古阁六十种曲》及其他戏曲。

俄国最著名的汉籍收藏家当属第13届传教士团成员斯卡奇科夫（К. А. Скачков）。他的中文藏书数量惊人，多达1435种，包括天文学、数学、生物学、医学、农业、手工业、交通运输、水利经济与水利工程等方面的书籍、文件资料和地图，相当珍贵，极具价值。他的藏书目前都保存在俄罗斯国家图书馆。

二、传入中国的俄国书籍

与俄国的汉籍收藏相比，传入中国的俄文文献数量太少，而且引入俄文书籍的人是俄国人，并非中国人。出于传教的需要，俄国圣务院给传教士团配备了进行圣事典礼及教义训诫所需的书籍，但这些书籍仅在俄国神父之间使用。

俄罗斯文馆尽管已经成立，但在文馆的各项开支中，并没有购买俄文图书一项，学生使用的教材由俄国教习提供。清政府也曾数次派出使团出访俄国，但从未将收集俄国图书作为自己的任务，这可能和清政府盲目自大，自认天朝上国有关。唯一值得一提的是图里琛所著《异域录》，对使团访俄时所经之地的风土人情做了详细的记录，不失为一本翔实生动的游记。

十月革命前俄文书籍的一次大规模引进当属1844—1845年的中俄图书互赠。1844年，俄国来文请求清政府赠送一部佛教经典《丹珠尔经》，道光皇帝下令将雍和宫所藏800余册赠予俄国。为答谢清政府的馈赠，俄国决定回赠中国图书。1845年，10箱图书抵达北京。俄国回赠的书籍涉及领域极广，同文馆的俄国教习将其分为18类，其中有些书籍反映了俄国及世界最新科技成果，弥足珍贵，如《淘金新法发明》《贴斐叶楞齐数书》（后译作《微积分》）。可惜的是，清政府对这批图书不以为然，甚至有大臣建议退回。为了不过于伤及对方面子，这些图书最终留在理藩院，然而几经转存，赠书多有损失，等到最后转到总理衙门时，只剩下682本。

纵观1917年之前的图书交流过程，不难发现，中俄图书交流规模严重失衡，俄国更为主动，企图通过搜集图书进而研究中国，为其政治目的服务，而清政府的自我优越感使其注定不可能对“俄夷”的图书感兴趣。当然，清朝后期遭受的一系列重创迫使清政府打开国门，十月革命之后，大批先进书籍进入中国，为有识之士所用，给中国带来了翻天覆地的变化。

本章小结

17世纪至20世纪初的中俄人文交流是整个中俄关系的起源和开端。中俄最初的交往是依靠丝绸之路和蒙古西征建立起来，属于间接的文化交流。17世纪初俄国使团来华正式开启了中俄交往的历史。之后，俄国东正教驻北京传教士团客观上成为中俄人文交流的主要载体，为两国带来了两个多世纪涉及多个领域的文化交流，尤其是培养了大批俄国汉学家，为俄国汉学史的发展奠定坚实的基础。囿于篇幅，本章仅选取了几位贡献尤为突出的汉学家，以其汉学生涯为主线，勾勒出 1917 年之前俄国汉学发展的脉络，不免遗憾。从中我们也发现，不论是对相互国情的研究，还是语言文字的教学，两国之间都呈现出明显的不平衡性：俄国对中国文化的研究比中国对俄国的研究要积极主动得多。

第二章　1917—1937年的中苏人文交流

1917年11月，俄国发生了十月革命，将马克思主义思潮引向苏联国内，也引向了中国，两年后在中国发生的五四运动更是促进了学习新文化和新思想的运动，也把中苏文化交流推向了一个新的层次和高度。

这一时期，在中国传播和译介马克思列宁主义成为两国人文交流的重要内容之一。这一时期活跃的教育交流、思想交流、文学和翻译活动都呈现出马克思主义的特点。

19世纪末至20世纪初，马克思主义和科学社会主义思想就在中国的进步知识分子之间传播，他们在探寻中国未来发展道路的过程中，不断接受西方各派学说，也开始接触了马克思、恩格斯的思想，并翻译或介绍马克思、恩格斯的思想。俄国十月革命的胜利更是使得中国知识分子开始重新审视并认同马克思主义。以李大钊为首的一批知识分子开始组织小组，创办刊物和报纸，翻译、学习和传播马克思主义。

十月革命后，处于新旧交替时期的中国文坛也开始接触到马克思主义文艺思想，它就像一股春风，使得中国文学焕发了新的活力，中国文艺界在这一思想的影响和滋润下在理论、创作、批评等各领域都发生了深刻的变革。中国的文艺思想和文学创作都悄然得到了升华，并从此走向一个新的阶段。

这一时期，中国青年赴苏留学达到了一个新的高潮，留学人数急剧增加，所学专业领域不断拓展。留苏学生不仅学习了文化知识，推进了中国新文化运动的发展，而且受到了革命思想的熏陶，回国后为中国革命史翻开了崭新的一页。当时接纳中国学生最多的是两所大学——东方大学和中山大学。

东方大学即“斯大林东方劳动者共产主义大学”，是苏联时期最具规模的国际共产主义大学。该校1922年设立外国部，专门招收外国学生，我国的老一辈革命家刘少奇、任弼时、萧劲光、罗亦农等人都曾在这里学习。

中山大学又称为“中国孙逸仙劳动大学”，这里专门培养中国学生，20世纪20年代，中山大学为国内培养学生1000多人。1927年国共合作破裂后，中山大学开始由共产国际和苏共中央共同管理。中山大学可以称为中国革命的摇篮，老一辈革命家、军事家叶剑英、董必武、林伯渠、徐特立、吴玉章、邓小平、杨尚昆、张闻天、乌兰夫、博古、左权、伍修权、王稼祥等人都毕业于这里；中山大学也为国民党培养了一批政要，如蒋经国、康泽、邓文仪、郑介民、张镇、谷正纲、谷正鼎等人。

十月革命后，中国涌现了一批译介外国文学，尤其是苏联文学的作家和翻译家，其中突出的有沈雁冰、郑振铎、周作人、耿济之、鲁迅、韦素园、曹靖华、李霁野、郭沫若、郁达夫、成仿吾、张资平、胡适、梁实秋、徐志摩等人。五四运动后的八年里，国内共出版外国文学单行本187部，其中俄国文学65部。

俄苏的社会主义现实主义文学作品和马克思主义文艺理论被大量译介到国内，成为革命文学运动和革命斗争的武器。俄罗斯经典作家，如普希金、果戈理、屠格涅夫、托尔斯泰、陀思妥耶夫斯基、契诃夫等人在国内拥有了越来越多的读者，一批苏联作家，如高尔基、法捷耶夫、绥拉菲莫维奇、肖洛霍夫等人也开始为读者所熟知。

蓬勃展开的中苏人文交流也迫切需要大量的俄语人才。在这一时代背景下，原俄文专修馆改为北京俄文法政专门学校，1932年并入北平大学的法商学院。1920年，蔡元培在北大组建了俄文系，成为国内首个在正规大学开设的俄文专业，后出于种种原因被迫停办。1925年，张西曼在北京成立了中俄大学，一年后也被迫停止招生。1927年前后，武昌中山大学合并成立，根据张西曼等人的倡议，该校开设了俄文法政学系，并陆续招生。1920年，由俞秀松、李震瀛等人筹建，中国共产党创建的外国语学社正式成立，学社培养了一批俄语人才，在中国俄语教学史上留下了光辉的一笔。

十月革命后到20世纪抗日战争全面爆发的20余年里，中苏人文交流在各领域广泛展开，本章将从以下七个方面对这一问题进行较为详细的阐述：马列主义在中国的传播、中苏教育交流、中苏文学交流、中俄互办报刊、中俄电影交流、中俄戏曲交流、中苏文化协会。

第一节　马列主义在中国的传播

十月革命以前，随着民族资本主义的发展，国内的一些知识分子就开始接触西方资产阶级思想，其中也涉及了马克思、恩格斯的思想。

梁启超最早在自己的著作中提到马克思。1903年上海广智书局出版的译作《近世社会主义》（原文作者为日本人福井准造），其中介绍了马克思的生平和著作，包括《资本论》《共产党宣言》《哲学的贫困》《政治经济学批评》等，以及恩格斯的著作《英国工人阶级状况》等。

1905年同盟会成立后，同盟会的会刊《民报》上介绍了一些马克思、恩格斯的著作片段。

然而，十月革命前马克思、恩格斯思想在中国虽有传播，却是零星的，中国知识分子对马克思主义的认识也是片段式的。促使中国先进分子真正接触马克思列宁主义的正是十月革命的胜利。1917年以后，以李大钊为代表的知识分子开始研究马克思主义，李大钊在自己的北大图书馆成立了“马克思学说研究会”①。研究会经过几年的发展，采购了一批马克思主义的原著及书刊，其中英文版书籍，如《共产党宣言》、《哲学的贫困》、《雇佣劳动与资本》、《路易·波拿巴的雾月十八日》、《共产主义原理》、《法兰西内战》、《社会主义从空想到科学的发展》、《家庭、私有制和国家的起源》和《德国革命与反革命》等。研究会还陆续搜集了一些马克思主义的译作：陈望道译的《共产党宣言》、袁让译的《工钱劳动与资本》②、李达译的《马克思经济学说》、李汉俊译的《资本论入门》、恽代英译的《阶级斗争》和李季译的《社会主义史》等。

1918 年 12 月，李大钊和陈独秀创办《每周评论》，其中对马克思思想进行了介绍。当时的先进人士还陆续翻译了马克思、恩格斯、列宁、李卜克内西、倍倍尔等的论文和生平传记等。

值得一提的是，马克思主义并非源自俄国，中国人获得马克思主义的来源也是多方面的，马克思主义的著作也分别译自英语、法语、德语和俄语。但是俄国十月革命的胜利是中国人深入认识和全面接受马克思主义的契机和推动力，十月革命后，马克思主义在中国的传播就不可避免地带有俄国革命的色彩，列宁主义作为马克思主义在俄国的发展也被中国先进分子接受，也就是“十月革命一声炮响，给我们送来了马克思列宁主义”。

如前所述，陈望道译《共产党宣言》全译本在国内正式出版，此后，《社会主义从空想到科学的发展》全译本也出版。1920 年起，国内开始了对列宁的著作和思想的译介与传播，这一年《新青年》第八卷第三号和第四号上发表了列宁的《民族自决》和《过渡时代的经济》，《共产党》月刊的创刊号上刊登了列宁的《国家与革命》节译文。

此外，五四运动后涌现的各类刊物上也刊登过一些马列原著及研究性文章，还有一些文章介绍了俄国革命的情况。

1921 年 9 月 1 日，党的第一个出版机构——人民出版社在上海成

① 当时把马克思主义称为“马尔格士学说研究会”。李大钊等当时故意将马克思译为“马尔格士”，其读音与“马尔萨斯”相似，这样就可以宣称学会是研究马尔萨斯的人口论的，这样就可以避免当局的打击。

② 即《雇佣劳动与资本》。

立。人民出版社由时任党中央宣传主任的李达亲自主持，出版社成立后就制定了马列经典著作丛书出版计划，其中有“马克思全书”15种和“列宁全书”14种，包括《哥达纲领批判》《马克思传》《共产党宣言》《法兰西内战》《资本论》《神圣家族》《列宁传》《国家与革命》等。

1928年在上海秘密成立的无产阶级书店出版了《列宁论组织工作》等书籍和共产国际的一些文件。1929年成立的华兴书局秘密出版了一批马克思主义原著和介绍俄国十月革命的书籍。

马克思列宁主义在中国的传播中，我们还必须要提到1930年成立的“左翼作家联盟”及此后成立的“马克思主义文艺理论研究会”，当时的进步作家，特别是以鲁迅为代表的先进人士，还介绍了马克思主义的文艺思想及苏联早期的革命文艺理论，对推动无产阶级文艺革命运动的发展起到了重要作用。

第二节　中苏教育交流

十月革命后到20世纪20年代末的十几年中，中苏教育交流以中国学生赴苏学习和中国俄语教学的发展为主线。

一、中国留学生在苏联

本章引言中提到，莫斯科中山大学建立于1925年，停办于1930年，先后培养了1000多名中国学生，其中有一批毕业生后来成为中国共产党和国民党的重要人物。20世纪20年代的中山大学的建立有着深厚的历史背景，它源于伟大的民主革命先行者孙中山先生及其“联俄、联共、扶助农工”的政策和他为中国革命毕生努力的心愿。

第一次国共合作实现后，苏俄的国内革命战争也取得了胜利，其经济建设稳步发展，也有力量给予中国革命以援助和支持。1924年5月黄埔军校在苏俄的帮助下创立了，成为中国陆军军官和中国革命军事骨干的摇篮和重要基地。但是，随着中国革命形势的发展，培养一批具有革命理论水平的政治骨干成为时代的需要。中山大学正是在这一时代背景下创建的。

1925 年 3 月 11 日，孙中山临终前签署了《致苏俄遗书》，遗书中写道：

> 你们是自由的共和国大联合之首领。此自由的共和国大联合，是不朽的列宁遗与被压迫民族的世界之真遗产。帝国主义下的难民，将藉此以保卫其自由，从以古代奴役战争偏私为基础之国际制度中谋解放。
>
> 我遗下的是国民党，我希望国民党在完成其由帝国主义制度解放中国及其他被侵略国之历史的工作中，与你们合力共作。……我已命国民党长此继续与你们提携。我深信，你们政府亦必继续前此予我国之援助。
>
> 亲爱的同志们！当此与你们诀别之际，我愿表示我热烈的希望，希望不久即将破晓，斯时苏联以良友及盟国而欣迎强盛独立之中国，两国在争世界被压迫民族自由之大战中，携手并进，以取得胜利。
>
> 谨以兄弟之谊，祝你们平安！[①]

孙中山去世后，国民党中央执行委员会给斯大林和共产国际主席格里高利·季诺维也夫发送了讣告和谴书。共产国际继而在《真理报》上发表了《告中国人民书》和《告世界工人书》，苏联各界还发表了几篇孙中山的文章，其中也包括中山大学的第一任校长、中国问题专家卡尔·拉狄克。

1925 年 10 月 7 日，时任国民党首席政治顾问的共产国际驻中国代表米哈伊尔·鲍罗廷在国民党中央政治会议第 26 次会议上宣布，为了纪念为“联俄、联共”做出重要贡献的孙中山先生，苏联准备在莫斯科组

① 广东省社会科学院历史研究所，中国社会科学院近代史研究所中华民国史研究室，中山大学历史系孙中山研究室：《孙中山全集》第 11 卷，北京：中华书局，1986 年，第 641 页。

建中山大学。会后，根据鲍罗廷的提议，组成了以谭延闿、古应芬、汪精卫为委员，以鲍罗廷为顾问的选拔委员会，在广州、上海、北京、天津选拔学生赴中山大学学习。

鲍罗廷还在欢送广州学生赴莫斯科学习的集会上谈到了中山大学的办学目的："孙文大学的目的是什么呢？他们要使一般学生了解中山先生的主义，去继续中山先生的工作，以完成中国的国民革命。将来在此校卒业之学生，可以代替在帝国主义的学校受过教育的留学生，担任改造中国的社会。现在很多留学生均不知道改造中国的方法，他日诸君由俄国回来，可用革命的方法，来解决中国问题，只有革命的方法可以解决的。所以全靠诸君本着革命党人的精神，为革命学说与经验的研究，将来回国之后，便可以达我们解放中国的目的。"①

中山大学的全称为"中国孙逸仙劳动大学"，简称"孙逸仙大学"，亦称为"中山大学"或"孙文大学"。1927年国共合作破裂后，虽然国民党宣布"取缔"中山大学，1928年，中山大学更名为"中国劳动者共产主义大学"，但是一直以来，中山大学仍然是人们所熟知的名字。

中山大学成立后，国内各地选拔赴苏学生的工作顺利展开，第一批就录取了340名学生，其中有公开选拔，也有选拔委员会推荐的学生，也包括鲍罗廷特别推荐的20名学生②。蒋经国、冯玉祥的儿子冯洪国、邵力子的儿子邵志刚、叶楚伧的儿子叶楠、于右任的女儿于秀芝等人都在特别推荐的学生之列。1925年9月末到12月初，赴苏学生分三批离开中国，从上海或广州乘船赴符拉迪沃斯托克（海参崴），在当地换乘火车，沿西伯利亚大铁路赴莫斯科。一路上学生们历经艰辛，一个月后终于到达他们心中向往的革命圣地莫斯科。另外，还有一批留学于西欧其他国家的中国学生也于1925年末至1926年年初抵达莫斯科。1925年11月，在莫斯科工会大厦举行了中山大学的开学典礼，托洛茨基在典礼上致辞："一个俄国人，不管他是一个同志还是一个公民，只要他从今天起对中国学生递来瞧不起的眼光，或轻蔑地耸耸肩，那么他就没有权

① 《共产国际与中国革命资料选辑（1925—1927）》，北京：人民出版社，1985年，第76页。

② （美）盛岳：《莫斯科中山大学和中国革命》，奚博铨、丁则勤译，北京：现代史料编刊社，1980年，第24页。

利自称是一名俄国共产主义者或是一名苏维埃公民。”[①]从中可以看出苏共当时对待中国留学生的友好态度。

第二至第四期学生分别于 1926 年 12 月、1927 年和 1928 年春抵达莫斯科。

中山大学自建校之初就有着复杂的管理体制，苏共中央委员会和国民党中央执行委员会共同领导着中山大学的事务，而邵力子作为国民党驻共产国际的代表负责中方的相关事宜。而中国共产党作为共产国际的成员也实际上参与了中山大学的事务。特别是大革命失败和国共破裂，中共中央更是代替国民党和苏共中央共同管理中山大学。

在莫斯科沃尔洪卡大街 16 号有一座四层楼房，楼前的广场、花园绿地及对面的基督教救世主大教堂，这就是中山大学的旧址。

波兰学者卡尔·拉狄克是中山大学的第一任校长，他是一位精通俄语、德语和法语的学者，还是当时的苏共中央委员和共产国际执行委员会主席团委员。他在中山大学为学员们讲授《中国革命运动史》，吸引了众多的学生和中国问题专家。

1927年，卡尔·拉狄克因支持托洛茨基而被免职，年轻的米夫接任校长。在这期间，中山大学组建了中国问题研究所，众多中国问题专家加盟。1929年，威格尔成为第三任校长，威格尔是一位老布尔什维克，资深文化教育专家。直到 1930 年秋学校停办之前，威格尔担任着校长一职。

中山大学开始的主要课程有：中国革命运动史、世界通史（革命运动部分）、社会发展史、哲学（辩证唯物主义和历史唯物主义）、政治经济学（以《资本论》为主、经济地理学）、列宁主义、斯大林的列宁主义基础等，后期还增设了关于中国革命实践经验的课程。中山大学重视俄语教育，第一学期每周六天，每天上 4 小时的俄语课。还选拔一批学得好的学生进行速成训练，让他们在课上为师生之间做翻译。总之，解决语言障碍也是中山大学当时着力解决的一大问题。

---

① （德）乌利·弗兰茨：《邓小平传》，天力、李强译，兰州：甘肃人民出版社，1989 年，第 54 页。

中山大学的另一门重要课程就是军事课程，由苏联红军高级军官为学员们讲授军事理论和实践课程。学校经常组织学员到莫斯科的军事院校参观，并到军营接受训练。

当时中国共产党和国民党在中山大学都成立了自己的组织，分别是“中国共产党中山大学莫斯科支部”和“中国国民党直辖莫斯科中山大学特别支部”。

一批著名革命家也到校访问或演讲，激励着青年学生走上革命的道路，如列宁的夫人克鲁普斯卡娅、宋庆龄、冯玉祥、李立三、邓演达等人。为了让学生亲身体验苏联的社会主义建设，学校还组织他们参加集体农庄的农业生产，这使得学生对中国社会主义的未来充满了憧憬和渴望。伍修权回忆起那段时光时说：“苏联集体农庄已经有一批大型农业机械、什么脱粒机、收割机等，我过去都没有见过，看了以后真是不胜羡慕，我们中国什么时候也能这样呢？晚上，我们就睡在麦草地铺上，遥想中国的今天和明天，无限感慨！”[①]王稼祥书信中也曾写道：“赤旗盈空、雪天万里，中国革命青年，置身于斯，自然增加了不少革命勇气。”[②]

中山大学优越的生活条件为中国学生努力学习革命知识免除了后顾之忧。陈修良曾经回忆起中山大学的生活：“‘中山大学’学生在苏联留学期间的全部费用，由苏联方面支付。学生住在宿舍，早出晚归，每日三餐，均在学校的食堂用膳。每人每月发津贴费二十卢布，衣服及日用品、洗衣、洗澡、理发、医药费等，均由学校供给，回国时还支付一笔美金，当翻译者或有行政职务者另有工资，生活相当舒服。”[③]

一方面中山大学的学生在莫斯科学习革命理论和军事知识；另一方面，也心系祖国的革命斗争，北伐战争的胜利、国共合作破裂等政治风云无不牵动着学员们的心。20世纪20年代斯大林和托洛茨基派的斗争也卷入了一些学生，其中有些学生受到牵连而被开除党籍、团籍、流放

① 伍修权：《我的历程》，北京：解放军出版社，1984年，第41页。
② 朱仲丽：《王稼祥文学传记：黎明与晚霞》，北京：解放军出版社，1986年，第59页。
③ 陈修良：《莫斯科中山大学里的斗争》，《革命回忆录》增刊（1），北京：人民出版社，1983年。

甚至遣送回国。

中山大学培养的 100 多名学员中涌现了大批杰出人物，其中叶剑英、董必武、林伯渠、徐特立、吴玉章、邓小平、杨尚昆、乌兰夫、张闻天、王稼祥、博古、伍修权等人在党和人民军队中担任重要职务；左权、赵云霄、陈觉等人为解放事业献出了生命；蒋经国、张镇、康泽、谷正纲、谷正鼎、邓文仪等人成为国民党的要员；还有像王明这样的特殊人物。总之，中山大学和中山大学的学员都为中国革命史写下了不容忽视的一笔，对中国革命和中国近现代史的影响是不容忽视的。

二、国内的俄文学校

20 世纪初，东清铁路学堂成立，这是一所专门培训俄文翻译和中东铁路技术、管理人员的学校。辛亥革命后，学堂也改为俄文专修馆，由外交部直接管辖，并为国家培训俄文翻译和外交官。

北京市东城区总布胡同 10 号就是俄文专修馆的旧址，当时的专修馆有五个班级，约有学生 150 人，学制为三年①。俄文专修馆的课程安排得紧张而丰富，一周七天每天都安排了课程，既有俄国经典作家，如普希金、陀思妥耶夫斯基、托尔斯泰、屠格涅夫、柯罗连科、契诃夫等人的原著选读，又有苏俄先进思潮的学习和培养。专修馆学员很多受到苏俄革命思潮的影响而投身革命，如瞿秋白就是在这一时期投身五四运动，并成为“北京专科以上学生联合会”（后改称“北京中等以上学生联合会”）的领导成员之一。

五四运动以后，专修馆成为俄文法政专门学校的一部分，1932 年合并到北京大学法商学院。

北京大学的前身京师大学堂 1903 年起设立俄文馆，是中国最早开展俄文教学的机构。期间因师资和教材不足被迫中断。十月革命后，在李大钊、张西曼等人的倡议下，1920 年校长蔡元培同意恢复俄文系。新建的俄文系从正取生之外的备取生中补录，招收了一批青年学子。当时的

① 这是 1919 年五四运动前后俄文专修馆的情况。

学制是张西曼教授制定的，本科四年，预科两年。

俄国驻华使馆秘书伊凤阁、作家特列季亚科夫等人都曾在这里任教，但是期间由于师资缺乏，学生素质较差等，俄文系勉强支撑。1926年，张作霖军队入京，俄文系也被迫停办[①]。

1925年夏，中俄大学在张西曼的倡议下成立[②]，徐谦（季龙）任校长。中俄大学的成立并未得到政府的经费支持，启动经费都来自新生的学费收入，之后经济状况日益紧张。1926年张作霖入京后，中俄大学的政治环境也不断恶化，不得不停办。此后张西曼仍为中俄大学而继续奔走，终于从教育部争取到每月4000元的补助，并成功在国立法政大学增设俄文法政学系。日军占领华北后，俄文系并入陕西城固的西北联合大学，最终也因条件所限而被迫停办。

1927年，由武汉七校合并组成了国立武昌中山大学，在张西曼的奔走下，武昌中山大学内设立了俄文法政学系，进行俄文教学，培养俄语人才。

十月革命后，中国无产阶级知识分子深感中国必须“走俄国人的路”，而培养一批懂俄文的干部是学习苏联革命和建设经验的必要条件。这一时期，共产主义青年团在上海创办了中国共产党开办的第一所外国语学院——外国语学社。

外国语学社的校址在上海法租界霞飞路（今淮海中路）新渔阳里六号。一批年轻的革命者经过介绍先后进入外国语学社学习俄文，其中有任弼时、萧劲光、任作民、周兆秋等人。共产国际特使杨明斋任校长并兼课，共产国际代表维经斯基的夫人为学生教授俄文课。李达、李震瀛、李汉俊等人在外国语学社教授日语、英语、法语课程。刘少奇、罗亦农、何今亮、曹靖华、李启汉、李中、王一飞、许之祯、梁柏台、彭述之、卜士奇、彭湃、华林、傅大庆、丁玲、韩慕涛、周伯棣、曹平等人都曾在这里学习马克思主义理论和俄语。其中20余人还从这里走向苏联，在苏联学习了马克思列宁主义理论，后来成为党和国家的领导干部。

---

① 张小曼：《张西曼纪念文集》，北京：中国文史出版社，1995年，第311页。

② 1924年，张西曼协助交通大学成立了俄文班。

外国语学社还创办了华俄通讯社，由杨明斋任主编，出版报纸《劳动界》，对俄国十月革命进行宣传和介绍，传播革命的火种。

除了北京、上海和武汉，当时的哈尔滨由于大量的俄侨聚集，也成为俄文教学的重要地区。1898 年俄国人在东北修建中东铁路，至 1931 年的 30 多年间，俄国人的中小学、甚至高等教育体制和教育管理体制也占领了哈尔滨。俄国人当时开办的学校不仅培养俄侨子女，也招收中国学生。

哈尔滨工业大学的前身哈尔滨中俄工业学校就是俄国人在 1920 年 9 月创办的，著名的大地测量学工程师阿列克谢·阿列克谢耶维奇·谢尔科夫是该校的首任校长。学校的土木建筑、电气机械等专业都有苏联专家在这里授课。1922 年 4 月，该校正式更名为哈尔滨工业大学。该校采用全俄文授课，中国学生入学后也需首先进行俄文预科的学习。因此，该校毕业的中国学生不仅是工科方面的专家，也是俄语的高级专门人才，他们大多能熟练从事技术翻译工作。

哈尔滨的法政大学、教育学院、东方学院、商学院、医学院、神学院、北满大学、外国语专科学校等都是当时的俄侨创办的。这些学校的俄籍教师和俄国教材为后期的中国俄语教学提供了良好的条件和储备。而哈尔滨的俄侨也为俄语学习提供了很好的语境，俄语人才的培养从数量到质量都在全国占有不可替代的地位。

第三节　十月革命后的中苏文学交流

俄国十月革命的胜利激发了中国先进知识分子对俄国革命、对社会主义的向往。俄国的社会主义建设、政治建设乃至文学和文化都成为知识分子热议的话题。1918 年李大钊在《俄罗斯文学与革命》一文中认为，俄罗斯文学“与南欧各国文学大异其趣”，它具有两个鲜明的特性：“一为社会的色彩之浓厚，一为人道主义之发达。”俄罗斯文学的特性“足以增加革命潮流之气势，而为其胚胎酝酿之主因”。“文学之于俄国社会，乃为社会的沉夜黑暗中之一光辉，为自由之警钟，为革命之先声。”[①]这篇文章“代表了中国最初接受马克思主义观点的知识分子对俄罗斯文学的基本态度，其褒贬的尺度与他们的政治观和文学观是一致的”[②]。

1919年，《民铎》杂志连载了田汉的长篇论文《俄罗斯文学思潮一瞥》，文章系统分析了俄罗斯文学从11世纪产生直到20世纪辉煌的历史，论述了俄罗斯历史上的重要作家。田汉在文中指出，19世纪以来的俄罗斯文学“大家辈出，奇彩焕发”，并认为俄罗斯文学与五四运动以来的社会思潮和新文学紧密相关。同年，沈雁冰的长文《托尔斯泰与今日之俄罗斯》发表在《学生杂志》的第六卷。作者详细介绍了托尔斯泰在俄国文坛和世界文坛的重要作用，谈论了托尔斯泰对俄国社会产生的重要影响，以及俄国文学的诸多特征等。由此可见俄国文学对五四运动以后知识分子的影响之深刻。

五四运动以后，国内掀起了译介外国文学的高潮，各类文学协会相继成立，专门译介外国文学的队伍逐渐形成。其中有代表性的，如沈雁冰、郑振铎、周作人、耿济之等人创办的文学研究会，郭沫若、郁达夫、成仿吾、张资平等人创办的创造社，鲁迅、韦素园、曹靖华、李霁野等人创办的未名社，胡适、梁实秋、闻一多、徐志摩等人创办的新月社，等等。后来左翼文学家们还创办了《译文》杂志和“世界文库”丛书，其中俄苏文学的译作占到了很多的篇幅。

《新青年》杂志是当时译介外国文学的重要阵地，1917年以后，杂志开始着力介绍俄国文学。这一阶段，《新青年》陆续刊登了周作人翻译列夫·托尔斯泰的《空大鼓》，周作人翻译亚历山大·伊万诺维奇·库普林的《皇帝之公园》，周作人翻译契诃夫的《可爱的人》，郑振铎翻译高尔基的《文学与现在的俄罗斯》，周作人翻译柯罗连科的《玛加尔的梦》，鲁迅翻译阿尔志跋绥夫的《幸福》，等等。

---

① 陈建华：《二十世纪中俄文学关系史》，北京：高等教育出版社，2002年，第72页。
② 陈建华：《二十世纪中俄文学关系史》，北京：高等教育出版社，2002年，第73页。

《新青年》的编者和译者们有意把俄国文学作为当时新文学的代表进行介绍，表明自己和旧文学决裂的坚决态度，因为俄国的国情和中国有相似之处，编者们更是着力介绍。1920 年瞿秋白完成了《俄罗斯名家短篇小说集序》，其中对中俄文学关系进行了论述：“俄罗斯文学的研究在中国却已似极一时之盛。何故呢？最主要的原因就是：俄国布尔什维克的赤色革命在政治上、经济上、社会上生出极大的变动，掀天动地，使全世界的思想都受他的影响。大家要追溯他的原因，考察他的文化，所以不知不觉全世界的视线都集中于俄国，都集中于俄国的文学，而在中国这样黑暗悲催的社会里，人都想在生活的现状里开辟一条新道路，听着俄国旧社会崩裂的声浪，真是空谷足音，不由得不动心。因此大家都要来讨论研究俄国。于是俄国文学就成了中国文学家的目标。”①

除了《新青年》以外，成立于 1921 年的“文学研究会”也为五四以后翻译文学的发展揭开了新的一页。“文学研究会”起初由沈雁冰、郑振铎、叶绍钧、王统照、许地山、郭绍虞、朱希祖、蒋百里、耿济之、孙伏园、瞿世英、周作人 12 人发起，后来云集了将近二百位文学家和翻译家。研究会以《小说月报》、《文学旬刊》和“文学研究会丛书”为主要阵地，向国内读者介绍俄罗斯文学。

1921 年 1 月，《小说月报》成为“文学研究会”的会刊，沈雁冰任主编，此后刊物越发倾向于现实主义作品，俄苏文学的译作成为杂志的主要栏目。果戈理的《疯人日记》（耿济之译），托尔斯泰的《猎熊》（孙伏园译），以及周作人、王剑三、东芬、沈泽民、郑振铎等人翻译的俄国文学作品都曾在《小说月报》发表。另外《小说月报》还以 27 篇俄国文学研究的论文组成了《俄国文学研究》专号，其中刊登了鲁迅的《阿尔志跋绥甫》，沈雁冰的《近代俄国文学家三十人合传》，沈泽民的《俄国的叙事诗》，郭绍虞的《俄国美论与其文艺》。值得一提的是，家喻户晓的《国际歌》（《赤色的诗歌—— 第三国际颂歌》）最早也是由耿济之和郑振铎译自俄文，并发表在 1920 年的《小说月报》上。

文学研究会编辑出版的大型“文学研究丛书”也向国内读者介绍了

① 陈玉刚：《中国翻译文学史稿》，北京：中国对外翻译出版公司，1989 年，第 114 页。

一大批俄国文学作品，其中包括屠格涅夫的《贵族之家》（高滔译）、屠格涅夫的《罗亭》（赵景深译）、托尔斯泰的《我的生涯》（李藻译）、契诃夫的《三姊妹》（曹靖华译）、安特列夫的《狗的跳舞》（耿济之译）、阿尔志跋绥甫的《工人绥惠略夫》（鲁迅译）、史特林堡的《史特林堡戏剧集》（张毓桂译）和爱罗先珂的《爱罗先珂童话集》（鲁迅、胡愈之、汪馥泉译）等。

值得一提的是，这一时期，很多翻译俄国文学的翻译家不懂俄文，这种现象往往会歪曲原文意义，甚至出现译文晦涩难读的问题。由瞿秋白和郑振铎作序的《俄罗斯名家短篇小说集》打破了这种局面，成为国内第一部直接译自俄文的小说集。

总之，五四运动以后涌现了一大批俄苏文学的译作，1919—1927年，国内发现的俄国文学单行本就达65种之多，其数量占外国文学译介的首位①。也涌现了沈雁冰、耿济之、曹靖华、郑振铎等一大批翻译家。

耿济之被认为是“我国最早和最著名的一位俄国文学的研究者和介绍者，同时也是一位工作时间最久、产量最多和态度最为严肃的俄国文学翻译家”②。他的主要译作有：托尔斯泰的《家庭幸福》、《托尔斯泰短篇小说集》（与瞿秋白合译）、《复活》，果戈理的《疯人日记》，契诃夫的《侯爵夫人》，屠格涅夫的《村中之月》，奥斯特洛夫斯基的《雷雨》。耿济之还翻译了俄国文学的研究性论文《十九世纪俄国文学的背景》《俄国四大文学家合传》《俄国乡村文学家伯得洛柏夫斯基》《阿里鲍甫略传》《一桩事件》《尺素书》等。

1925年，耿济之到中国驻伊尔库茨克领事馆工作，业余时间仍然继续文学翻译和研究工作，这一时期他先后翻译了安德烈夫的《恋爱、信仰与愿望》、陀思妥耶夫斯基的《罪与罚》、司基塔列茨的《契诃夫纪念》、万雷萨夫的《果戈理的悲剧》。1935年，耿济之以翻译的身份陪同梅兰芳赴莫斯科演出。1936年，耿济之任中国驻莫斯科大使馆秘书，继续为促进中苏文化交流而努力。1937年抗战全面爆发后，耿济之

① 赵家璧：《中国新文学大系史料索引》，上海：上海文艺出版社，1989年。
② 转引自陈玉刚：《中国翻译文学史稿》，北京：中国对外翻译出版公司，1989年，第132页。

隐居上海，专心俄苏文学的翻译，这一时期的译作有：高尔基的《家事》《俄罗斯浪游散记》《马特威·克里米亚金的一生》，果戈理的《巡按使及其他》，陀思妥耶夫斯基的《白痴》《死屋手记》《少年》《司贴彭奇阔夫村》等。1948 年，耿济之病逝于沈阳，时年 49 岁。

五四运动以后另一位重要的俄苏文学翻译家是韦素园。韦素园是当时翻译外国文学的团体“未名社”的发起人之一。1925 年，韦素园和鲁迅、台静农、李霁野等人共同发起并创办了未名社。未名社在鲁迅的指导和支持下，以翻译介绍外国文学，特别是俄国文学和十月革命后的苏联文学为主。

韦素园曾在莫斯科东方大学学习，期间他阅读了大量的俄苏文学作品，并深爱着契诃夫、果戈理、勃洛克等作家的作品。韦素园病逝于 1932 年，年仅 30 岁，在短暂的一生中，他翻译了《外套》《最后的光芒》《黄华集》等文学作品，还翻译了卢那察尔斯基的《论托尔斯泰》等马列主义理论作品。

这一时期，李霁野的翻译生涯也值得一提，他和韦素园同为未名社的发起人，且为未名社贡献最大的一位领导人。李霁野在未名社出版了反映十月革命的小说《共产党的烟袋》和《第四十一》，还翻译了一系列文学作品，如陀思妥耶夫斯基的《被侮辱与被损害的》、安特列夫的《往星中》、涅克拉索夫的《在斯大林格勒战壕中》、维什涅夫斯基的《难忘的一九一九》和卢斯达维里的《虎皮战士》等。

未名社的主要成员还包括著名翻译家曹靖华，他的翻译活动曾经得到瞿秋白和鲁迅的直接指导。20 世纪 20 年代，曹靖华翻译了契诃夫的《蠢货》和《三姐妹》。20 世纪 20—40 年代是曹靖华翻译俄苏文学的高潮期，这一时期他翻译了几十部俄苏文学作品，其中高尔基的《一月九日》，绥拉菲莫维奇的《铁流》，阿·托尔斯泰的《保卫察里津》，卡达耶夫的《我是劳动人民的儿子》，克雷莫夫的《“油船德宾特”号》，瓦西列夫斯卡娅的《虹》，费定的《城与年》、《苏联作家七人集》、《契诃夫戏剧集》等为中国广大读者所熟知。曹靖华是当之无愧的翻译巨匠，他的一生孜孜以求，不慕虚名，鲁迅先生曾称赞他：“一声不响，不断地翻译着。”董必武曾以“洁比水仙幽比菊，梅香暗动骨弥坚”来称赞他的坚忍不拔和革命风骨。

1930年左翼作家联盟成立，简称“左联”，专门设立了马克思主义文艺理论研究会，开始组织从俄文翻译马克思列宁主义理论著作。20世纪30年代，大量的马克思主义文艺理论和苏联社会主义文学作品被译成汉语，成为当时无产阶级革命文学运动和革命斗争的有力武器。马克思主义文艺理论研究会先后翻译了马克思、恩格斯、列宁、普列汉诺夫和卢那察尔斯基的文艺理论，翻译的文学作品有高尔基的《母亲》、法捷耶夫的《毁灭》、绥拉菲莫维奇的《铁流》、肖洛霍夫的《被开垦的处女地》等。在“左联”的影响下，当时的先进知识分子还创办了一些专门译介外国文学的杂志，其中比较有代表性的当属茅盾于1934年在上海创办的《译文》。

《译文》杂志出于种种原因，从创刊到停刊将近三年，但是在这三年中，杂志刊登了鲁迅、茅盾、巴金、傅东华、胡愈之、周扬、耿济之、黎烈文、徐懋庸、金人、孙用、沈起予、陆蠡、赵家璧等一批翻译家的译作，其中也包括了俄苏文学的作品，如契诃夫的《奇闻三则》、班台莱夫的《表》、屠格涅夫的《乞丐》《工人和白手人》《俄罗斯语言》等。《译文》还曾以专刊的形式来纪念两位俄罗斯文学巨匠——《高尔基逝世纪念特刊》和《普希金纪念特刊》，应该说，《译文》杂志在我国翻译文学发展史上的影响是深远的。

1935年，由郑振铎任主编，编辑出版了我国首部介绍中外文学名著的大型丛书——“世界文库”。丛书集中了当时100多位著名的翻译家、文学家加盟，巴金、朱自清、阿英、陈望道、鲁迅、胡愈之、周作人、吴晗、洪深、胡适、郁达夫、俞平伯、茅盾、夏丏尊、蔡元培、钱玄同、丰子恺等人组成了编译委员会。丛书制订了宏伟的发行计划，并在1935—1936年出版了100多部文学作品，原著涉及12个国家，果戈理、陀思妥耶夫斯基、托尔斯泰和高尔基的作品也在丛书的推介之列。

20世纪30年代，一大批俄苏文学作品被译介到国内，如别金斯基的《一周间》、法捷耶夫的《毁灭》、富尔曼诺夫的《狱囚》、阿尔志跋绥夫的《沙宁》和《战争》、契诃夫的《樱桃园》、高尔基的《夜店》《我的童年》《强果儿河畔》《野火》《天蓝的生活》《母亲》

《海燕》等、陀思妥耶夫斯基的《大宗教裁判官》《地下室手记》《白痴》、雅各武列夫的《穷人》、叶赛宁的《叶赛宁诗抄》、别德纳衣的《没工夫唾骂》、伊凡诺夫的《铁甲车》、倍拉·易列希的《在第聂伯修水电厂》、托尔斯泰的《哥萨克》、绥拉菲莫维奇的《铁流》《一天的工作》《风》、左琴科的《恐怖之夜》、特列季亚科夫的《怒吼吧，中国》、卢那察尔斯基的《解放了的唐吉坷德》、普希金的《茨冈》、梭罗古勃的《老屋》、特霍罗夫的《战争》、屠格涅夫的《猎人日记》、尼克拉绍夫的《严寒，通红的鼻子》、车尔尼雪夫斯基的《怎么办》、果戈理的《弥尔格拉德》、萨尔蒂科夫的《一个奴隶怎样喂养了两个卫吏》、普里鲍衣的《歌者》、法捷耶夫的《地震》、肖洛霍夫的《被开垦的处女地》等。苏联文艺理论作品的译介在国内也占有重要地位，这一时期译介的理论著作有：列宁的《列夫·托尔斯泰像俄国的一面镜子》、卢那察尔斯基的《苏联艺术的发展》和《社会主义艺术的风格问题》、普列汉诺夫的《车勒岗绥夫斯基的文学观》、列裘耐夫的《伊里几的艺术观》、凡伊斯自罗特的《苏俄文艺概论》和华西里可夫斯基的《社会主义的现实主义》等。

此外，这一时期国内还开始了对俄国文学史的研究和译介，代表性的著作有：郑振铎的《俄国文学史略》和瞿秋白、蒋光慈的《俄国文学史》。20 世纪 30 年代初，韩侍桁、丽尼（原名郭安仁）分别翻译了克鲁泡特金的《俄国文学史》，该书内容翔实，是国人认识俄国文学的重要论著。

梳理这一时期的俄苏文学译介，有几位文学家、翻译家的名字需要专门提及，他们是茅盾、郭沫若、巴金、瞿秋白和鲁迅。

茅盾的翻译活动和他的文学创作一样，在中国近现代文学史上占有重要的一席之地。他不仅翻译了大量的文学作品，而且翻译了一批外国文学的理论作品，他的译作成为中国文学宝库中的不朽财富。

茅盾对于俄国文学的研究始于五四运动前后，他于 1919 年发表在《学生杂志》上的文章《托尔斯泰与今日之俄罗斯》，可谓是全面介绍托尔斯泰生平与创作的代表性作品。1920年，茅盾发表了《俄国近代文学杂谈》，对于俄国 19 世纪革命民主主义文学提出了自己的观点。茅盾对于俄国文学的研究还体现在《近代俄国文学家三十人合传》中，该文对高尔基、马雅可夫斯基等革命作家的创作进行了研究和梳理。1930 年，茅盾的《关于高尔基》一文发表在《中学生》创刊号上。

在译介外国文学方面，茅盾不仅身体力行，还提出了翻译外国文学的目的，并论述了外国文学对中国现实和思潮的影响："介绍西洋文学的目的，一半也为的是欲介绍世界的现代思想——而且这应是更注意些的目的"，"以文学为纯艺术的艺术我们应是不承认的"[①]，因此，翻译外国文学既是要发展新文学，更重要的是要传播新思想。

20 世纪 30 年代是茅盾翻译俄苏文学的高潮期，这一时期他的代表性译作有：托尔斯泰的《战争与和平》、高尔基的《大仇人》、丹青科的《文凭》、肖洛霍夫的《战争》等。

郭沫若的革命活动、文学创作和古代史、古代文字研究等都在中国近现代史中占有重要地位，其翻译活动主要集中于德语作品的翻译和研究，尤其是对歌德作品和外国戏剧的译介。郭沫若对于俄苏文学译介的贡献在于他翻译了马雅可夫斯基的一些诗歌，出版了《新俄诗选》，翻译了托尔斯泰的长篇小说《战争与和平》。《战争与和平》篇幅宏大，卷叠浩繁，与以往的短篇小说翻译相比更显出译者的语言和文学功底。因此，郭沫若对中苏人文交流所做的贡献同样是不可磨灭的。

巴金是另一位翻译俄苏文学的巨匠。巴金 16 岁考入成都外国语学校学习，在校期间，巴金便开始研究和翻译俄国文学，其研究性文章有《托尔斯泰的生平和学说》，译作有克鲁泡特金的《面包略取》等。

1930 年，巴金翻译出版了高尔基的《为了单调的缘故》、阿·托尔斯基的话剧《丹东之死》。巴金的翻译生涯持续了近 60 年，翻译涉及 50 多种外国文学作品和社会科学学术作品，其中俄苏文学是他翻译作品的主要组成部分。他翻译最多的当属屠格涅夫的作品，赫尔岑、列夫·托尔斯泰、迦尔洵和高尔基等作家的作品也有译介。代表性译作有：屠格涅夫的《父与子》《木木》《门槛》《普宁与巴布林》，高尔基的《草原故事》《燃烧的心》等。

① 茅盾：《新文学研究者的责任与努力》，《小说月报》1921 年第 2 期。

研究 20 世纪上半叶的中俄人文交流就必然提到瞿秋白，他在这一时期的中俄文化关系史上占有特别重要的地位。瞿秋白开始接触俄语、俄罗斯文学和苏联民主思想始于五四运动时期，直至 1935 年牺牲，他一直致力于翻译和传播俄罗斯文学与马克思列宁主义理论。1920 年 11 月至 1922 年 12 月是瞿秋白在俄工作并亲身接触了俄罗斯文化和苏联社会的两年，也是他系统地研究共产主义和俄罗斯布尔什维克党的两年。这两年间，瞿秋白以北京《晨报》驻俄特派员的身份在俄罗斯从事翻译和写作的。在俄工作期间，瞿秋白结识了教育人民委员部人民委员卢那察尔斯基，受到了托尔斯泰的孙女索菲亚的热情接待。两年的旅俄经历使他对托尔斯泰等作家有了自己的感触，写下了著名的《清田村游记》一文，文中写道："清田村一游，令人畅心满意，托尔斯泰——世界的伟大文学家、遗迹芳馨……此游感想如此，其他乡间秋色，怡人情性，农家乐事，更饶诗意，生活的了解似乎不在远处……"①

1920—1922 年，瞿秋白系统报道和论述了苏俄的政治、经济、文化、军事、党的建设、民族问题、组织问题、外交策略等，共计发表通讯 40 多篇。根据旅俄经历，瞿秋白还创作了《俄乡纪程》、《赤都心史》、《俄罗斯革命论》和《俄国文学史》等作品。

瞿秋白从事俄苏文学的翻译不仅旨在介绍俄罗斯伟大的文学，更是要向国人倡导一种新的文学和新的道德范式，探讨俄国革命成功的原因，为中国革命提供借鉴。瞿秋白翻译的作品主要有：托尔斯泰的《闲谈》《三死》《伊拉司》《人依何为生》，果戈理的《仆御宝》，绥拉菲莫维奇的《一天的工作》，革拉特珂夫的《新土地》和卢那察尔斯基的《解放了的堂·吉诃德》等。

瞿秋白致力于翻译高尔基的作品，他在《高尔基的书》一文中指出："高尔基是二十世纪的一个巨人"，"他从社会的'底层'冲破农奴宗法社会的罗网，燃烧着真正人类的光芒——新文化的灯塔，挣脱着私有主义和市侩主义的羁勒，而歌颂着洗刷着污浊世界的暴风雨"②。瞿

---

① 《瞿秋白文集》第一卷，北京：人民文学出版社，1953 年，第 156 页。
② 《瞿秋白文集》第二卷，北京：人民文学出版社，1986 年，第 107 页。

秋白翻译的高尔基作品有《高尔基创作选集》（其中包括《海燕》等七个短篇）、《高尔基早年创作两篇》、《克里木·萨慕京的生活》（一章）、《高尔基论文集》等。

瞿秋白的俄苏文学翻译并非单纯的文学翻译活动，而是旨在为中国的新民主主义革命指明一条俄国式的道路，从而引导中国走向共产主义。1931年12月，瞿秋白在写给鲁迅的信中阐明了自己的这一思想："翻译世界无产阶级革命文学的名著，而且有系统地介绍给中国读者（尤其是苏联的名著，因为它们能够把伟大的十月、国内战争、五年计划的英雄，经过具体的形象，经过艺术的照耀，而贡献给读者）——这是中国普罗文学者的主要任务之一。"[①]列宁的文章《列夫·托尔斯泰像俄国革命的一面镜子》由瞿秋白译成中文。另外，他还写了一系列研究俄国革命文学和革命运动的文章，如《斯大林和文学》《苏联文学的新阶段》《赤俄新文艺时代的第一燕》《论普希金的〈焦尔金小说集〉》等。在文章中瞿秋白着力培育年轻读者的主人公集体主义精神，引导他们为实现社会主义和共产主义而斗争。

还有几位翻译家也在这一时期的中俄文学交流中做出了重要贡献，他们是冯雪峰、周扬、夏衍、柔石、戴望舒等人。

冯雪峰1926年开始投入译介外国文艺理论，尤其是马克思主义文艺理论的工作中，他的翻译风格通顺流畅而不带翻译腔。1927年他的三本介绍苏联文学的著作在北京北新书局出版，冯雪峰本人也因而成为当时较有影响力的苏联文艺翻译家。"左联"成立前后，冯雪峰致力于翻译介绍马克思主义文艺理论，主要译作有普列汉诺夫的《艺术与生活》和卢那察尔斯基的《艺术之社会基础》《新俄罗斯无产阶级文学》《科学的艺术论》《社会的作家论》《文学评论》等。

20世纪30年代，周扬开始翻译和研究马克思主义文艺理论和俄苏文艺思潮。1933年，他发表在《现代》杂志上的《关于"社会主义现实主义和革命浪漫主义"——"唯物辩证法的创作方法"之否定》被认为是国内第一篇全面系统地介绍社会主义现实主义的文章。1935年他发表

① 《瞿秋白文集》第一卷，北京：人民文学出版社，1987年，第504页。

在《文学》杂志上的《高尔基的浪漫主义》一文较为全面地介绍了高尔基的创作风格，引起了国内学界的广泛关注。周扬翻译的《安娜·卡列尼娜》一直以来被认为是小说最经典的译本之一而备受推崇。

夏衍是另一位译介俄苏文学的文学家。他的译作也包括苏联文艺理论作品和俄苏文学作品两部分，前者如《新兴文学论》《伟大的十年间文学—— 新兴文学论续篇》，后者主要是译自日语的高尔基作品《母亲》。夏衍精通日语，他以两种日语版本为基础，参考英文版本，译成了中文版《母亲》，此后《母亲》的夏衍译本又得到蒋光慈的校译和打磨，可以说基本忠实于原作，且语言优美，极富可读性。1929 年，《母亲》的汉译本由大江书铺发行，引起社会的很大反响，不久就被当局查禁。1935 年，夏衍翻译的《母亲》在上海再次出版，只不过这次改名为《母》[①]。

另外，柔石翻译了高尔基的《颓废》（即《阿尔塔莫夫家的事业》）和卢那察尔斯基的《浮士德与城》。戴望舒主要翻译法国文学作品，苏联作品在他的译作中也占一定的比例。1930年，戴望舒翻译了里特金斯基的《一周间》，伊可维茨的《唯物史观的文学论》。1932 年，他又翻译出版了伊万诺夫的《铁甲车》。1936 年，翻译了本约明·高力里的《苏联诗坛逸话》等。

在五四运动至全面抗日战争爆发的将近 20 年中，中俄文学交流是中俄人文交流最主要的部分之一，这一时期另一位译介俄苏文学和苏联文艺理论的巨匠就是鲁迅。

鲁迅既是 20 世纪中国最伟大的文学家，又是杰出的翻译家和文学理论家。他用14种语言和文字翻译了小说、剧本、童话、杂文、诗歌、随笔、文艺理论等 200 多种，共约 310 万字，其中一半以上为俄苏文学作品，因此，鲁迅在中俄文学交流中的作用也是举足轻重的。

鲁迅对于革命文学的关注始于他在日本留学期间，在此期间他购买和搜集了很多俄国文学作品。果戈理、柯罗连科、契诃夫、高尔基等人给鲁迅留下了深刻的印象。

---

① 抗日战争时期，这部书又在桂林、重庆等地相继出版。

留学日本期间，鲁迅组织翻译和编印了《域外小说集》，其中俄国作家安特莱夫和迦尔洵的作品是鲁迅亲自翻译的，《域外小说集》的编印对鲁迅的影响是巨大的，他后来在《祝中俄文字之交》一文中写道："那时就知道了俄国文学是我们的导师和朋友。因为从那里面，看见了被压迫者的善良的灵魂，辛酸与挣扎；还和四十年代的作品一同烧起希望，和六十年代的作品一同感到悲哀。我们岂不知那时的大俄罗斯帝国也正在侵略中国，然后从文学里明白了一件大事，是世界上有两种人：压迫者和被压迫者！"①茅盾曾这样评价《域外小说集》："从严格的思想与艺术的评价出发，对外国文学做了严肃与认真介绍的，则开始于我国新文学运动的先驱者和导师——鲁迅……在他们计划翻译和出版的《域外小说集》（1909年）中，俄国的契诃夫、波兰的显克微支、法国的莫泊桑、丹麦的安徒生，第一个以真朴的面目，与我国读者相见。"②

五四运动以后至1927年，鲁迅翻译的主要是19世纪以来的俄国文学作品，因为当时的鲁迅认为沙皇俄国的社会现实"许多事情和中国很像"。这一时期主要的译作有：阿尔志跋绥夫的《工人绥惠略夫》、《幸福》、《医生》和《巴什唐之死》，爱罗先珂的《狭之笼》、《池边》、《春夜的梦》、《鱼的悲哀》、《雕的心》、《世界的火灾》、《古怪的猫》、《两个小小的死》、《为人类》、《俄国的豪杰》、《桃色的云》、《时光老人》和《红的花》，安特莱夫的《黯淡的烟霭里》《书籍》，契诃夫的《连翘》《省会》，迦尔洵的《一篇很短的传奇》，等等。

1927年以后，鲁迅与共产党人的接触更加频繁，这一时期，鲁迅的俄苏文学翻译也达到了顶峰。

1927年至鲁迅逝世的十年，他翻译的文学作品主要有：《在沙漠上》（伦文）、《果树园》（斐定）、《十月》（雅各武来夫）、《波兰姑娘》（淑雪兼珂）、《苦蓬》（毕力涅克）、《恶魔》（高尔基）、《毁灭》（法捷耶夫）、《洞窟》（札弥亚丁）、《肥料》（绥甫琳娜）、《亚丁与人性》（左视黎）、《父亲》（索罗科夫）、《革命英

① 《鲁迅全集》第4卷，北京：人民文学出版社，1982年，第460页。
② 茅盾：《为发展文学翻译事业和提高翻译质量而奋斗》，《译文》1954年10月号。

雄》（孚尔马诺夫）、《拉拉的利益》（英培尔）、《我要活》（聂维诺夫）、《铁的寂静》（略惠科）、《工人》（马拉式庚）、《表》（班台莱耶夫）、《假病人》、《那是他》、《坏孩子》、《暴躁人》、《难解的性格》、《波斯勋章》、《阴谋》（契诃夫作品）、果戈理的《死魂灵》等。此外，鲁迅还翻译了大量的俄苏革命文艺理论，为中国革命文艺理论的创立提供支撑，如卢那察尔斯基的《艺术论》《艺术与阶级》《托尔斯泰与马克思》《托尔斯泰之死与欧罗巴》《苏维埃国家与艺术》《文艺与批评》《被解放的堂·吉诃德（第一章）》和普列汉诺夫的《艺术论》《论文集〈二十年间〉第三版序》《车勒芮绥夫斯基的文学观》等。

鲁迅最具代表性的译作当属法捷耶夫的《毁灭》和果戈理的《死魂灵》。

著名俄文翻译家，共产主义革命家瞿秋白在给鲁迅的信中如此赞扬《毁灭》的俄文译本：

> 你译的《毁灭》出版，当然是中国文艺生活里面的极可纪念的事迹。翻译世界无产阶级革命文学名著，并且有系统地介绍给中国读者，尤其是苏联的名著，因为它们能够把伟大的十月，国内战争，五年计划的‘英雄’，经过具体的形象，经过艺术的照相，而供献给读者。——这是中国普罗文学的重要任务之一。虽然，现在做这件事情的，差不多完全只是你个人和Z同志的努力；可是谁能够说：这是私人的事情？！谁？！《毁灭》《铁流》等等的出版，应当认为是一切革命文学家的责任。每一个革命的文学战线上的战士，每一个革命的读者，应当庆祝这一胜利；虽然这还是一个小小的胜利。
>
> 你的译文，的确是非常忠实的，“决不欺骗读者”这一句话，绝不是广告！这也可见得一个诚挚、热心、为着光明而斗争的人，不能够不是刻苦而负责的……所以我也许和你自己一样，看着这本《毁灭》，简直非常激动；我爱它，就像爱自己的女儿一样。咱们的这种爱，一定能够帮助我们，使我们的精力增加起来，使我们的小小事业扩大起来。

鲁迅在给瞿秋白的回信中更是表达了自己对这两部小说的喜爱和对未来无产阶级文学翻译的展望：

> 看见你那关于翻译信以后，使我非常高兴。……今年总算将这部纪念碑的小说，送在这里的读者们的面前了。译的时候和印的时候，颇经过了不少艰难，现在倒也退出了记忆的圈外去，但我真如你来信所说的那样，就像亲生的儿子一般爱他，并且由他想到儿子的儿子。还有《铁流》，我也很喜欢。这两部小说，虽然粗制，却并非滥造，铁的人物和血的战斗，实在够使描写多愁善病的才子和千娇百媚的佳人的所谓“美文”，在这面前淡到毫无踪影。不过，我也和你的意思一样，以为这只是一点小小的胜利，所以也很希望多人合力的更来介绍，至少在后三年内，有关于内战时代和建设时代的纪念碑的文学书八种至十种，此外更译几种虽然往往被称为无产者文学，然而还不免含有小资产阶级的偏见（如巴比塞）和基督教社会主义的偏见（如辛克莱）的代表作，加上了分析和严正的批评，好在哪里，坏在哪里，以备对比参考之用，那么，不但读者的见解，可以一天天的分明起来，就是新的创作家，也得到了正确的师范了。①

《毁灭》汉译本的出版得到了包括毛泽东等党的领导人的认可，毛泽东在《在延安文艺座谈会上的讲话》中指出：“法捷耶夫的《毁灭》，只写了一支很小的游击队，它并没有想去投合旧世界读者的口味，但是却产生了全世界的影响，至少在中国，像大家所知道的，产生了很大的影响。”②

而果戈理的《死魂灵》更是鲁迅“一生翻译工作中最后的也是最高的成就”③，茅盾、巴金等也把《死魂灵》鲁迅译本作为中国现代文学翻译史上的典范之作。

此外，鲁迅还通过组织“未名社”“朝华社”等，为国内读者展现了俄苏文学的魅力和一批版画等艺术作品，曹靖华、李霁野、韦素园等

---

① 陈玉刚：《中国翻译文学史稿》，北京：中国对外翻译出版公司，1989 年，第 182—183 页。
② 《毛泽东选集》第 3 卷，北京：人民出版社，1991 年，第 876 页。
③ 戈宝权：《鲁迅在世界文学上的地位》，西安：陕西人民出版社，1981 年，第 13 页。

年轻翻译家也是在鲁迅的关怀下成长起来的。

1932 年 12 月 12 日，听闻国民党政府与苏联恢复邦交的消息，鲁迅写下了《祝中俄文字之交》一文，文中写道："十五年前，被西欧的所谓文明国人看作半开化的俄国，那文学，在世界文坛上，是胜利的；十五年以来，被帝国主义看作恶魔的苏联，那文学，在世界文坛上，是胜利的，这里的所谓'胜利'，是说：译它的内容和技术的杰出，而得到广大的读者，并且给予了读者许多有益的东西。它在中国，也没有出于这例子之外。"[①]"可祝贺的，是在中俄的文字之交，开始虽然比中英、中法迟，但在近十年中，两国的绝交也好，复交也好，我们的读者大众却不因此而进退；译本的放任也好，禁压也好，我们的读者也绝不因此而盛衰。不但如此，而且扩大；不但虽绝交和禁压还是如常，而且虽绝交和禁压而更加扩大。这可见我们的读者大众，是一向不用自私的'势利眼'来看俄国文学的。"[②]"我们的读者大众，在朦胧中，早知道这伟大肥沃的'黑土'里，要生长出什么东西来，而这'黑土'却也确实生长了东西，给我们亲见了：忍受，呻吟，挣扎，反抗，战斗，变革，战斗，建设，战斗，成功。"[③]

鲁迅和当时的很多苏联文学家、汉学家建立了私人友谊，得到了苏联文学界的认可和肯定。鲁迅与爱罗先珂交往甚密，并翻译了他的童话剧《桃色的云》。1925 年，鲁迅结识了著名汉学家，中国文学研究专家瓦西里耶夫，后者致力于将鲁迅的《阿 Q 正传》译成俄文，鲁迅为俄文译本写了序言，并写了《自叙传略》。瓦西里耶夫在给曹靖华的信中称赞鲁迅是中国的"一位伟大真诚的'国民作家'！他是社会心灵的照相师，是民众生活的记录者……他不只是一个中国的作家，他是一个世界的作家"。

苏联作家一直把鲁迅看作苏联文学的朋友，1934 年 7 月举办的苏联作家第一次代表大会筹备组曾邀请鲁迅参加，虽出于种种原因鲁迅未能亲临，但他的文章《答国际文学社问》一文却发表在《真理报》上。

---

① 《鲁迅全集》第 4 卷，北京：人民文学出版社，1981 年，第 459 页。
② 《鲁迅全集》第 4 卷，北京：人民文学出版社，1981 年，第 462 页。
③ 《鲁迅全集》第 4 卷，北京：人民文学出版社，1981 年，第 462 页。

鲁迅与高尔基互相赏识，保持着通信往来。1932年，高尔基还曾邀请“他去苏联住两年，做他私人的写作宾客”①。1932年是高尔基从事写作40周年，鲁迅联合茅盾、曹靖华等七人写了《高尔基的四十年创作生活——我们的庆祝》一文，文章发表在《文化月报》上。鲁迅写道：“高尔基是一个‘从社会底层’里出来的作家”“是世界革命的文学家”，他的“锐利的笔锋总是同无产阶级和农民群众的斗争在一起的”。1936年6月18日，高尔基病逝，鲁迅撰文称赞高尔基是“战斗的作家”“高尔基先前的理想，后来都成为事实，他的一生，就是大众的一体，喜怒哀乐，无不相通”。

鲁迅逝世后，苏联对外文化协会在唁电中称赞鲁迅是“世界一大文豪，尤系苏联国之挚友”，并指出“中国杰出作家鲁迅（周树人）氏之逝世，为中国文化界与全人类之极大损失”②。

鲁迅为这一时期的中俄文化交流所做的贡献是突出的，他的文学翻译也代表了那一代文学家对俄苏文学翻译的高峰。

综观这一时期的中俄文学交流和翻译活动，我们发现，五四运动以后，译介俄苏文学作品成为中国新文化的方向之一，很多先进知识分子都投身到这一伟大的事业中。这是一个俄苏文学译本高产的时代，产出了诸如《死魂灵》（鲁迅译本）、《安娜·卡列尼娜》（周扬译本）、《战争与和平》（茅盾译本）和《父与子》（巴金译本）等经典译本，这些译本为后世的俄汉翻译研究和名著重译提供了基础。也诞生了一批高水平的传世的翻译家，如茅盾、巴金、郭沫若、鲁迅等。俄苏文学翻译可谓达到了一个高潮期。

另外，五四运动以后至抗日战争全面爆发前的近二十年中，中俄文学交流和翻译活动以我国翻译和介绍俄苏文学为主，而苏联对我国文学的了解还是比较有限。这也是和当时的政治局势和社会思潮相适应的，因为当时的中国知识分子认为中国与沙皇俄国有某些相似之处，俄国的革命道路和思想道路是中国可以借鉴的。瞿秋白等一批革命知识分子翻

① 《鲁迅年谱》下册，合肥：安徽人民出版社，1979年，第506页。

② 转引自《鲁迅年谱》下册，合肥：安徽人民出版社，1979年，第747页。

译俄苏文学的目的就是要引导中国走俄国的道路，所以俄苏文学走进来而非中国文学走出去也是一种必然趋势。

第四节 中苏互办报刊和新闻交流

这一时期的中俄新闻交流以中俄互办报刊为主，报刊分俄国人在中国办报刊和中国人在俄国办报刊两类。其中前者主要集中在哈尔滨和上海，而最早的俄文报刊又是出现在哈尔滨。

1899 年创刊于旅顺的《新境报》（又称《新边区报》）是俄国在中国境内创办的第一家报纸，《新境报》于1905年迁往哈尔滨，名称不变。1901 年，随着哈尔滨成为东北地区东、西、南三条铁路线的中心和大批俄侨移居哈尔滨，哈尔滨逐渐成了一座国际化的城市。由俄国人 И. В. 罗文斯基创办的俄文版《哈尔滨每日电讯广告报》诞生。

1901 年到中华人民共和国成立的近 50 年里，俄国在哈尔滨先后主办了俄文报刊 400 余种，但是其中发行量大、出版周期较长的只有十几种，这些报刊大多可归为四类：俄国官办报刊、“红党”报刊、白俄报刊和专业性报刊。

《哈尔滨每日电讯广告报》之后创刊的是 1906 年 3 月 14 日由俄国中东铁路公司出资的《远东报》，它一经创办就成为中东铁路的机关报，为沙俄政府在华政策提供舆论支持。

《远东报》以华人读者为对象，因此报社工作人员多为通晓东方学的俄国人。社长（总经理）为毕业于符拉迪沃斯托克（海参崴）东方学院的亚历山大·瓦西里耶维奇·史弼臣，另外两位东方学院的学生伊利亚·阿姆夫利霍维奇·多布罗洛夫斯基和伊万·尼古拉耶维奇·韦廖夫金分别作为史弼臣的助手和秘书参与了《远东报》的各项工作。

《东方报》内部设有编辑部、发行部、庶务部和印刷所，可谓门类齐全，完全按照西方整个报社的建制而设。报纸面向华人读者，因此报社的主笔、编辑和记者多为华人，当时的顾植、连梦青、杨楷等人都曾担任过报纸的主笔。报纸版面齐全，内容包括新闻、小说、札记、杂俎等，为后期现代报纸的发行提供了范例。但是究其思想倾向而言，《东方报》是鼓吹沙俄在远东势力范围的扩张，且有一些干涉中国内政的言论，所以在中国读者中常引起各种反对之声，中国人还创办了一些专门抵制《远东报》的报刊，如《东方晓报》《滨江日报》《东陲日报》等，虽然这些报纸支撑的时间不长，但是也发挥了一定的作用。

俄国十月革命后，《远东报》总体上是反对俄国布尔什维克党，反对中俄恢复邦交的，但是其中也有一些编辑对十月革命持肯定的立场，并从而赞扬国内的五四运动。从 1919 年 5 月 9 日起，《远东报》连载了关于五四运动的文章，如《北京学生之爱国潮》《论北京学生之大活动》等。1920 年，随着我国收复中东铁路的主权，沙俄在哈尔滨也逐渐失去了原来的势力，经营了十五年的《远东报》也随之停刊。

20 世纪 20—30 年代哈尔滨的报业市场，尤其是俄国人办的报刊，存在着“红”“白”之分，即一方面是宣传革命的“红党”报纸；另一方面是十月革命后流入哈尔滨的白俄所办的报刊。这一时期的报刊众多，以下几种较有影响力：

《前进报》，是中东铁路俄国职工联合会的机关报。瞿秋白与该报保持着良好的、密切的联系，曾多次采访其总经理图尔察耶夫斯基[1]，并连载在北京的《晨报》上。1921 年 4 月 18 号，主编海特由于发表过激言论而被捕，6 月 5 日，《前进报》被迫停办。

《论坛报》，1922 年 8 月 16 日创办于哈尔滨，其主办团体为俄国职工联合会。《论坛报》的发行量一度达到 7000 份，是哈尔滨俄文报纸中极为畅销的一份。《论坛报》是当时“红党报纸”的代表，被苏联驻哈尔滨总领事格兰德称为“代表苏联人民民意及力谋中苏两国亲善之报馆”。该报于 1925 年 4 月被以“破坏登载条例”为名查封。

《新生活报》，1907 年 11 月 1 日由俄国犹太人创办，该报的前身是《东方通讯》和《九级浪》两份报纸。《新生活报》从创刊到停刊共

---

① 瞿秋白文集编辑委员会：《瞿秋白文集》，北京：人民文学出版社，1954 年，第 41 页。

经历了22年，其停刊的原因是“中东铁路事件”的发生，在这20多年中，报纸在哈尔滨形成了广泛的影响。期间还有一些俄国革命者参加了该报的采编工作，使得《新生活报》持有了“与俄国共产党布尔什维克接近”的立场。

《俄声报》和《俄语报》，两份报纸是相继创办的，其思想和内容基本一致，采编人员也是一脉相承。《俄声报》是在《满洲新闻》的基础上创办的，其主办单位为俄国国民民主党保守派，这是一份亲日反苏的报纸，1926年1月31日因经费原因而停刊。就在当日，《俄语报》（即《俄国言论报》）创刊，其实只是在《俄声报》的基础上换了一个名称，其他均未改变。1934年11月俄罗斯全体军人联合会接管该报，这是一个驻扎哈尔滨的白俄法西斯团体，其舆论更加倒向日本和伪满洲国政府。《俄语报》由于读者群体有限，于1935年9月23日停办。

《哈尔滨时报》，1931年11月3日由日本人创刊于哈尔滨，该报从创刊之初就执行“反共和复兴俄罗斯国家”的方针，因此创办期间一直没有得到广大哈尔滨读者的认可和接受。《哈尔滨时报》随着1945年日本无条件投降而停办。值得一提的是，当时的斯大林也关注着哈尔滨俄文报纸的情况，并每天参阅《俄语报》和《哈尔滨时报》。

《霞光报》，亦称《柴拉报》，1920年4月15日由俄侨列姆比奇创办，列姆比奇有着丰富的新闻从业经验，是沙俄时期著名的军队记者。该报由于其消息灵敏、接近民众生活、政治倾向隐蔽而受到哈尔滨各阶层人士的接受，因此《霞光报》在哈尔滨的报纸中是办刊时间较长的一家，报刊直至1935年停刊，持续了15年之久。

1922年以后，大批俄侨迁居上海，其中也包括一批哈尔滨的俄侨，随着上海俄侨人数的增加，俄文报纸的数量和影响力也有所增加，其中规模较大的有：

《上海霞光报》，亦称《上海柴拉报》，同为俄侨列姆比奇创办。1925年，列姆比奇迁居上海，进而创办了该报，1928年列姆比奇又在天津创办了《天津霞光报》，一时成为中国境内最具影响力的外文报刊集体之一。在上海当时的外文报纸，《上海霞光报》的发行量也位列第三，仅次于《字林西报》和《大美晚报》。《上海霞光报》由于聘用了著名汉学家阿诺尔多夫担任主笔，对中国问题的了解使得他的文章受众颇多，这也是提升报纸发行量的原因之一。

《斯罗沃日报》，创刊于1929年1月7日，主办单位为俄侨联合会（即俄侨普济会），《斯罗沃日报》持右倾立场，反苏反共，但是其发行量在当时的上海俄侨报纸中仅次于《上海霞光报》。

上海其他的俄文报纸还有《罗亚俄文沪报》、《物理美报》（又称《弗里美报》或《时报》）、《俄文时报》（又称《俄文每日新闻》）、《中国导报》（原名《新世界报》）、《新生活报》等。

此外，俄国人还在中国创办了一些以宣传东正教为目的的非正式中俄文刊物，这一经历最早可以追溯到1899年[①]。中国东正教协会最早于1905年在哈尔滨创办了《中国东正教教会公报》，十月革命后，这类报纸的数量有所增加，主要有《远东铁路生活》、《军事生活周刊》、《亚洲俄罗斯教育》、《哈尔滨铁路俱乐部通报》、《中学生之友》、《文摘通报》、《我们的思想》、《现代言论》、《北满农业》、《气象观察》、《亚细亚时报》（又称《亚洲通报》）、《上海白俄侨民各机关联合会通报》、《哥萨克之声》等，文艺性刊物，如《星期一》、《帆》（即《帕洛斯杂志》）、《白光》、《蓝宝石》、《光明》等。这些报刊大都存在时间不长，其中比较有影响力的当属《亚细亚时报》，该报为俄国汉学家组织的“俄罗斯皇家东方学会哈尔滨分会”的机关刊物，主要刊发会员的学术成果及学会的信息。《亚细亚时报》由1909年创刊到1926年停办，共刊发了俄国汉学家们关于中国研究的文章150多篇，其中关于东北北部和内蒙古东部的考古问题的文章尤其具有学术价值。

十月革命后至1929年中东铁路事件和1931年九一八事变间的十几年，哈尔滨是俄侨办刊最为集中的地方。1931年后，随着俄侨的内迁，一些报刊也迁往天津、上海等地，但哈尔滨仍是俄文报刊最集中的地

① （俄）叶·塔斯金娜：《鲜为人知的哈尔滨》，莫斯科，1994年俄文版，第62页。

方[①]。这一时期比较有影响力的俄文报刊有：

《满洲通报》创刊于1923年，主办方为中东铁路管理局，为综合性刊物，其主题涉及经济、国际问题和铁路员工的生活等。

《边界》，1926年创办于哈尔滨，在上海、天津设有分部，停刊于1945年。《边界》在犹太人考夫曼任主编期间，表现出了极为活跃的办刊风格，其内容清新，栏目多样，不仅有新闻和生活，而且有小说、诗歌、译文、传记、书评等。《边界》的文章质量也相对较高，因此不仅在俄侨中深受欢迎，而且吸引了世界各地俄侨的目光，在中国各地和罗马、巴黎、旧金山等地都有记者，影响力也扩大到全世界。

《圣赐粮食》，创办于1926年，停刊于1945年，主办方是哈尔滨喀山圣母男子修道院，1938年东正教哈尔滨教区教务委员会接管了该刊。《圣赐粮食》在当时的世界东正教界有着重要的影响。

谈到这一时期的中俄文化交流，“东省文物研究会”的作用也值得一提。

“东省文物研究会”成立于1922年的哈尔滨，主要在中东铁路沿线即东三省各地区进行考古调查等工作。研究会附设有出版社，出版了大量自然史、民族志、经济研究方面的著作，以及专业论文集、简报、指南、工具书，还出版了研究会的机关刊物《东省文物研究会通报》，涉及文史哲、大事记、工作报告等各方面的内容。

1917年十月革命后，随着大批华工赴俄，俄国的中文报刊也出现并不断增加。19世纪60年代，由于俄国在远东地区招募华工和国内特别是东三省饥民的增加，首批华工开始赴俄，之后的半个世纪里，赴俄华工不断增加。当时的西伯利亚和远东地区是华工集中的地方，他们主要生活在阿穆尔省和滨海省，黑龙江沿岸和乌苏里江沿岸的俄国村屯也有很多华工生活，后贝加尔斯克和尼古拉斯夫斯克也生活着不少中国华工。他们有一些和俄国当地女子结婚，但是并未取得俄国国籍，相当于是国际游民。据统计，1910年在远东的华人约为111 466人[②]，1906—1910

① 石方，刘爽，高凌：《哈尔滨俄侨史》，哈尔滨：黑龙江人民出版社，1998年，第319页。

② （苏）伊·巴比切夫：《在远东参加国内战争的中国朝鲜劳动者》，塔什干，1959年俄文版，第8—9页。

年远东的华工人数更是逾50万人[①]。

十月革命爆发后，由于中俄断交以及列强对俄国事务的干涉，俄国国内处于战乱时期，华工们无法回国。他们大多积极投身到创立和保卫苏维埃政权的斗争中。据统计，十月革命和国内革命战争时期直接参加战斗的华工总数达到了15万—20万人。此时的华工积极关心国内和俄国革命的形势及发展，因此就需要一个交流和宣传的阵地，中文报纸正是在这种情况下产生的。

在苏俄出版的第一种中文报刊是《华工报》，它创刊于1918年上半年，主办方是中国工人北方省份工会执行委员会，俄国著名语言学家波力万诺夫和中国人张玉川任编辑。

1918年年底，旅俄华工联合会创办了《旅俄华工大同报》，由精通俄语的会长刘泽荣和青田商人孙言川任编辑。刘泽荣曾回忆办报的经历：

> 大多数的材料是取自本地报刊的重要文章和消息，这些俄文材料的内容由我口述，孙言川用中文记录。其余一些东西是我们两人自己编出来的，记得我们还大胆地作过颂扬列宁的一首诗。材料编好后，孙言川亲自工工整整地写在大张纸上，然后送印刷厂用石印印出来（当时在彼得格勒没有能够排中文的地方）。《大同报》虽然不大，只有二开报纸的两面，可是孙言川得费大力才能完成这项工作。该报每次出两三千份，几乎全部都交外交部转送军事部门。我一份也没有带回来，不记得出了多少期，大概一共出了四五十期（自一九一八年底到一九二〇年秋）。[②]

1922年3月15日，远东苏维埃工会在赤塔创办了《华工醒时报》，该报主要报道国际时事、中国时事、苏维埃社会主义建设、中国侨民在远东和西伯利亚以及布尔什维克党和政府的相关政策。

1925年12月18日，旅俄华侨协会创办了其机关报《前进报》，由

① 李永昌：《旅俄华工与十月革命》，石家庄：河北教育出版社，1988年，第18页。

② 刘泽荣：《十月革命前后我在苏联的一段经历》，中国人民政治协商会议全国委员会文史资料研究委员会：《文史资料选辑》第60辑，北京：中华书局，1979年，第218页。

玉伦（音译）任编辑。该报旨在增进旅俄华人直接的交流和联系，增进华人与俄罗斯人之间的感情，并帮助华人了解苏联社会主义建设的理论与实践。

1918—1937 年，在俄创办和发行的中文报纸还有《中华商报》《工人生活》《工人之路》《中国工人》《红旗》《码头工人》《十月》《工人之路》《拥护苏联》《拥护新文字》《两个世界》《党课》《突击队员》《矿工》《华工报》《东方公社》《东方工人》《共产主义之星》。

第五节 中苏电影交流

苏联电影正式进入中国影院是在 1924 年。1924 年 1 月列宁逝世，广州、北京等地举行了追悼和纪念活动，从而也形成了一次宣传列宁主义的活动。李大钊主持了北京的追悼大会，纪念列宁逝世的纪录片《列宁的葬礼》（亦称《列宁出殡记》）在北京、天津和广州三地上映。当时，《电影周刊》还曾对电影的内容和放映情况、反响等进行了报道。

虽然苏联电影还未能像法国、美国、英国电影那样在国内多处放映，但是观众们已经开始关注新兴的苏联电影。一位读者在给《影戏春秋》的来信中写道："我们在报上常能看见美国、日本等国电影界的消息，其他如法国、德国的消息，虽不及美、日等国之多，但总也有。只有俄国电影界的消息，则寂然无闻。我闻俄国自革命成功后，凡百艺术，俱有大进步，戏剧一项，尤有显著的进步，想来电影艺术，也必很有精神的，但何不能听到他们的消息呢？"编者在同一期杂志上对这封信予以了回复："（苏联电影）具有一种和美国不同的色彩，美国所具的是金钱、利禄的色彩，而俄国所具的是一种奋斗、革命、平民的色彩。"

1925年夏，苏联空间之友社和俄罗斯义勇航空协会开始试航莫斯科至北京的航线。苏联导演史涅伊吉洛夫和摄影师布留姆随航线一路拍摄了见闻和大事，并制作成了影片《伟大的飞行与中国的国内战争》。

史涅伊吉洛夫一行不仅拍摄了北京的四合院、老建筑和市容风光，还赶赴广州和上海拍摄中国人民革命斗争的场景。在上海，他记录了工人罢工、学生集会等场景，在广州，他又拍摄了黄埔军校和革命政府的活动等。史涅伊吉洛夫一行在中国还深深感受到了中国人民对他们的友好之情，他把这段经历记录在回忆录中："甚至不用政府的证书，也不用上门写着'俄国人'的袖章，只要我们简单说一声：'我们是苏联人，是从友好的苏维埃俄国来的。'那些普通的中国人便会以诚相待，把我们当作最受欢迎的客人。"①

1925年底，纪录片《伟大的飞行与中国的国内战争》在苏联上映，引起了极大的反响，《真理报》认为该片具有"社会生活史诗的宏大规模"。这部电影后来作为向国外传播的第一部纪录片在西欧各国上映，上映时更名为《东方之光》。

1926年，苏联著名导演爱森斯坦的代表作《战舰波将金号》由上海领事馆委托南国电影剧社上映，电影最终在上海南市西门方板桥共和影戏院放映。著名导演田汉曾高度赞扬这部影片："那晚我们看过之后，也一致认为革命后俄国不仅政治经济的改革有了伟大的初步的成就，就在电影艺术领域也已经结出了这样美丽而坚实的果子了，大家真是高兴得了不得。"②

1927年，苏联导演雅可夫·布里奥赫也夫在上海拍摄了纪录片《上海纪事》，并于1928年在苏联公映。1927年，中国的国内斗争形势异常复杂，《上海纪事》记录了上海作为中国革命的前沿在这一年中所经历的革命起伏以及当地人民的生活和斗争。影片结构清晰，主题鲜明，上映后在苏联国内引起强烈反响。

---

① 史涅伊吉洛夫：《1925年我是怎样在中国拍摄电影的——1925年莫斯科——北京航行参加者苏联电影导演的手记》，《中国电影》1958年第3期。

② 田汉：《怎样从苏联戏剧电影取得改造我们艺术文化的借鉴》，《中苏文化》1940年第4期。

一方面，苏联导演在中国拍摄纪录片；另一方面，中国电影界也致力于推介苏联电影。1922年，罗树森在明星影片公司特刊上发表了《俄国最近电影事业之调查》一文，他指出，苏联电影找到了一条光明的道路，俄国的电影是成功的，而且很有前途。

1930年《南国月刊》第2卷第4期组织了关于苏俄电影的专辑，其中刊载了主编田汉的文章《苏联电影艺术发展的教训与我国电影运动的前途》和卢那察尔斯基的《苏联革命电影之现在及将来》。田汉指出："电影和一切艺术一样，在资产阶级手中时，是拥护资产阶级宣传资产阶级意识的武器，而在无产阶级手中像目前的苏联电影运动一样，它是社会主义文化建设之一分野，是工农大众的最有力的教育者、鼓动者、组织者。"①

1929年中苏断交之后，两国的电影交流也受到一定的限制，但一些左翼电影工作者仍然坚持宣传和推介苏联的电影和电影思想。1932年6月，尘无的《电影在苏联》一文刊发在上海《时报》的《电影时报》副刊上，文章对苏共第十二次、十三次代表大会中有关电影的问题以及关于党对电影的指导进行了介绍，即"电影必须经党之手，使之成为社会主义的启蒙及煽动的有力的武器"②。同年，普多夫金的《电影导演论》和《电影脚本论》由夏衍和郑伯奇翻译成中文。1933年，苏联有声电影《生路》上映，在国内也引起了不小的反响，《晨报》的《每日电影》副刊连续发表了8篇评论和14篇短文，作者为张石川、程步高、尘无、史东山等人。随后，《明显月刊》连载了夏衍翻译的《生路》摄制台本。1933年，保尔庭斯基《列宁与电影》的节译文《列宁的电影论》，译者为芦萩。

1931年4月，苏联影片《成吉思汗的后代》（又名《亚洲风云》《国魂》）在国内上映，此后由外国片商陆续把一些苏联影片运到中国，并在国内放映，代表性的电影有《生路》、《迎展计划》（又名《重逢》）、《金山》、《傀儡》、《阿比西尼亚》、《今日之苏联》、《血花》（又名《三个女朋友》）、《予打击者以打击》、《我们来自喀琅施塔得》等。

---

① 程季华：《中国电影发展史》，北京：中国电影出版社，1963年，第119页。
② 程季华：《中国电影发展史》，北京：中国电影出版社，1963年，第193页。

1935 年，为庆祝苏联电影事业创立 15 周年，莫斯科电影节开幕。中国派出 7 位代表参加，并带去了 8 部影片。7 位代表分别是“明显”公司制片周剑云、“联华”公司制片陶伯逊、“联华”公司编剧余一清和副导演黄谦、“明显”公司摄影师颜鹤鸣、演员胡蝶和翻译孙桂藉。这 8 部影片是《姊妹花》《空谷兰》《春蚕》《重婚》《渔光曲》《大路》《女人》《桃李劫》。

此次 8 部影片先后在莫斯科和列宁格勒上映，《渔光曲》还获得了荣誉奖，这也是中国电影首次获得国际性的荣誉。

演员胡蝶曾经回忆起列宁格勒《姊妹花》首映式上的盛况：“该片开映之前，特请当地一所大学的东方语言教授将剧情翻译出来，所以观众看起来都容易明白。”“这位教授听说曾居留中国十余年，精通中国语文，曾将《聊斋》译介到俄国去。”①

此次中国电影代表团访苏是成功的，通过这次访问，不仅使国际同行了解了中国电影，引起了苏联媒体对中国电影的广泛关注，而且给苏联观众带来了中国电影和中国社会生活的气息与印象。

这一时期的中苏电影交流是双向的，不仅有苏联电影在国内的上映和译介，中国电影也走出国门，参加了莫斯科国际电影节。另外，由于国内电影工作者的宣传，以及中苏两国国情的某些相似，苏联电影理论也对中国电影产生了一定的影响。

第六节　中苏戏曲交流

这一时期艺术界交流的另一件盛事就是梅兰芳访苏，它也将中苏戏

① 《胡蝶回忆录》，北京：新华出版社，1987 年，第 138 页。胡蝶所说的这位教授，应该是瓦·米·阿列克谢耶夫，他曾于 1904—1926 年三次到访中国，他翻译的《聊斋》俄文版具有相当的代表性，瓦·米·阿列克谢耶夫本人也是俄罗斯中国文学研究的重要人物，开辟了俄罗斯“聊斋学”研究的重要阶段。中国电影代表团访苏时，他正在列宁格勒历史、语文和语言学院任教。

曲交流推向了一个新的阶段。1935 年，梅兰芳及其剧团访问莫斯科和列宁格勒两地，并在苏联进行了为期三周的演出，主要演出了《宇宙锋》、《汾河湾》、《刺虎》、《打渔杀家》、《虹霓关》、《贵妃醉酒》、《断桥》和《洛神》等曲目。

在苏联期间，苏联对外文化协会还专门组织了中国京剧和梅兰芳表演艺术研讨会，会上苏联戏剧家、电影艺术家、文学家斯坦尼斯拉夫斯基、涅米罗维奇·丹钦科、梅耶荷德、泰伊洛夫、特列季亚科夫等人对梅兰芳的表演和京剧艺术给予了高度的评价。例如，特列季亚科夫在发言中指出：

> 中国戏剧是世界上一种无与伦比的人民戏剧。它的观众不仅包括五亿中国人民，也包括它的邻近各国的三亿居民——也就是说世界人口的一半。单单这一事实就促使我们对梅兰芳博士和他的剧团怀有一种极为尊敬的心情。但是我们尊敬他还另有一个原因：我们的贵宾坚定而有意义的事业是另一半球上的人民戏剧的典范。中国戏剧终有一天会挣脱它那封建意识的枷锁，它本身蕴含着一种理性和国际性戏剧的种子，它那精确的方式方法可以适用于唤醒并引导磨炼过的群众争取一个美好的新世界。①

研讨会成为东西方戏剧艺术交流的一次重要的会议。此后，苏联戏剧界和电影界更加了解中国的戏剧艺术，中苏两国的艺术家也结成了良好的私人友谊，而且苏联电影制片厂还把梅兰芳与朱桂芳合演的《虹霓关》拍成了电影。

总之，20 世纪 30 年代的中苏戏曲界随着梅兰芳访苏有了更好的交流，也为之后中苏戏曲的进一步交流打下了良好的基础。

---

① 中国梅兰芳研究学会，梅兰芳纪念馆：《梅兰芳艺术评论集》，北京：中国戏剧出版社，1990 年，第 716 页。

第七节　中苏文化协会

中苏文化协会是 1935—1946 年存在的一个文化团体，它的活动旨在沟通两国文化交流，开展文学艺术互译和传播、增进两国人民的了解和友谊。

中苏文化协会的发起人是张西曼、徐悲鸿和张仲钧，其中张西曼为协会出力最多，是最主要的发起人。

张西曼与俄国文化的结缘开始于 1911 年，这一年他进入符拉迪沃斯托克（海参崴）的帝俄国立东方语文专科学校（后改为东方大学）学习政治经济，并与俄国革命党人有所接触，学习俄国、互助革命的思想从而萌生。此后，张西曼为了这一目标不懈努力，不断奔走，最终得到了国民党高层孙科、陈立夫、邵子力等人的首肯，终于在 1935 年 10 月 25 日创办了中苏文化协会，协会成立大会在南京华侨招待所召开。协会把“研究及宣扬中苏文化并促进两国国民之友谊”作为自己的宗旨，并提出了自己的业务范围：介绍中国学者赴苏讲学和苏联学者来华讲学；互办演讲及展会；创办刊物，宣传中苏文化；举办友谊集会；资助国内学生或学者赴苏考察或留学；设立图书馆，从事中苏两国书籍的搜集工作；其他促进中苏文化交流的事务①。

孙科任中苏文化协会会长，蔡元培、于右任、陈立夫、颜惠庆、苏联驻华大使鲍格莫洛夫和苏联科学院院长卡尔品斯基任名誉会长。梁寒操、王陆一、傅秉常、徐恩曾、徐悲鸿、张西曼、张冲、于国祯、黄文山、何汉文、西门宗华、沈苑明、沙拉托夫策夫等人为理事。张西曼任常务理事，并实际主持协会的工作。协会还推选了几位俄籍的名誉会员，他们是：苏联对外文化联合会会长阿洛雷夫，苏联对外文化联合会代理会长车尔尼雪夫斯基，苏联著名东方学者、莫斯科中山大学前校长

① 张小曼：《张西曼纪念文集》，北京：中国文史出版社，1995 年，第 361 页。

卡尔·拉狄克，苏联作家特列季亚科夫，等等。

其后不久的1936年3月，中苏文化协会上海分会成立，黎照寰任会长，潘公展、焦绩华、李公朴、黄炎培、陈鹤琴等人任理事及候补理事。

为了开展中苏文化艺术作品交流，中苏文化协会成立了出版委员会，梁寒操、张西曼、徐恩曾、西门宗华等人任出版委员。出版委员会决定创办会刊《中苏文化》，并由黄文山、何汉文、沈苑明等人组织出版一套有关中苏文化的丛书。

中苏文化协会成立后开展了一系列活动，如举办苏联画展和电影展等。

这一时期，由中苏文化协会和中国美术会、中国文艺社、苏联对外文化联合会等机构共同举办的苏联版画展首先在南京中央大学图书馆展出，其后又移至上海展出，观众人数愈万，在国内引起了包括鲁迅等文化名人在内的广泛关注。苏联电影招待会是中苏文化协会的又一重要活动，招待会放映了《空中英雄》《五一劳动节检阅》《幸福的青春》等影片。

本章从马列主义在中国的传播、中苏教育交流、中苏文学交流和翻译、中苏互办报刊、中苏电影交流、戏曲交流和中苏文化协会等七个方面对十月革命后至抗日战争之前的中俄（苏）人文交流进行了梳理和阐述。研究发现，这一时期的中俄（苏）人文交流和当时的政治和革命斗争形势紧密相关，俄国的革命和社会主义建设推动了国内马克思列宁主义的传播和接受，俄国的革命文学成为国内这一时期翻译文学的主流，其现实主义的风格也对国内新文学产生了深远的影响。教育交流方面，这一时期主要是苏联为中国培养革命理论和军事人才，莫斯科中山大学和东方大学成为国内杰出人才的摇篮，中国革命的众多领袖都曾在这里学习。由于俄侨来到哈尔滨，20世纪20—30年代在哈尔滨和上海创办了很多的俄文报刊，他们或宣传革命思想，或为沙俄和伪满洲国政府辩护，成为中国报刊行业的一道独特的风景。中国侨民在苏联也创办了一些中文报纸，促进了中苏文化交流的发展。中苏电影和戏曲交流在20世纪20年代起步，双方有较为深入的接触和了解。中苏文化协会是20世纪30—40年代人文交流的重要组织，张西曼作为常务理事，协会举办了苏联影展、画展等各项活动，成为这一时期中苏文化交流的重要纽带。

综观这一时期的中俄（苏）人文交流，我们发现，十月革命后至 20 世纪 30 年代的中俄（苏）人文交流在中苏文化史中起到了承前启后的作用。一方面，它为中国新文化的发生、发展提供了契机和动力；另一方面，它也为 20 世纪 40 年代，甚至中华人民共和国成立后中苏关系的发展，苏联教育、人文思想在中国的传播奠定了基础。由于当时中国政治经济仍相对落后，而苏联革命的思想和苏联的社会主义建设给了中国先进知识分子很多的鼓舞，这一时期除了电影、戏曲走出了国门，其他的交流仍以中国输入为主。

第三章　1937—1949 年的中苏人文交流

1937—1949 年的十几年是中国全面抗日战争和解放战争的时期，期间的 1941—1945 年，苏联也经历了历史上最为惨烈的苏德战争，受到战争的影响，这一时期的中苏人文交流并非十分活跃，但是在各领域仍然继续进行着。

这一时期，马克思列宁主义和斯大林思想在中国得以继续传播，苏联革命民主主义文艺理论在中国得到译介和研究。

文学始终是中苏人文交流最重要的领域，戈宝权等翻译家不断翻译苏联文学作品，普希金、列夫·托尔斯泰等经典作家的作品在中国得以广泛传播。中苏美术、戏曲等领域的交流也继续进行。中国的俄语教学不断发展，多所学校开设了俄语专业。俄罗斯汉学家对中国的研究不断推进，产出了诸多成果。

第一节　马列主义及革命民主主义文艺思想在中国的传播

为这一时期马列主义在中国的传播做出贡献最大的当属文艺理论家、翻译家周扬。1937年，周扬来到延安，是当时的延安大学校长、陕甘宁边区教育厅厅长和鲁迅艺术学院院长。1937—1949年，周扬为车尔尼雪夫斯基美学和马列主义文艺观的传播做出了重要贡献。1937年3月10日的《希望》创刊号上发表了周扬的《艺术与人生——车尔尼雪夫斯基的〈艺术与现实之美学的关系〉》，该文还转载在同年4月《月报》的第1卷第4期上。1942年4月16日的《解放日报》刊登了周扬的文章《唯物主义的美学——介绍车尔尼雪夫斯基的美学》。同年，延安新华书店出版了周扬翻译的车尔尼雪夫斯基的著作《生活与美学》（即《艺术与现实的审美关系》），该书后来又分别由上海群益出版社（1949年）、人民文学出版社（1959年、1962年）三次再版，成为系统研究车尔尼雪夫斯基的重要文献。

朱光潜指出："车尔尼雪夫斯基（1828—1889）的《艺术与现实的审美关系》（1855年）在中华人民共和国成立前是最早的也几乎是唯一的翻译过来的一部完整的西方美学专著，在美学界已成为一部家喻户晓的书。"①

周扬研究车尔尼雪夫斯基的美学，并对比他和别林斯基的思想："（车尔尼雪夫斯基）指明了艺术的形象是现实的反映，同时也有它的思想性，这是关于艺术的本质的最正确的见解。对于八十多年前这位大思想家所发表的卓见，我们唯有惊叹。"②与别林斯基相比，"他认为艺术不但是'再现人生'，而且还要'说明被再现的现象'，给以判

---

① 朱光潜：《西方美学史》，北京：人民出版社，1963年，第547页。

② 《周扬文集》第1卷，北京：人民文学出版社，1984年，第195页。

断。这样，所谓‘艺术是再现人生，说明人生’，就并没有降低艺术的身份，而正是阐发了它的伟大的功用”[①]。

周扬选编了马克思、恩格斯、列宁、斯大林、毛泽东、普列汉诺夫、高尔基、鲁迅等人关于文艺理论的评价和意见，主编了《马克思主义与文艺》一书，并于 1944 年出版。该书序言论证了建立中国马克思主义文艺的必要性，并引用了大量苏联领导人的言论。周扬指出，苏联文艺作品是适应时代的，起到了激励人们保卫祖国的作用，“他们已无愧于斯大林所给予他们的‘灵魂工程师’的称号。比起人家来，我们是惭愧的。新民主主义的伟大时代也应当产生他的伟大的作品”[②]。

第二节　中苏文学交流

1937 年，莫斯科举行普希金逝世 100 周年纪念会，中国翻译家戈宝权出席了纪念会，期间他参观了普希金的流放地米哈伊洛夫斯科村，之后他写了一篇文章发表在《文学》杂志上，该文最早在国内详细介绍了普希金的生平和创作以及普希金在俄国人民心中的地位[③]。

全面抗战期间，著名翻译家萧三担任延安鲁迅艺术学院编译部主任，在此期间他翻译了《前线》《光荣》等苏联剧本和《列宁论文化与艺术》等论著，以及普希金、马雅可夫斯基、高尔基等作家的作品。萧三是一名革命家和政治家，加上自身的语言能力和职业经历等原因，他的一生翻译了许多文学作品，“（他的身份和经历）决定了他用有利于政治和革命而不是文学的极端功利主义标准去选择文学”[④]。

苏联作家协会书记处在萧三去世（1983 年 2 月）的唁电中写道：“埃

① 《周扬文集》第 1 卷，北京：人民文学出版社，1984 年，第 196 页。
② 《周扬文集》第 1 卷，北京：人民文学出版社，1984 年，第 469 页。
③ 张铁夫：《普希金与中国》，长沙：岳麓书院，2000 年，第 119 页。
④ 黎跃进等：《湖南 20 世纪文学对外国文学的接受与超越》，长沙：湖南文艺出版社，2006 年，第 217 页。

弥·萧一生中有很多年是在苏联度过的；他和我们一同在莫斯科进行诗歌创作活动，写有许多出色的诗篇，歌颂自己的祖国和人民，描写他为争取自由和社会解放所进行的不懈的斗争。埃弥·萧和他的诗作一直受到苏联读者的热爱，并享有盛誉，广为流传。请接受我们深切的哀悼。”①

这一时期译介的其他文学作品有：1938年瞿秋白以白话的形式翻译了普希金的《茨冈》，并发表在武汉时调社出版的诗丛《五月》上，1940年《茨冈》译文的单行本由文艺新潮社出版；1946年余振翻译的普希金长诗《波尔塔瓦》出版；1947年磊然翻译的普希金小说《村姑小姐》出版；1947年水夫翻译的普希金小说《驿站长》出版；1947年梁香翻译的普希金小说《暴风雪》出版；1948年余振翻译的《普式庚诗选》出版。

1947年是普希金去世110周年，国内文艺界举行了纪念活动。国内多家报纸杂志社推出普希金纪念特辑，其中包括《文艺春秋》《文艺复兴》《读书与出版》《中苏文化》等。罗果夫（В. Н. Рогов，1906—1988年）和戈宝权共同编辑了《普希金文集》，文集收录了多篇普希金作品的译作和研究普希金的文章。戈宝权的《普希金在中国》和《普希金生活与著作年表》，罗果夫的《普希金纪念碑在上海》都收录其中。

1949年，为纪念普希金诞辰150周年，《人民日报》发表了系列文章：《人民的普希金》（郭沫若）、《伟大的俄罗斯诗人，普希金的生平和事业——纪念普希金诞辰一百五十周年》、《歌唱人民天才普希金》（柯仲平）和《俄罗斯人民的普希金》（艾青）等。

20世纪三四十年代，中国“左翼”文学阵营大量翻译和研究高尔基的作品，“有关他的评价研究专著或译本不少于二十三种，个人戏剧、小说、散文翻译集不下一百三十种”②。其中《底层》先后出现了八个译本，《母亲》、《在人间》和《我的大学》等都出现了2—3个译本，《和列宁相处的日子》的译本也多达六种。这一时期，国内文学界不仅翻译高尔基的作品，而且研究高尔基与中国文学的关系，茅盾认为：“‘五四’以来，中国新文艺的道路是现实主义的道路，构成中国现实

① 《萧三同志追悼会在京举行》，《人民日报》1983年2月20日。

② 李今：《三四十年代苏俄汉译文学论》，北京：人民文学出版社，2006年，第68页。

主义文艺的因素不止一个，俄国文学的优秀传统以及欧洲古典文学的影响，都是应当算进去的；但是高尔基的影响无疑地应当视为最直接而且最大。‘五四’以来，曾经有好多位外国的作家成为我们注意的对象，但是经过三十年之久，唯有高尔基到今天仍然是新文艺工作者最高的典范。”①

第三节 中苏美术交流

1942 年 1 月至 1943 年 8 月，先后有八场苏联美术展在重庆举办，其中 1943 年 3 月由中苏文化协会举办的苏联版画艺术展较为隆重，32 位苏联版画家的作品在这里展出，吸引观众 5 万余人。

1940 年，莫斯科东方博物馆举办了中国艺术展览会。安阳殷墟出土文物、民间艺术作品、中国古代和现代绘画作品，以及部分从苏联各大博物馆运来的中国藏品在这里展出，展会还展出了中方参展的几幅名画：李昭道的《洛阳楼图》、王振鹏的《宝津竞渡图》、崔白的《竹鸥图》和《枫鹿图》等。

莫斯科展会后，中国艺术品又在苏联的其他城市进行了巡回展。《真理报》对中国艺术展发表评论：“谓中国艺展，非仅在艺术上具有伟大之价值，抑且足以表示中苏两大民族具有如何之友好关系。苏联各界人士，对于争取国家独立之中国人民，具有如何热烈之同情，对于中国人民之生活如何关切。今兹之艺展，必能引起苏联各界之注意，而尤能有助于中苏两大民族友好联系之日臻于密切云。”②

本次艺术展览会是在全面抗战期间举行的，它不仅是中国艺术的展示，也是中国人民反帝反封建斗争精神的写照。通过这次展览，苏联人民对中国人民的斗争给予了热情的支持。除了《真理报》以外，《消息

① 李今：《三四十年代苏俄汉译文学论》，北京：人民文学出版社，2006 年，第 69—70 页。
② 陈石孚：《中国艺展在苏联》，《时事月报》1940 年第 2 期。

报》《莫斯科晚报》《苏联艺术报》等也对这次艺术展览会进行了介绍和评价，《中苏文化》杂志将这些文章译成中文并刊发特稿，说明中国艺术展览会在苏联的积极反响①。

第四节　中苏电影交流

全面抗日战争期间，约有六七十部苏联影片在中国放映：1938 年放映了《血花》、《复仇艳遇》和《大张挞伐》；1941 年之后放映了《苏俄临倭记》、《玛姆洛克教授》、《风羽飞马》（《小骆马》）、《仲夏夜之梦》（《五月之梦》）、《列宁在十月》、《列宁在一九一八》、《斯大林格勒血战记》、《伟大的公民》、《莫斯科城下歼敌记》、《最后一夜》、《灿烂生活》；1943 年，苏联影片《夜莺曲》在重庆国泰戏院上映；1944 年上映了歌舞片《柳营婵娟》和反映苏联妇女在战争中保卫祖国的影片《忠勇巾帼》；1945 年 7 月末，在重庆放映了电影《会师柏林》，观众人数众多；1945 年下半年，苏联电影《侵略》在重庆放映；1946 年春天，《卓雅传》上映，影片描写了苏联卫国战争女英雄卓娅的故事②。

这一时期，中苏文化协会也组织放映了一些苏联电影，如《飞机“胜利”号》（1939 年 1 月）、《虹》（1944 年 11 月）。

国内电影界还积极开展了对苏联电影的研究。1940 年 10 月，《中苏文化》杂志创办了“苏联戏剧电影专号”，专号刊登的研究性文章有：《列宁与斯大林论电影》、《斯大林与苏联电影》、《怎样从苏联戏剧电影取得改造我们艺术文化的借鉴》（田汉）、《苏联电影与苏联戏剧给予了我们什么》（葛一虹）、《苏联电影给予中国电影的影响》（郑伯奇）、《苏联电影与中国电影》（史东山）、《从苏联电影谈到

① 长林译：《中国艺展在苏联的盛况及其崇赞》，《中苏文化》1940 年第 3 期。

② 李随安：《中苏文化交流史（1937—1949）》，哈尔滨：哈尔滨出版社，2003 年，第 77—78 页。

中国电影》（王平陵）、《我对于苏联戏剧电影之观感》（阳翰笙）、《关于苏联电影的杂感》（沈西苓）、《我对于苏联戏剧电影之观感》（司马文森）、《关于苏联电影》（潘子农）、《我观苏联戏剧电影》（常任侠）、《关于苏联电影中的音乐成分》（贺绿汀）、《苏联电影给我们的印象》（何非光）、《为高尔基〈童年〉的放映》（楼适夷）。另外，本期专号还刊登了电影剧本《静静的顿河》和《中华全国电影界抗敌协会致苏联电影界书》。

《中苏文化》杂志的“苏联戏剧电影专号”对于苏联电影和中苏电影的关系进行了多方面的论述，对于推动中苏电影交流起到了积极的作用。如葛一虹在文章中写道：“中国广大人民对于苏联影片底（的）爱好是远超乎欧美资本主义国家所制作出来的影片的……在其艺术创造上也渐渐地脱离了欧美电影底（的）模仿与支配……而向苏联电影底（的）制作方法有所参考，用以来丰富其转变后的积极内容的表现方法。甚者，是时中国导演家中有被称为苏联风格的导演人，某一镜头被指为‘苏联镜头’。……然而我们也不能不说这种转变或多或少地接受了当时也已存在着苏联电影底（的）影响的。”①

1942年10月26日起，《新华日报》开始连载戈宝权节译的剧本《列宁在十月》，剧本的连载也是为了纪念苏联十月革命胜利25周年。期间席耐芳的《苏联电影与世界大战》也在《新华日报》上刊登，文章对苏联电影发展史进行了回顾，对苏德战争中电影工作者的坚持和贡献进行了赞誉，并认为苏联电影将迎来更加美好的未来。

全面抗战期间，中国电影工作者也曾赴苏学习。1940年，袁牧之在延安完成了纪录片《延安与八路军》的前期工作，并赴莫斯科完成后期制作，同行的还有负责音乐制作的冼星海。袁牧之在苏期间得到著名导演爱森斯坦的帮助，1946年回国。

① 葛一虹：《苏联电影与苏联戏剧给予了我们什么？》，《中苏文化》1940年第4期。原文曾发表于《国际文学》俄文版1940年3—4月合刊。

第五节　中苏戏剧交流

这一时期中苏戏剧团体互访几乎停滞，中苏戏剧交流主要表现为中国对于苏联戏剧的研究、排演苏联戏剧曲目和延安鲁迅艺术学院对苏联戏剧体系的继承等。

20 世纪 40 年代，斯坦尼斯拉夫斯基在中国仍然具有广泛的影响，戏剧家、翻译家们不断翻译斯坦尼斯拉夫斯基的作品并在国内发表。《演员自我修养》前五章由姜椿芳翻译并发表在 1940 年的《剧场艺术》月刊上；1941 年，光明书局出版了该书的全译本；1943 年，该书单行本由郑君里、章泯翻译并在重庆出版；1942 年，《我的艺术生活》汉译本（式之译）出版；1946 年，重庆益智出版社出版了《我的艺术生活》（贺孟斧译），此后，群益出版社再版。

1938 年，延安鲁迅艺术学院成立，学院一开始就把俄国戏剧运动作为一门课程开设，学院还开设了杨松讲授的“列宁主义”和沙科夫讲授的“苏联文艺”等课程。学员实训时也采用斯坦尼斯拉夫斯基的方法，“采用斯坦尼斯拉夫斯基的导演方法训练演员的身体，声音，想象力，记忆力，感情的细密，忘记现实的自己而发挥演员的创造力等等”[①]。在剧目排演上，延安鲁迅艺术学院也选择了苏俄的曲目，如果戈里的《钦差大臣》《婚事》，契诃夫的《求婚》《蠢货》《纪念日》，革命历史剧《带枪的人》等。[②]

1944 年 5 月，苏联作家考涅楚克的剧本《前线》由八路军 129 师政治部宣传队排演。1945 年 9 月，《前线》剧组赴八个军分区巡回演出，演出引起了强烈反响，特别是针对剧中的反面人物—— 记者客里空，新闻界掀起了“反客里空运动”，发表了一系列文章，主要有：《不真实

① 程秀山：《史坦尼斯拉夫斯基的演剧体系在延安》，《新华日报》1940 年 9 月 29 日。

② 钟敬之：《延安鲁迅艺术学院概貌侧记》，《新文学史料》1982 年第 2 期。

新闻与“客里空”之揭露》(《晋绥日报》1947 年 6 月 25 日、26 日)、《学习〈晋绥日报〉的自我批评》(1947 年 9 月 1 日新华社社论)、《锻炼我们的立场与作风——学习〈晋绥日报〉检查工作》(新华社社论)等。

其他排演的苏俄剧目有:《钦差大臣》(1940 年由鲁艺实验剧团、陕北公学、抗日军政大学等联合演出)、《决裂》(1940 年由中央党校剧团演出)、《铁甲战车》(1941 年由西北青年救国剧团,即后来的延安青年艺术剧院演出)、话剧《母亲》(1940 年 11 月由华北联合大学文艺学院、联大文工团、西北战地服务团等联合演出)、《俄罗斯人》(1944 年 11 月 7 日由抗敌剧社演出)、《夜店》(1947 年由抗敌剧社在武汉和北平分别演出)①。1938 年 11 月,由上海华光戏剧专科学校排演,黄鲁导演的独幕剧《蠢货》演出;1939 年,《破旧的别墅》《处女心》《白取乐》等在上海戏剧交谊社演出;同年,《复活》经过陈绵改编由中国旅行剧团演出;1941 年春,《钦差大臣》由鲁思改编为《狂欢之夜》,并由上海华光戏剧专科学校搬上舞台②;奥斯特罗夫斯基的《大雷雨》《闹市》《真理固好,幸福更佳》《得来容易去得快》《森林》等都曾在国内排演,并鼓舞着战争岁月中的人们③。

奥斯特罗夫斯基的戏剧在中国具有广泛的影响,姜椿芳说:“在中国演出次数最多,观众最多,地域最广的是《大雷雨》。甚至可以说,在所有外国戏中,最受中国观众欢迎,搬演次数最多的也是《大雷雨》。并且,和其他外国戏不同,《大雷雨》总是依照奥斯特罗夫斯基的原作,用俄国服装演出的。”④

1948 年是奥斯特罗夫斯基诞辰 125 周年,戈宝权、林陵主编的《奥斯特罗夫斯基研究》在时代出版社出版,此书对奥斯特罗夫斯基戏剧在

---

① 刘平:《中俄戏剧交流及其相互影响》,《戏剧文学》2016 年第 11 期。

② 上海社会科学院文学研究所:《上海“孤岛”文学回忆录》上册,北京:中国社会科学出版社,1984 年,第 400 页。

③ 林陵:《奥斯特罗夫斯基在中国舞台上和银幕上》,戈宝权,林陵编:《奥斯特罗夫斯基研究》,合肥:时代出版社,1948 年。

④ 林陵:《奥斯特罗夫斯基在中国舞台上和银幕上》,戈宝权,林陵编:《奥斯特罗夫斯基研究》,合肥:时代出版社,1948 年。

中国的传播和译介进行了研究。

第六节　中苏音乐交流

这一时期中苏民间的音乐交流较少，报刊上对于苏联的音乐有所介绍，音乐家冼星海曾赴苏进行音乐创作活动。

李嘉的《柴可夫斯基的第四交响曲——呈献给那激动我生命与灵感的一段难以忘却的友情》发表在1942年3月24日的《新华日报》上；同年8月29日，《新华日报》刊登了米罗斯拉夫的《论歌曲底联系》、立成的《关于肖斯塔科维奇的第七交响曲》。《中苏文化》1941年5月以《苏联音乐与中国新音乐运动》、《中华交响乐团致苏联音乐界书》、《马思聪氏致苏联音乐界杜纳耶夫斯基书》和《苏联音乐家马良·郭凡尔致马思聪书》等文章组成"中苏音乐之交流特辑"，对苏联音乐的历史和现状进行了介绍。

如前所述，1940年，冼星海曾随《延安与八路军》剧组赴苏。《延安与八路军》的配乐工作、《第一交响乐》的创作和《黄河大合唱》的修订等工作都是在莫斯科期间完成的。苏德战争爆发后，冼星海被疏散到阿拉木图，之后又来到乌兰巴托。1942年，冼星海再次辗转来到阿拉木图，并在这里完成了三部作品：合唱曲《贺新年》（又名《1942年献歌》）、小提琴独奏曲《乌兰巴托的早晨》、管弦乐《第二组曲·牧马词》。

1944年1月，冼星海开始担任哈萨克斯坦库斯塔奈州音乐馆的作曲工作。期间完成了《郭治尔·比戴》、《天净沙·秋思》、《心头恨》、《阿曼盖尔德》和管弦乐组曲《中国狂想曲》，并完成了为历年作品编号的工作，编写在他的《创作札记》里。1945年10月13日，冼星海逝世于莫斯科①。可以说，他最后阶段的音乐生涯和创作是与苏联紧密相连的。

---

① 秦启明：《冼星海在莫斯科》，《民国春秋》1991年第1期。

第七节 中国的俄语教学

战争时期，在中国共产党领导下，延安、华北和哈尔滨等地开展了俄文教学活动。

1940 年，延安文化俱乐部附设业余俄语学习班在萧三的倡议下开设，王禹夫任教员，陈泉璧、华君武、陈企霞、李舜琴、曹慕岳等人都曾在这里学习。

1940 年，中央马列学院开设了俄文讲习班，讲习班以编译马列著作为目的，师哲任教员。当时师哲刚从莫斯科回国，有着良好的俄文修养，他自己编写教材，自己油印。在讲习班坚持下来的学员成为后来的马列学院俄文研究室的骨干。

1941 年 3 月，中国人民抗日军政大学三分校在毛泽东、周恩来等领导的亲切关怀下成立了三个俄文队，后合编成一个俄文大队，大队共有师生 300 余人。1941 年 12 月，抗大三分校被整编为延安军事学院，朱德任院长，学院下设俄文队和俄文科，朱德曾要求“培养的学生成为通晓俄语，能会话能实际运用的军事翻译人才”①。

1942 年 5 月，中央军委第四局（后改为编译局）属下的俄文学校建立，校长为第四局的曾涌泉。1942 年，俄文学校和延安大学俄文系合并，1944 年，俄文学校新开英语专业，并正式更名为中央军委外国语学校。延安大学俄文系是和大学同时诞生的，即开始于 1941 年 9 月，黄正光为第一任系主任，唐国华、李松青等人曾在这里任教。合并后的中央军委俄文学校培养了一批杰出的俄语人才，如后来任文化部、中国人民对外友好协会领导的朱子奇，哈尔滨外国语专门学校的教务处副处长闫明智等人。

另一所从 20 世纪 40 年代初就开设俄文课程的学校是华北联合大学。

---

① 北京外国语学院校史编委会：《北京外国语学院简史（1941—1985）》，北京：外语教学与研究出版社，1985 年，第 3 页。

华北联合大学迁往张家口后更是成立了文艺学院，学院设有外国语系。后来外国语系与晋察冀干部学校的外语干部培训班合并成为外国语学院，下设英、俄两个系。

华北大学是1948年由华北联合大学和北方大学合并而成的。华北联合大学外国语学院和北方大学外文班的师资共同组成了华北大学二部（教育学院）外语系，下设英、俄两个系，俄语系系主任为杨化飞，樊以楠、樊亢、徐坚、徐滨、王越、高世坤、李岩、安德斯、米申等都曾在这里任教。后来，华北大学还成立了俄文大队，制定了严格的管理办法，为培养高素质的俄语人才做出了贡献。

1946年，在哈尔滨南岗区大直街163号成立的东北民主联合司令部附设外国语学校是由一部分延安外国语学校师生离开延安后组建的学校，当时的校长为东北民主联军参谋长刘亚楼，副校长为卢竞如，政治处主任为王季愚，王季愚后来担任哈尔滨外国语专门学校校长、黑龙江大学副校长和上海外国语学院（今上海外国语大学）院长等职，是中华人民共和国成立后俄语教学的重要专家和领导。王季愚主持编写的《俄汉成语词典》、《俄语词汇变异》、《俄语搭配词典》和《俄汉详解词典》等成为俄语学习的重要工具书。学校还聘请了多位外教在这里从事教学，如舍利波娃一家五口、库兹涅佐夫夫妇二人和东北局俄文编译组总编审李莎（Е.П.Кишкина，1914—2015年）等人。

1948年东北解放，外国语学校归东北人民政府管辖，学校更名为哈尔滨外国语专门学校，管理日趋正规化，学生素质不断提高，为中华人民共和国培养了大批俄语人才。

第八节　中苏文化协会和时代出版社推动中苏人文交流

本书第二章介绍了中苏文化协会的创办及其在全面抗战前的主要

活动，全面抗日战争和解放战争期间，协会仍然在中苏文化交流领域发挥了积极的作用，协会的具体活动有：

1939 年，中苏文化协会开始筹备桂林分会，分会于 10 月 1 日正式成立，李任仁被选为会长，李宗仁、白崇禧和黄旭初为名誉会长。其后，《广西日报》上发表李宗仁的文章《学习苏联》，提出学习苏联“以使我们的抗战……不致有‘功亏一篑’之虞”，“达到‘民有民治民享’的目的”[①]。11 月 7 日，为纪念十月革命胜利 22 周年，桂林分会举行集会，并向苏联政府和斯大林发出了贺电。在 1942 年庆祝十月革命 25 周年之际，中苏文化协会组织了大型演出，来自苏、美、英、荷的合唱团，沪港粤少青团和俄文专修学校的演员参加了演出。

邀请各界人士进行苏联问题的报告和演讲是桂林分会的又一活动内容。1939 年韦永成的《苏联问题》演讲，1940 年 5 月 5 日胡适的《苏联文化建设》的讲座等都是在桂林分会的组织下展开的。

1940 年 6 月 30 日，桂林分会发起了向苏联民众写信，提出团结一致、反对侵略的倡议，“尽量发动亲友参加此项写信运动，函件字数最好在五百以内，在七月二十日以前送交该会，由该会汇送重庆总会，分批送交苏联对外文化协会驻华代表转寄苏联”[②]。

1941 年 3 月 24 日至 28 日，桂林分会举办苏联文艺图片展，展出图片 500 余幅，主题涉及高尔基、普希金、马雅可夫斯基等作家，苏德战争中的儿童，卫国战争英雄的生活和苏联历史等多个方面。

《救亡日报》是桂林分会的重要宣传阵地，该报曾刊登了《中苏文化协会留桂会员公鉴》、《中苏文化协会昨开筹备会》、《中苏文协桂林分会第三次理事会议》、《中苏文协桂林分会发起向苏联民众写信运动》、《中苏文协桂林分会电贺斯大林》和《中苏文化协会第三团体讨论日寇南进问题》。1939 年 11 月 7 日，《救亡日报》推出桂林分会主办的“苏联革命 22 周年纪念特刊”，刊登了毛泽东的特稿《苏联利益和人类利益的一致》，次日又发表了纪念桂林分会庆祝活动的特稿《十月

---

① 魏华龄，李建平：《桂林文史资料》第 42 辑，桂林：漓江出版社，2000 年，第 41 页。
② 李建平：《桂林文史资料》第 33 辑，桂林：漓江出版社，1996 年，第 48 页。

与十月的握手》。1940年10月1日，桂林分会成立1周年，郭德洁的《踏上自由解放之路——为中苏文协桂林分会周年而作》和社论《苏联与中国抗战——祝中苏文化协会桂林分会周年纪念》发表。

1939年11月5日，中苏文化协会新疆分会成立，分会设在迪化，王宝乾任会长，茅盾为大会主席，名誉会长有：盛世才、李溶和苏联驻迪化总领事。新疆分会成立后便开展了一系列文化活动，首先是编辑出版了《曙光月刊》和《中苏文化半月刊》，其次是举办了图片展和影展。

1941年1月17日的苏联农业照片展览会是由新疆分会举办的，王宝乾指出其重要性："苏联在二十余年建国当中，惊人的农牧业的收获成绩是人类历史上所见不到的……新疆农牧业在苏联帮助之下，有了很大的成绩，但我们发展的程度还不够，我们要学习苏联农牧业发展的情形，采取苏联在农牧业上的经验和方法，以发展本省的经济。"①在1941年2月24日的苏联保健事业照片展览会上王宝乾又指出："苏联保健事业照片，对新疆人民生活是有重要意义，展览会能使一般人民认识……保健卫生，我们要配合新政府发展新疆保健事业的力量，要仿效友邦苏联保健事业的成绩，来扩大宣传解释保健重要性，以保护身体健康，并与疾病作斗争。"②

新疆分会还放映苏联影片，"在维吾尔和俄罗斯俱乐部里，已经放映了113部影片，其中艺术片81部，纪录片32部。翻译成维吾尔文的31部"③。新疆分会还开设了"运动场、旅舍、沐浴室、咖啡室、电影院及组织内地和苏联游历团，各族话剧团、音乐歌咏队、舞蹈游艺队、无线电广播播音室，并成立介绍中苏各种科学学术问解处"④。

1941年，时代出版社创立，该社由苏联和中国共产党共同创办，因此在其存在的十年期间对于中苏文化交流起到了极大的促进作用。

时代出版社以出版报纸、杂志和书籍的形式推介苏联大事要闻，向

① 徐玉圻主编：《20世纪30年代共产国际、苏联在新疆的活动》，乌鲁木齐：新疆大学出版社，1996年，第205页。

② 徐玉圻主编：《20世纪30年代共产国际、苏联在新疆的活动》，乌鲁木齐：新疆大学出版社，1996年，第206页。

③ 薛衔天：《中苏关系史（1945—1949）》，成都：四川人民出版社，2003年，第246页。

④ 张大军：《新疆风暴七十年》第十二册，台北：兰溪出版社，1982年，第7233页。

国内群众宣传苏联的革命和马列主义思想。其中报纸有：中文版《时代日报》，创刊于1945年8月16日，1948年6月3日被查封；创刊于1941年的《每日战讯》，先后使用过《每日新闻》和《苏联周刊》的名字。期刊有：1941年创刊、1950年停刊的俄文版《时代》；1944—1946年的俄文版《今日》；1941—1951年创办的中文版《时代》；1942—1949年创办的中文版《苏联文艺》；中文版《苏联医学》，创刊于1945年7月，停刊于1954年6月。

《苏联文艺》是中国第一本专门译介和研究俄苏文学的刊物，期间主编由苏共党员罗果夫和施维卓夫担任。杂志既刊登苏联小说、诗歌、电影、剧本等文学作品，又刊登一些重要的理论性论文和苏共中央关于文艺的决议。具有代表性的有：阿·托尔斯泰的《伊凡·苏达廖夫的故事》、吉洪诺夫的《苏维埃人群像》和《基洛夫和我们同在》、法捷耶夫的《青年近卫军》、西蒙诺夫的《日日夜夜》、瓦西里耶夫的《她是谁》，等等。论文有：列宁的《党的组织与党的文学》（又译为《党的组织与党的出版物》）和《列夫·托尔斯泰是俄国革命的一面镜子》、法捷耶夫的《日丹诺夫的报告和我们最近的任务》、莎吉娘的《文学与科学》等。

时代出版社还出版了一系列与苏联有关的书籍：《斯大林论辩证唯物论与历史唯物论》《论苏维埃爱国主义》《斯大林与文化》《论文学、艺术与哲学诸问题》《战后苏联文学之路》《苏联艺术的发展》《苏联的美术》《俄罗斯音乐史纲》《苏联艺术电影发展的道路》《托尔斯泰评传》《史坦尼斯拉夫斯基》《钢铁是怎样炼成的》《日日夜夜》《前线》《青年近卫军》等；还出版了《俄文会话进阶》《学习俄文补充读物》《苏联国歌》《海燕歌》《苏联歌选》《苏联卫国战争画册》《伊尔斯漫画选》《新木刻》等书。另外，历年斯大林奖的获奖作品都会由时代出版社出版。

回顾1937—1949年的中苏人文交流，对于中国，这是战争的13年，这一阶段，苏联也经历了残酷的苏德战争。战争并没有使两国的交流完全中断，而是在很大程度上把两国人民的命运联系在一起。中苏两国在文学、艺术、电影、教育领域的交流继续发展，中苏文化协会的积极努力和时代出版社的创办更是推动了两国人文领域的交流，加深了两国人民的理解。总的来说，这一时期的中苏人文交流在一定程度上巩固了五四运动以后两国交流的成果，巩固了中国新文化的方向，并为中华人民共和国成立后的中苏文化交流奠定了基础。

第四章　1949—1966年的中苏人文交流

第一节　1949—1966年中苏人文交流的政治、法律背景

中苏人文交流的历程、特点是和中苏关系、整个国际形势的发展以及两国经济政治发展的具体条件密不可分的。两国的接触同时又是两种文明的对话，是两种文化、历史和政治特征的行为方法的对话。

中苏合作具有深厚的历史根源，这也是中苏人文交流的前提和基础。1949年中苏关系的建立为双方进一步开展人文交流提供了可能性和前景。

本节将分析中苏人文交流的历史背景和前提，探讨中苏正式建交后人文交流的政治、法律基础。这一时期的中苏人文交流是通过国家和社会组织实现的，这也是研究中苏人文关系的基础。

一、中苏人文交流的历史背景

中俄人文交流有着深厚的历史传统，它起源于中世纪。17世纪中俄两国开始了最初的接触，因此，当时中俄两国也并没有考虑是否互相

认同的问题。

清朝和沙皇俄国的关系以领土扩张和划分等政治问题为主，此外，他们还成立了政治军事联盟，以保障边境安宁和贸易的正常进行①。但是这一过程也具有自己的特点，那就是在两国正式建交之前的很长时期内已经进行了经济贸易接触。

长期以来，儒家学说是中国历史文化传统的基础，它对中国的内政外交和民众的自我意识都具有重要的影响。俄罗斯汉学界认为，中国的外交主要有两种传统模式：中国中心模式和谈判关系模式。沃斯克列森斯基（А. Д. Воскресенский）认为，中国在同弱国打交道时常采用第一种模式，但是，当中国在外交中较另一方稍弱的时候，往往采用第二种模式②。19 世纪在与西方的双边关系中，中国中心模式逐渐被谈判关系模式替代。

一般认为，17 世纪开始，俄罗斯开始同中国有了传统上外交礼节的接触，在这种积极的接触中形成了两国相对平等的外交关系。此外，中世纪俄罗斯的宗教传统和当时的中国也有一些相似之处。以下因素曾经对中俄关系产生过相对重要的影响：①两国疆域辽阔，但是长期以来信息交流和交际不畅通。②俄罗斯长期侵扰中国边境地区。③中国的文化和民族特征。④中国的传统外交政策。

中俄关系的另一个重要特点是两国长期没有发生战争，双边冲突相对来说并不激烈。这种局面在 17 世纪被打破，中俄关系并进而变成了谈判关系模式。1689 年，中俄签订了第一个条约——《尼布楚条约》。条约明确划分了中俄两国的东西边界，从法律上肯定了黑龙江和乌苏里江流域包括库页岛在内的广大地区都是中国的领土。沙俄同意把入侵雅克萨的军队撤回，清朝同意把贝加尔湖以东原属中国的尼布楚部分土地让给俄国。

随着谈判关系模式的确立，中俄贸易也不断扩大。中国的装饰艺术

① В.С.Мясников，Договорными статьями утвердили. Дипломатическая история русско-китайской границы，XVII-XX вв，Москва，1996，С. 40.

② А.Д.Воскресенский，Россия и Китай：теория и история межгосударственных отношений，Москва，1999，С. 143.

来到俄罗斯，并常常被用于宫廷的内部装饰。俄国的宫廷和花园曾一度流行“中国风格”，今天我们还可以在圣彼得堡很多 18 世纪的郊外宫殿看到“中国风格”的影子。在夏宫的中国宫殿里能够看到建筑师的中国灵感，而皇村也表现出浓浓的中国风，叶卡捷琳娜宫中也有一个中国式客厅，亚历山大花园中还专门建了一个“中国角”。

中俄贸易正常发展，中国商品进入俄罗斯提高了俄罗斯对中国的兴趣，这使得当时俄罗斯很多的手工艺品也都表现出了中国元素。这种兴趣一直保持到了 19 世纪。这一时期，俄国手工艺者不时派出商队到中国学习搪瓷制作工艺。值得指出的是，19 世纪也是俄国汉学逐渐形成的时期。这一时期涌现了关于中国历史、地理、宗教和民俗的著作，这些著作至今仍然具有重要的学术价值，并进而形成了著名的俄罗斯汉学流派，这一时期的著名汉学家有比丘林、卡法洛夫、瓦西里耶夫、波波夫、阿列克谢耶夫、斯卡奇科夫、伊万诺夫斯基等人。

另外，由于 1713—1954 年俄国东正教使团的活动，中国也开始产生了对于俄国文化的兴趣，两国的文化交流开始建立起来。20世纪初，国内出现了首批俄罗斯经典文学的译本，历史学、哲学、地理学的一些俄文书籍也被译成汉语并在国内出版。

这一时期中俄边界基本确定，俄国同其他西方国家一样，对中国采取掠夺和专制政策。其中一段时间，俄国在新疆等地的影响力达到了高峰。列宁曾在自己的文章中指责俄国对中国的侵略：“现在西方的侵略势力又加上了俄国。”[①]

1917 年以后，苏联致力于和中国建立外交关系，并于 1917 年 11—12 月与中华民国驻俄公使刘镜人谈判，期间苏联提出在平等互助的基础上进行中苏交流的议案[②]。1927 年以后，由于中东路事件，中苏关系暂时中断，1931 年日本入侵中国东北后中苏关系恢复。这一时期苏联调整对华政策的原因在于向西方国家靠拢，并主动和各国资产阶级政府

① Ленин В. И. Поли собр. соч. Т. 4. С. 379

② Советско-китайские отношения. 1917- 1957 гг.: Сборник документов. Москва, 1959, С. 64-66.

打交道，其中也包括中国的蒋介石政府[①]。

1917年十月革命后，中苏开展了一系列文化教育交流活动，在苏联革命的影响下，中国对于俄罗斯和苏联文学的兴趣不断提高。1924年中国教育代表团访问苏联，并讨论了教育的苏联模式问题[②]。

20世纪20年代俄罗斯外教开始在北京大学教授俄语和国际法等课程。在新疆等地区的高校里中亚各苏维埃共和国的教师、教学设备等也发挥了一定作用。1934年苏联政府专门推出了《新疆青年赴苏学习》的决议，此后大批新疆青年来到苏联的高校，进行专业学习，截至1941年新疆各行业的3万多名专家在苏联接受了培训[③]。

20世纪30年代，一些中国人开始学习俄语并力图近距离地了解俄罗斯文化。1937年4月在南京成立了俄语学习小组。1935年组建了“中苏文化交流协会”，协会出版了《中苏文化》杂志，其中刊载苏联的艺术、摄影作品，介绍苏联电影，等等。

20世纪20—40年代，苏联的社会组织“全苏对外文化交流协会”在中苏人文交流中起到了积极的作用。例如，1936年1月，“全苏对外文化交流协会”在南京举办了图片展。

20世纪30年代，大批中国文学作品进入苏联，其中首先是鲁迅的作品。鲁迅既是作家又是翻译家，他翻译了苏联文学，出版了关于苏联文学的文集。由于鲁迅及当时其他一些作家的努力，苏联文学为中国读者所了解和接受。

1945—1949年，苏联在我党和国民党之间的关系中曾经扮演过复杂的角色。起初，斯大林希望我党放弃武装，走议会斗争的道路，并极力促成了重启谈判。渐渐地，苏联政府意识到，要想不让美国的势力进入东北，他们必须借助中共的力量。后期美苏冷战局面的形成更是促成了苏联与我党的密切关系，苏联开始明确表示对中国革命的支持：“苏

---

① 沈志华：《中苏关系史纲：1917—1991年中苏关系若干问题再探讨》，北京：社会科学文献出版社，2015年。

② 彭明：《中苏友谊史》，北京：人民出版社，1957年。

③ А.С.Цветко, Советско-китайские культурные связи. Исторический очерк, Москва, 1974, С. 43.

联曾经认为中国不具备起义成功的条件，必须同国民党寻求某种妥协，中国同志口头上同意了苏联同志的观点，但在实际上保留了自己的武装力量。事实证明，中国同志才是正确的。”[①]

这一时期，为了援助中共并巩固其在东北的根据地，苏联方面采取了一系列措施：与中共进行积极的贸易往来；派遣专家和技术人员赴东北帮助修复铁路和桥梁；将其缴获的日本关东军的武器、弹药等物资交给中共方面。

1949 年 10 月 1 日，中华人民共和国成立。1949 年 10 月 2 日，即中华人民共和国成立的第二天，苏联就承认了中华人民共和国的地位并与我国建立了外交关系，成为第一个和中华人民共和国建交的国家。苏联任命罗欣（Н.В.Рощин）为大使，中华人民共和国任命王稼祥为首任驻苏联大使。苏联著名汉学家齐赫文斯基曾亲历了这一过程。圣彼得堡国立大学中国研究中心主任萨莫伊洛夫回忆称：“当时，齐赫文斯基接到了中国外交部长的电报，他将这一电报转给莫斯科，然后苏联迅速承认了中华人民共和国的地位。”中苏正式建交后各领域的合作都蓬勃开展，其中科学技术和文化交流尤其突出。

二、中苏人文合作的法律基础

随着中苏外交关系的建立，中苏两国在政治、经济、贸易、文化等领域的交流展现出新的可能和态势。这一时期关于中苏友好互助的协议也就成为各领域交流的法律基础。

这一时期最重要的条约就是《中苏友好同盟互助条约》的签订。1949 年 12 月，毛泽东亲赴莫斯科谈判订立新的中苏互助条约的问题。经过两个多月的协商，条约反复修改 6 稿[②]，终于将中苏的战略同盟关系以法律形式确定下来。

1950 年 1 月 22 日，斯大林批准了苏联各部门委员会起草的 12 个

① 转引自张盛发：《斯大林与冷战》，北京：中国社会科学出版社，2000 年，第 313 页。
② 沈志华：《中苏关系史纲：1917—1991 年中苏关系若干问题再探讨》，北京：社会科学文献出版社，2015 年，第 154 页。

草案，其中包括《中苏友好同盟互助条约》、苏中关于旅顺口和大连港协定的议定书、关于成立苏中航运股份有限公司的议定书、关于在新疆成立苏中石油股份公司的议定书、关于苏中易货和费用支付条件的协议、苏联部长会议关于苏联机构和苏中合营股份公司共同管理的"满洲"和辽东不动产的决议、苏联部长会议关于派遣苏联专家和教师组到中国工作的决议。此后，中苏还发表了联合声明，承认两国在合作方面和国际形势方面的共同态度，签署了文化合作协议、科技合作协议等①。

至 1950 年初，中苏同盟关系初步建立，但是历史遗留的旅顺口、大连和中长铁路问题尚未解决。经过双方的多轮磋商，《中苏友好同盟互助条约》的《补充协定》于 1950 年 2 月 14 日正式签署，苏联方面做出重大让步，中国政府也同意了苏联的草案精神，即"苏联在远东地区和各中亚共和国的领土上以及在中国'满洲'和新疆境内不得向外国人提供租让，并不允许第三国的资本或这些国家的公民以直接或间接的方式参与的工业、财政、商业等经营活动"②。

在上述一系列协议的基础上，中苏交流也在其他领域积极展开。

三、中苏人文交流的体制基础

与外交和军事关系相比，两国的人文交流与政治的关系并非那么密切。它是一种精神上的交流，因此，人文交流往往体现在科学、教育、文化等领域的合作中。中苏两国在科学、文化等领域关系具有对话的性质，这种对话往往能够促进外交关系的建立。历史上的很多事例证明，有时候即使两国没有建立正式的合作协议，两国人民间的文化和人文交流伴随着贸易和其他精神层面的接触也能够展开。

中苏人文交流活动的基本特征是在相互尊重的基础上全方位加强

① Русско-китайские отношения в XX веке: материалы и документы. Составитель Дедовский А.М. Т.4, книга 2. Москва, 2000. С. 47-49, 76, 145, 151.

② 沈志华：《中苏关系史纲：1917—1991 年中苏关系若干问题再探讨》，北京：社会科学文献出版社，2015 年，第 162 页。

两国关系，双方都真诚地推动人文交流的深入和发展。

当时苏联管理文化交流的机构主要有苏联外交部、文化部、一些国家委员会、社会机构和各种文化活动团体。

1949—1967年，苏联外交部的对外文化交流部和近东、远东交流部致力于中苏人文交流。此外，中国驻苏联大使馆和苏联驻中国大使馆也发挥了积极的作用。

1957年，苏联成立了一个部长会议对外文化交流委员会，这是一个专门从事国家间组织的文化交流的机构，旨在实现同各国的文化交流。这个委员会从成立之初就把中苏文化交流作为其主要工作目标之一①。

两国的政治接触、两国共产党直接的接触、领导人的高层会见等都促进了合作和相互理解。友好协议的签署也为两国的人文交流创造了积极的前景。中国的政治活动家与人民代表访问苏联的科研、文化机构，访问了苏联科学院的多家研究所。

这一时期的中苏人文交流在各个领域展开，如杂技、音乐、戏剧、文学、造型艺术和电影艺术等。当时人文交流的主要形式有文化艺术家代表团互访，艺术、科普文学交流，学生交流，互办绘画、儿童画展、摄影展、唱片展和影片展等。而在这些交流中发挥积极作用的团体当属苏联对外文化协会及其分支机构中苏友谊协会。

苏联对外文化协会在早期的工作中分为两个部：科学技术部和艺术文化部，分别有当时苏联的科技工作者、文学家和艺术活动家在这里工作②。协会还成立了两个专门的部门：学生部和外语部③。

此外当时在苏联对外文化协会之下还成立了一些办事机构，专门从事对外交流，其中也涉及中苏人文交流：①外事办公室，负责组织旅游和会谈，对出入境进行管理。②印刷品管理办公室，对国外涉及苏联文化印刷品的信息进行调控。③书刊交流办公室，调控书籍、报刊的交流、保存和推广工作。④会展办公室，调控各类展览的信息，组织展会等。

---

① Свецинский И.Д. Указ. соч. С. 58.

② Киселева Н.В. Указ. соч. С. 37.

③ Киселева Н.В. Указ. соч. С. 37.

苏联对外文化协会1957年9月5日解散，在此基础上于1958年2月成立了苏联对外友谊文化交流协会。苏联对外友谊文化交流协会每年都在中苏两国举办多项涉及中国历史、科技、艺术的隆重的纪念活动，这些活动使得两国人民得以互相了解、互相认同。值得一提的是，这些活动最主要的举办场所就是莫斯科各国人民友谊之宫，当时很多的人文交流活动都在这里举行。

此外还有一些组织曾在当时的中苏人文交流中发挥过积极的作用，包括：

苏中友好协会成立于1957年10月29日。苏中友好协会的会员多为当时著名的社会活动家、外交家、学者，以及中华人民共和国成立后的第一个十年在中国工作的专家等。诗人吉洪诺夫（Н.С.Тихонов），导演格拉西莫夫（С.А.Герасимов），大使帕纽什金（А.С.Панюшкин），记者、汉学家洛果夫（В.Н.Рогов）等人都曾是苏中友好协会的会员。

中苏友好协会。1949年10月5日，中苏友好协会总会在北京举行成立大会。苏联文化艺术科学工作者代表团、新任苏联驻华大使馆临时代办齐赫文斯基等人出席大会。大会选出刘少奇、宋庆龄、郭沫若等53人组成主席团，大会最后通过《中苏友好协会章程》和向斯大林、毛泽东的致敬电，选举刘少奇为会长，宋庆龄、吴玉章、沈钧儒、李济深、郭沫若、张澜、黄炎培为副会长。

中国人民对外友好协会。1954年5月3日，由十个全国性的社会团体联合发起成立的中国人民对外友好协会，致力于促进中国人民和世界各国人民的友好和相互理解，推动经济、社会生活、文化、科学技术、教育及其他领域的合作。

自各类协会和团体设立起，中苏文化的双边交流就越发活跃起来。其活动对巩固和发展中苏友谊起到了积极的作用。这一时期中苏两国还积极介绍两国人民生活、科学技术成就和历史文化传统。在各类团体的推动下，中苏两国实现了代表团互访，报刊书籍交流，体育、音乐和戏剧团体的交流，等等，开展了各类文化活动。苏联汉学界，两国的科技工作者，教育、艺术工作者都以自己的工作推动了中苏人文交流。此外，当时的青年也积极参加了这一系列的活动。

下面本书将从教育、科技、文化艺术三个方面对1949—1966年的中苏人文交流进行梳理和研究。

第二节 1949—1966年的中苏教育交流

一、中华人民共和国初期的教育方针和教育状况

随着中华人民共和国的建立，新的教育制度、学校教育体制以及教育领域的对外交流也迫在眉睫。此时，由于中国的对外政策基本采取“一边倒”的方针，如前所述，中苏在这一时期都已经形成了人文交流的历史条件、政治法律条件和组织机构条件，中华人民共和国教育从一开始就遵循“以俄为师”的思想，中苏教育交流的热潮也很快形成。

本章第一节曾经提到中苏友好协会的成立，在成立大会上，刘少奇会长就指出：“苏联有许多世界上所没有的完全新的科学知识，我们只有从苏联才能学到这些科学知识。例如：经济学、银行学、财政学、商业学、教育学等。”[①]因此，中华人民共和国必须学习苏联人民的建国成立经验。国内各界文学、文艺工作者也提出了向苏联学习的口号，郭沫若提出：“苏联人民是我们的老师，而我们是你们的学生。我们要请你们记住，我们希望做好学生。”[②]

在这一方针的指导下，中华人民共和国首先在两所高校开展了学习苏联经验的“试验田”活动，即中国人民大学和哈尔滨工业大学，这两所大学的创立和改进计划为我国高校进行大规模调整做好了铺垫。

中国人民大学创办于1949年12月26日，该校的成立是由政务院第十一次会议提出的。建校的基本任务就是“接受苏联先进的建设经验，

① 金铁宽：《中华人民共和国教育大事记》第1卷，济南：山东教育出版社，1995年，第4页。
② Л.杜伯洛维娜：《在新中国》，杜章智译，《中苏友好》1950年第7期。

并聘请苏联教授，有计划、有步骤地培养中华人民共和国的各种建设干部”，并把“教育与实际联系，苏联经验与中国情况相结合”作为学校的教育方针[①]。哈尔滨工业大学本身就是一所有着苏联传统的学校，1950年，教育部又提出《哈尔滨工业大学改进计划》，明确提出哈尔滨工业大学应该仿效苏联的工业大学进行办学，开展教育活动。

在此基础上，全国高校从1952年起进行了大规模的院系调整工作，按照苏联模式，将高校体制改成按专业分设的系科体制，这次院系调整到1952年底基本完成。同时，国内成立了多所专门的工科大学，原有的综合大学也改为文理综合大学。

1953年1月22日，《人民日报》发表社论《高等教育的教学改革应当稳步前进》，为全国高校学习苏联模式提出了理论支持，社论指出：“我们在教学改革中之所以要学习苏联经验，是因为苏联已经走过的道路正是我们要走的道路，因为苏联科学技术是世界上最先进的，我们的新工厂、新矿山都要按照苏联的技术标准来建设，我们所最需要的科学技术人才，必须真正掌握最先进的科学技术，而苏联的先进教学经验，正好给我们提供了培养这种人材（才）的生动榜样。”[②]2月14日，根据毛泽东同志在全国政协一届四次会议闭幕式上发表题为“掀起学习苏联的高潮”的讲话，《光明日报》也发表文章指出：“全国人民应该把学习苏联提到作为政治任务来完成的高度上去”“丢开任何的怀疑和犹豫”“诚心诚意地向苏联学习”[③]。

除了办学方针，当时的高等学校教材也提倡仿效苏联。教育部部长马叙伦在1950年6月召开的第一次全国高等教育会议上明确提出：“我们应该大量翻译苏联高等学校的教科书，作为我们的参考资料。”[④]

在“以俄为师”的背景下，当时的留学生互派也是以中国学生和干部留苏为主。1951年8月，首批375名留苏学生启程，为中华人民共和

① 金铁宽：《中华人民共和国教育大事记》第1卷，济南：山东教育出版社，1995年，第10页。
② 《高等学校的教学改革应当稳步前进》，《人民日报》1953年1月22日，第1版。
③ 《掀起学习苏联的热潮》，《光明日报》1953年2月14日。
④ 何东昌：《中华人民共和国重要教育文献（1949—1997）》，海口：海南出版社，1998，第26页。

国对外教育交流揭开了崭新的一页。其后的1952—1956年留苏人数不断增加，1954—1956年分别派出了1357人、1932人和2085人赴苏联学习[①]。

俄语教学和俄语学习在这一时期也掀起热潮。国内先后成立了一批俄文专科学校，其中包括北京俄文专科学校（北京外国语大学前身）、上海俄文专科学校（上海外国语大学前身）、西北俄文专科学校（西安外国语大学前身）、沈阳俄文专科学校（辽宁大学前身）、解放军俄文专科学校（解放军外国语学院前身）等。除了高校以外，国家还要求有条件的中学开设俄语课。当时，除了少数学校因为条件限制还保留英语课之外，大部分中学都以俄语作为主要的外语语种进行教学，形成了全民学俄语的风气。

经历了中华人民共和国成立初期的中苏教育交流热潮之后，1958年中苏教育交流逐渐降温。毛泽东同志在1958年3月召开的成都会议上批评了照搬苏联经验的做法，这次讲话成为中苏教育交流的转折点。会后，在康生的主持下，高等教育部开始了批评高校生搬硬套苏联教育模式的运动[②]。此后，中国高等教育开始探索自己的发展道路，掀起了"教育大革命运动"，标志着"苏联直接影响的结束和一条新的中国式社会主义教育道路探索的开始"[③]。

随着中苏教育交流热潮的退去，中国派往苏联的留学生数量大幅下降，来华苏联专家逐年减少。1960年7月16日，苏联突然单方面撤走所有专家，终止苏联援助中国建设的各项工程，中苏教育交流的趋势也就骤然下降。至1966年"文化大革命"爆发，中国政府把出国留学工作向后推迟半年，并要求在华留学生回国休学一年，苏联也召回了当时仅有的65名在华留学生，中苏教育交流一时中断。

① 中华人民共和国教育部：《共和国教育50年：1949—1999》，北京：北京师范大学出版社，1999年，第594页。

② 沈志华：《苏联专家在中国》，北京：中国国际广播出版社，2003年，第290页。

③ 李涛：《借鉴与发展——中苏教育关系研究：1949—1976》，杭州：浙江教育出版社，2006年，第247页。

二、中苏互派留学生

（一）中国留苏学生的选拔

1951年，我国向苏联派出了首批留学生，此后，留苏学生的派出工作日益正规化和制度化，1952年，中苏两国签订了《关于中华人民共和国公民在苏联高等学校（军事学校除外）学习之协定》，该协定对留苏学生的条件、类别、专业、语言水平、学费等进行了说明和规定，使得我国的留苏学生派出有章可循。

当时的留苏学生是国家层面的一件大事，国家主要从文化水平、俄语水平和政治基础三大方面对学生进行选拔。

1952年，为了使留苏学生打好俄语基础和政治基础，并对苏联生活和苏联文化有所了解，在时任国家副主席林伯渠的建议下，周恩来总理批示成立“留苏预备部”。1952年，“留苏预备部”成立，最初设立在辅仁大学第二院，后改到北京俄文专修学校第二部，专门负责对即将留苏的人员进行俄语培训。

同年，教育部、人事部下发《关于选拔1952年留苏预备生的指示》，对留苏选拔工作进行了部署和安排。为了保证留苏学生的文化水平和俄语水平。国家决定以考试的方式选拔留苏学生，并于1953年建立了“高等教育部留学苏联预备生学科考试委员会”，并分设政治财经、理工、农医、政法文教四个考试组。各考试组负责确定考试科目和标准，确定命题人和审题人，组织命题和阅卷，并最终确定录取与否。1953年8月1日至3日，留苏预备生考试在各大行政区同时展开，考试确定录取的学生体检合格后进入北京俄文专修学校学习一年俄语，俄语成绩合格方可派出。

从1953年起，国家对留苏学生的政治素质方面提出了很高的要求。为此，高等教育部、外交部、教育部制定了严格的选拔程序，对留学学生的政治素质进行严格筛选。当时甚至认为，留苏学生的政治素质优于学生的身体素质、俄语水平和业务水平，要以高于党员的要求来要求留苏学生的政治素质。筛选的程序基本是：申请留学人员填写表格，专人实地调查。选拔的标准是：历史清楚，政治上完全可靠，思想进步；学习努力，工作积极，品质优良，业务上有前途；有志赴苏联学习；家庭成员与主要社会关系无政治问题[①]。

在中苏教育交流的高潮阶段，政治素质始终被作为选拔学生的首要标准，虽然期间有人批评这种选拔“重政治，轻业务”，但是随即这种质疑之声就被淹没。

中华人民共和国成立初期，留苏学生必须每两年回国参加一次政治学习，从 1960 年 3 月 7 日回国留学生工作小组成立起，这一学习更是改为每年一次。

（二）中国留苏学生的管理

在中苏文化交流的热潮期的 1952 年，留苏学生的专门管理机构——中国驻苏联大使馆留学生管理处成立，教育部负责该处人员的派出工作。留学生管理处负责为留苏学生办理入学、转系等相关手续，并为他们建立档案，对留学生的学习情况、思想情况等进行实时记录，学生在学习和生活上遇到困难，留学生管理处也负责协调解决。

除了成立专门部门管理留苏学生的学习和生活，国家还颁布了一系列政策、办法和法规以规范留苏学生的派出和管理：

1952 年政务院颁布了《派送出国留学生暂行办法》，这是留苏学生派出、管理的基本文件。

1952 年 6 月教育部颁布了《留学生守则》和《公费出国留学生书刊供给暂行办法》。

1954 年 11 月，外交部、教育部联合制定了《派驻苏联及各人民民主国家学生暂行管理办法》。

1954 年 12 月 21 日，高等教育部制定了《留学生注意事项》。

1964 年，中央批准并颁布《中华人民共和国派往国外留学生管理经验工作的暂行规定（草案）》，该规定较为全面地规范了留学派出的

① 丁晓禾：《中国百年留学全纪录》，珠海：珠海出版社，1998 年，第 1341 页。

各方面问题，并特别强调了留学生的思想政治工作。

（三）留苏学生的数量及类别

关于这一时期留苏学生的数量，各种信息渠道的统计结果不一，本书主要根据相关资料对教育部派出学生的数量进行统计。

如前所述，1951年8月19日，375名留学生由教育部选派，赴苏联学习。但是由于这批学生出国前并没有接受专门的语言培训，到苏联后学习遇到种种困难。他们中的很多人出国前的俄语基础几乎为零，因此，他们中的很多人无法掌握老师讲授的内容。这些留学生学习的院校主要有：莫斯科第一医师进修学校、莫斯科机床工具学院、莫斯科铁路运输工程学院、莫斯科运输经济学院、列宁格勒铁道运输工程学院、萨拉托夫汽车公路学院等。据当时在莫斯科第一医师进修学院学习的张璇回忆，第一节课自己竟然一个字都没听懂①。

鉴于以上情况，教育部决定在此后的派出前进行严格选拔和行前培训，因此，1952年派出人数减少到了220人②。

1953年，我国的第一个五年计划得到了苏联方面的支持，斯大林承诺为我国援助建设156个项目。为此，国内这一时期需要大量的俄汉翻译人员和懂俄语的技术人员。因此，这一时期，教育部、外交部和各部委、各单位纷纷派遣留学生前往苏联学习。本书仍然仅统计教育部、外交部派遣的留苏学生数量，人数是1953年583人，1954年1375人，1955年1932人，1956年2085人。其中1954—1956年的留苏人数最多，占1951—1956年留苏人数的82%，占1951—1966年留苏学生的48%③。

---

① 单刚，王英辉：《岁月无痕——中国留苏群体纪实》，北京：中央编译出版社，2007年，第45页。

② 该数字出自李涛：《借鉴与发展——中苏教育关系研究：1949—1976》第三章，杭州：浙江教育出版社，2006年，第87页载："1952年，我国向苏联派出了220名留学生。"这一年其他部委应该也向苏联派出了留学生，如沈志华在《苏联专家在中国》中提到，1952年，由中央和东北计委派出干部273名，教育部和各经济部门所属高校派出学生287名，中央9部委派出174名，东北工业部派出实习干部560名，但是本书仅对教育部派出学生数量进行统计，这一数字应该是220名。

③ 于富增，江波，朱小玉：《教育国际交流与合作史》，海口：海南出版社，2001年，第33页。

1957—1959年，中苏关系呈下滑趋势，我国向苏联派出的留学生人数也锐减，1957年为483人，1958年共计378人，1959年为480人[①]。

1960—1966年，中苏关系逐渐破裂并进而终止，留苏学生人数更是明显减少，1960—1965年，我国留苏学生仅有519人[②]。

留苏人员根据其构成大致可以分为五类，即本科生、研究生、进修生、实习生和团干部。据统计，1951—1966年我国共派出留苏学生11 221名，其中本科生6655名，研究生2142名，进修生740名，实习生1531名，团干部153名。

各年份所派人员类别又有所不同。1952年，留苏预备部成立，预备部从高等院校入学考试中选拔留苏学生，其中1952年选拔280人，1954年教育部更是对高中毕业生报考留苏预备部的比例做出了规定[③]。

1955年，中央的派遣政策有所改变，提出“争取多派研究生，少派或不派高中毕业生”的方针[④]，此后几年的留苏人员中研究生比例增加，而本科生比例逐渐降低。

通过留苏预备部和各级机构的择优选拔，大批本科生和研究生赴苏联学习，他们回国后成为各行各业的骨干。

值得一提的是当时的高校教师赴苏进修项目，该项目要求学员政治过硬，业务精良，经验丰富，进修时间为1年半至2年。首批33名进修教师选自中国人民大学、北京大学、清华大学、浙江大学、交通大学等18所高校。1956年1月，第二批100名留苏进修教师赴苏联学习进修。根据《关于1958年选派赴苏联进修教师工作计划的报告》，1955—1957年赴苏学习的进修教师共计231名，均收到了良好的效果，因此，1958年国家再次派出104名高校教师赴苏联学习。

科研实习生不纳入教育部留学生计划，为进行专门研究的教学科

① 李滔：《中华留学教育史录（1949年以后）》，北京：高等教育出版社，2000年，第222页。

② 李滔：《中华留学教育史录（1949年以后）》，北京：高等教育出版社，2000年，第222—225页。

③ 按照规定，报考留苏预备部的学生应不低于该校应届毕业生的2.8%—10%。参见于富增，江波，朱小玉：《教育国际交流与合作史》，海口：海南出版社，2001年，第39页。

④ 李滔：《中华留学教育史录（1949年以后）》，北京：高等教育出版社，2000年，第140页。

研人员获得进修，1957—1963 年，我国派出的进修教师和实习生共计约 700 人。

在我国向苏联派出留学生的同时，这一时期苏联也向我国派出了留学生，但是来华留学生的数量大大低于留苏学生。1950—1965 年共计接收苏联留学生 208 人，其中 1957 年最多，为 80 人，其他年份从 3 人到 20 人。这一状况表现了当时中苏教育交流的不平衡性，即我国在教育上尚处于人员输出的地位，接受多于交流。

三、教育团组的中苏互访

中华人民共和国成立后的第一次重要的教育团组互访是 1949 年 10 月苏联文化艺术科学工作者代表团来华参加开国大典。大典之后代表团多位专家做了报告，其中包括法捷耶夫的报告《苏联文化建设》，时任苏联教育部副部长杜伯洛维娜的《关于苏联教育及教育措施》的报告和莫斯科东方大学副校长富辛格的《苏联大学生的政治教育》的报告，等等。

1950 年年初，中国科学院现代物理研究所成立，钱三强任副所长。1953 年春，根据中国政府的倡议，中国科学院一行 26 人赴苏联商谈扩大原子能方面合作事宜。

20 世纪 50 年代中苏团组互访中的一件大事是 1953 年 6 月中国学者和社会活动家代表团访问苏联，代表团就学术委员会的活动和功能，各研究所的研究活动等问题与苏联专家进行了交流。

1955 年 5 月，正值莫斯科大学成立 200 周年之际，中国人民大学副校长胡锡奎、北京大学教务长周培源赴莫斯科参加此次盛会。

1955 年 9 月，清华大学校长蒋南翔率团访苏，并对苏联原子能干部的培养情况进行了考察，回国后向教育部递交了《高等教育考察团访苏报告》，在此基础上，清华大学和北京大学次年创建了原子能专业[①]。

① 《中国教育年鉴》编辑部：《中国教育年鉴（1949—1981）》，北京：中国大百科全书出版社，1984 年，第 665 页。

1955 年 10 月 9 日至 12 月 18 日的中国中小学教师代表团访苏在中苏教育交流中的作用不可忽视。代表团在苏联访问了两个月，期间曾赴莫斯科、列宁格勒、基辅、第比利斯和西伯利亚等地，主要形式有参观、座谈、听课等，代表团就当时迫切需要解决的综合技术教育、师范教育等问题进行了调研。回国后，访问和考察的收获以报告的形式在教育部第 40 次部务会议上呈现。考察的情况还形成小册子和资料，作为教育工作者的学习文件广泛传播。1956 年 3 月，《人民教育》刊发社论指出："直接参观访问的好处是很明显的，因为从我们的经验、需要和切身感到的问题出发，去向苏联觅取解决问题的理论和方法，这样得来的东西，不但更合乎我们的迫切需要，而且是亲耳所闻和亲眼所见、理论结合实际、理性结合感性的丰富知识。"①

鉴于此次访苏的良好反响，中国政府盛情邀请苏联教育科学家、教育行政部门负责人、校长等组成代表团访问中国。代表团由俄联邦教育科学院副院长马尔古舍维奇担任团长，1956 年 4 月 18 日至 5 月 25 日访问中国。访问期间，苏联专家进行了讲座和报告，介绍了苏联教育和管理的经验，参观了多所学校，并向北京、天津赠送了教学幻灯片、生物标本、教学仪器和教具等②。《人民教育》1956 年 7 月号也发表社论《应该认真研究苏联教育代表团的报告》，对苏联代表团访苏的重要性予以了高度评价。

1958 年中苏关系出现裂痕后，两国教育团组的互访也明显不如以前活跃，1958—1966 年仅有一些礼节性的访问，如 1960 年 12 月教育部办公厅主任崔仲远率团参加综合技术教育国际研讨会；教育部副部长刘皑风于 1960 年和 1966 年两次参加全苏高等教育工作会议；1962 年，全苏高等与中等专业教育部第一副部长普罗柯耶夫率团访华；等等。

---

① 《认真研究中、小学教师访苏代表团的报告，努力学习苏联先进经验》，《人民教育》1956 年 3 月号。

② 方德溥：《苏联同行的珍贵礼物》，《教师报》1956 年 7 月 10 日。

四、苏联教育专家和顾问对中华人民共和国教育的援助和影响

中华人民共和国成立之初，苏联各类专家和顾问陆续来华，他们对中华人民共和国的建设起到了重要作用，其中也包括教育。他们对我国建立新的军事学院和教育制度、更新教学方法、充实教师队伍等方面产生了深远的影响。

从这一时期来华人员的类别来看，主要分为顾问和专家两类："顾问一般都是苏联的高级干部，如副部长、总局局长或司局长等，职务和水平都很高。来华后分配在各政府主管部门，负责机构设置、规章制度、管理体制等方面的工作，并协助解决一些重大问题"；"专家都是专业技术人员，是根据援助项目的合同要求聘请的，一般都在企业或经济或主管部门工作，解决具体技术问题。"[①]顾问的聘请部门是外交部，而专家的聘请部门是外贸部，其工资支付也存在着固定汇率结算和浮动汇率结算的差距。

从来华教育专家的地区分布来看，他们主要分布在北京、南京、哈尔滨等大城市，其中北京最多。

从教育专家的专业分布来看，理工科专家最多，其中工科又多于理科，这是由于当时中华人民共和国的首要任务是进行经济建设，完善工业体系。以1953—1957年聘请的苏联专家为例，521名专家中有249名工科专家，1958—1960年的213名专家中有134名属于工科类，足见这一时期聘请苏联专家是具有明显的专业取向。

从教育专家来华的时间分布来看，聘请苏联专家始于1949年年底，1950年阿尔辛节夫赴中国教育部任总顾问，真正揭开了苏联专家顾问援助中国教育的序幕。这一年的苏联来华专家为16名。1952年来华教育专家达到187人，其中49人为俄语教育专家，这些专家主要被派往中国人民大学、哈尔滨工业大学、北京俄语专科学校、北京师范大学等学

① 沈志华：《苏联专家在中国》，北京：中国国际广播电视出版社，2003年。

校工作[①]。

1953—1956年来华专家人数最多，约为481—527名[②]，为中华人民共和国成立至1966年的17年间聘请苏联专家最多的四年。这与我国当时的经济建设和文教工作需要相关，“在与完成第二个五年计划相关的向苏联提出的援助请求中，除了地质勘探和原子能工业这两个领域，中国领导人已不再聘请在各个主管部门中担任咨询工作的苏联顾问了”[③]。文教部门的专家也是这样。1956年6月20日，陆定一在文教部门会议上指出：“在今年内，除合同期满的，一律不要考虑解聘苏联专家问题，已经聘请的，虽然还没来，也不能解聘。至于今后聘请苏联专家，应从工作需要出发，该聘就聘，不需要的就不聘，合同期满需要延聘的，也可以同他们商量延聘，同时也应该考虑减少一些人。”[④]1957年国务院也提出在聘请苏联专家问题上采取“少而精”的原则，苏联方面也开始逐渐减少派驻中国专家的数量。

1958—1960年，驻华苏联专家为213人。1960年苏联单方面从中国撤回专家，其中也包括教育专家，至1960年8月22日，除1人撤回苏联大使馆外，全部教育专家回国。当时教育部的苏联首席顾问、苏联专家组组长西涅茨基也于1960年回国。

从来华专家所做的工作来看，主要是以讲座、顾问和授课等形式为主。

1950年苏联教育专家卡尔波娃、学前教育专家戈林娜两次赴北京讲学。

---

① 毛礼锐，沈灌群：《中国教育通史》第6卷，济南：山东教育出版社，2005年，第89页；李涛：《借鉴与发展——中苏教育关系研究：1949—1976》，杭州：浙江教育出版社，2006年，第60页，认为1949—1952年苏联来华教育专家共计98人。

② 张纯，刘振宇，余子侠：《中俄（苏）教育交流的演变》，济南：山东教育出版社，2010年，第193页；刘英杰：《中国教育大事典》，浙江教育出版社，1996年，第1675页，认为1953—1957年共聘请苏联教育专家521人，其中1952年少于40人，本书前文遵循该书的观点；毛礼锐，沈灌群：《中国教育通史》第6卷，济南：山东教育出版社，2005年，第89页，认为1953—1957年来华教育专家的人数为567人。

③ 沈志华：《苏联专家在中国》，北京：中国国际广播电视出版社，2003年，第266—267页。

④ 中共中央宣传部办公厅，中央档案馆编研部：《中国共产党宣传工作文献选编（1949—1956）》，北京：学习出版社，1996年，第1162—1165页。

1951 年，苏联季米亚席夫农学院农学系主任别洛沙普科夫在北京农业大学做了题为“斯大林改造大自然的计划”的报告，同年 11 月，他把这场报告带到了清华大学和北京机械化农业学院，引起师生的强烈反响。

1954 年 4 月，武汉大学水能利用教研室迎来了苏联水能专家郭瓦杰夫斯基的讲座和指导。

1954 年 10 月，苏联普希金造型艺术博物院院长扎莫施金来到中国，他首先主持了在北京举办的“苏联经济及文化建设成就展览”，然后在上海、杭州、广州、武汉等地举办了多场关于苏联造型艺术成就的讲座。

1956 年，俄联邦教育科学研究院院长凯洛夫来到中央教育科学研究所并做了关于苏联教育科学院研究、管理状况的报告。

此外，我国教育部门还聘请了多位苏联顾问，如大拉巴金、A. Д. 福民、阿尔辛节夫、顾思明、戈林娜、马努依连科、洛索夫、费拉托夫等人都曾担任过中国的教育顾问。

苏联教育专家的另一工作领域就是在高校、军事学院、马列学院或中等专业学校开设课程，教授本科生俄语和专业知识，并为教师和研究生提供科研指导和答疑服务，指导修订教学大纲、教学计划和教材等。在马列学院，苏联专家开设了马列主义基础、政治经济学、哲学、历史、新闻等课程，他们还把教学经验写成论文，发表在党校刊物《向专家学习》上。

苏联教育专家的来华工作无疑极大地推动了中华人民共和国教育体制的建立和教育事业的发展，他们的援助和影响在高等教育、军事院校和初中等教育中都有体现。尤其是在高等教育方面：

首先，按照苏联高等教育体系，我国对高等教育的专业进行了重设。在苏联专家的建议下，我国形成了一整套专业种类，如清华大学当时的专业就是按照莫斯科大学的专业来设置的。当时的多位苏联专家都曾经提出专业划分和设置的重要性，其中 A. A. 福民指出：“我们认为培养各种专门人才的基本问题是划分专业的问题。学生应该按照专业来学习。为着这个目的，苏联高等教育部编定全国统一的专业表。各校必须按照这些专业来培养干部，不可另搞些不同的专业。”“苏联改革高等教育的重要内容之一，就是按照国家建设的需要，把原有空泛的专业划分为若干种具体的专业”“目前共有四百三十六种专业”[①]。

在苏联专家的推动下，我国高校在20世纪50年代纷纷建立教研组。教研组是由一个学科方向的教师组成的教学科研单位。1950年5月22日，教育部第一次临时部务会议的代表们听取了阿尔辛节夫关于“苏联高等教育研究指导组”的介绍，此后我国高校开始建立教研组，首先建立教研组的就是中国人民大学，1951年，该校就建立了41个教研组。1952年5月，教育部颁布的《高等学校院系调整计划（草案）》中规定高校把系作为行政的基本单位，把教研组作为科研教学的基本单位。在教研组建立的过程中，除了阿尔辛节夫以外，苏联教育专家安德烈扬诺夫、高尔琴科、费拉托夫等人均为教研组制度提出了切实可行的意见和措施。

在苏联专家的帮助下，我国高校开始制定教学大纲和教学计划。据统计，1954年就有241种高等学校教学计划是在苏联专家的帮助下修订完成的，他们还陆续帮助修订了131种中等专业学校的教学计划[②]。苏联专家帮助修订教学计划的高校集中在北京地区，如北京师范大学以苏联师范学院1951年的教学计划为蓝本，制订了12个系的教学计划。其他学校，如北京钢铁学院根据西伯利亚冶金学院和莫斯科冶金学院的教学计划、北京大学参考苏联专家建议均于20世纪50年代制订了自己的教学计划和教学大纲。

苏联专家还亲自授课，撰写教材和讲义，为国内高校教师和研究生培养工作做出了贡献。1951—1956年，国内高校的1197门课程由苏联专家担任，685部教材为他们撰写，他们还建立了767个实验室和实验工厂，培养了3600余名研究生和3200多名青年教师。当时在作为苏联教育的“试验田”——中国人民大学，苏联专家仅1957年就开设了140多门课程，编写了100多门课的讲义和教材，“该校的青年教师的研究能力

---

① A. A. 福民：《苏联高等教育的改革——在京津高等学校院系调整座谈会上的讲话》，《人民教育》1952年9月号。

② 毛礼锐，沈灌群：《中国教育通史》第6卷，济南：山东教育出版社，2005年，第89—90页。

大体是苏联专家手把手带出来的”[①]。此外，北京大学、吉林大学、中央美术学院等高校聘请的苏联专家也都为它们培养了大批的年轻学者。总之，苏联教育专家在中华人民共和国高等教育的形成和发展中起到了重要的作用，他们的教学经验和研究专长已经在中国高等教育的土壤中生根、结果[②]。

五、中苏教育书籍的翻译

中华人民共和国成立初期，我国在文化战略上基本实行“一边倒”，社会主义国家书籍的引进占当时书刊引进的绝大部分，教育类书籍也不例外。据统计，1949—1953 年，国际书店共进口书刊 4000 万册，其中 3875 万册来自苏联，40 万册来自其他社会主义国家，占书刊进口总数的 97.88%。

在这样的时代背景下，苏联教育书籍在我国的翻译出版积极展开，其中包括翻译苏联中小学、大学教材和苏联教育理论书籍，这些书籍的译介对于中华人民共和国教育体系和教学理论体系的建立具有重要作用。

1952 年 11 月，根据教育部的要求，各高校开始翻译苏联高校一、二年级的基础课教材和一些专业课教材。11 月 27 日，教育部在《关于翻译苏联高等学校教材的暂行规定》中规定了各高校的翻译数量和要求。翻译的教材经审定合格后将以“教育部推荐高等学校教材试用本”计划出版。例如，1952 年哈尔滨工业大学在克雷洛夫等苏联专家的指导下，翻译了 155 万字的教材。1952—1956 年底，国内翻译出版的苏联教材共计 1393 种，并有 629 种苏联教材直接进入大学成为国内高校的教科书。这一现象不仅存在于北京和东北的学校，地处南方的高校也同样大量使用苏联教材。例如，当时地处武汉的华中师范学院（今华中师范大学），采用苏联教材的有 57 门课程，武汉大学 37 门课程采用苏联教材，华中

① 罗时叙：《由蜜月到反目——苏联专家在中国》上册，北京：世界知识出版社，1999 年，第 304—305 页。

② 杨秀峰：《坚持学习苏联的方针》，《人民日报》1957 年 11 月 6 日。

工学院更是基本全盘接受苏联教材。当时的很多教学参考书也译自苏联，如《米丘林生物学的基本原理》（斯托列托夫著，李何译，1950 年），《遗传及其变异》（李景均、陈延熙译，1950 年）等。

中华人民共和国成立初期，大批苏联教育理论书籍也被翻译到国内。例如，早期翻译的《苏联学生的思想政治教育》《苏联国民教育组织》《马卡连柯的生平及其教育学说》《加里宁的教育思想》等书。

早期译介到中国的教育理论书籍中，影响最大的当属凯洛夫的《教育学》。该书三次在国内出版，其中 1951 年版的影响最值得瞩目。该版本由人民教育出版社出版，南至善、陈侠修订。从 1951 年 12 月至 1956 年，该书共印刷 10 次，发行 29 516 册。1957 年之后人民教育出版社又对《教育学》进行了 9 次印刷，共发行 193 897 册。由此，凯洛夫《教育学》在国内的印数达到 50 万册。

该书在国内之所以取得如此大的成功是与国内学界对书籍的介绍与推介分不开的。1951 年版出版之前，《教育学》第 21 章《苏联的国民教育制度》，第 12 章《苏联的劳动教育》，第 1 章第 5 节《教育学的对象和方法》等已经被介绍到国内。该书出版后直至 21 世纪，对于凯洛夫《教育学》的评述仍然存在："苏联先进的教育学，具体表现在凯洛夫的《教育学》这本书里。""要搞什么工作，就找凯洛夫。"《人民教育》1951—1953 年还发表了多篇文章，对凯洛夫教育学进行研究，并谈了一些学习体会。

1956 年 12 月 30 日至 1957 年 1 月 23 日凯洛夫访华，凯洛夫在多地做了报告和讲座，主要阐明了马列主义的教育学基本理论，凯洛夫的来访进一步扩大了《教育学》一书在国内的影响。

此外，一批苏联教育学书籍在这一时期译入我国，其中影响力比较大的有：《教育学原理》（冈察洛夫著，郭从周等译）；《教育学》（申比廖夫、奥哥洛德尼科夫著，陈侠、熊成涤译）；《教育史》（沙巴耶娃主编）；《世界教育史》（麦丁斯基）；《学前教育学》（苏罗金娜著，高天浪译）。

这一时期，中国教育界还特别关注了加里宁和马卡连柯的教育思想。马卡连柯是当时著名的苏联教育家，他的《马卡连柯的生平及其教育学说》、《马卡连柯教育论文选》（1—4册）、《马卡连柯全集》等书在国内相继翻译出版。加里宁是苏联著名的共产主义教育思想家，他的思想贯穿在《论共产主义教育》一书中，其中重点论述了培养学生的共产主义道德品质的问题。

这一时期在教育书籍方面的另一个特点就是苏联中国学的繁荣和中国学书籍的出版，共出版该类书籍1014种，以语言文字类图书和教材为主，如《汉语教科书》（伊萨连科，莫斯科，1954年）、《汉译俄教材》（戈列洛夫，莫斯科，1966年）等。

第三节　1949—1966年的中苏艺术交流

1949—1966年，中苏艺术交流也不可避免地受到那个时代中苏关系的影响，在不同的年份呈现出异常活跃和相对低潮的不同特点。但是总的来看，这一时期的中苏艺术交流仍然是中苏（俄）艺术交流史上的一个高潮期。中苏两国在多个领域开展了合作，其中包括美术、戏剧、舞蹈、音乐、电影、书籍互译等，在学习苏联的过程中，中国的艺术在不断发展，并进而形成了自己的体系。

本节将从美术、电影、音乐、舞蹈、戏剧等几个方面对这一时期的中苏艺术交流进行梳理。

一、美术交流

这一时期的美术交流主要以引进和学习苏联的美术为主，学习主要包括以下几种形式：苏联艺术家来华教学和讲座、派遣留学生赴苏联学习、引进苏联美术作品和理论等。

20世纪50年代，来中国执教和讲学的苏联艺术家有马克西莫夫、克林杜霍夫，以及苏联美术研究院院长格拉西莫夫、副院长马尼泽尔、通讯院士扎莫施金（普希金造型艺术博物馆馆长）等人。其中马克西莫夫和克林杜霍夫于1955年和1956年在中央美术学院举办油画和雕塑培训班，招收了一批学员，学员们学习了列宾、苏里科夫和列维坦的油画技法，受到了社会主义现实主义创作方法的感染和熏陶，了解并学习了契斯恰科夫的素描体系。这批学员后来都成为中华人民共和国重要的美术和雕塑人才。格拉西莫夫、马尼泽尔和扎莫施金分别在国内举办了讲座和座谈会，把苏联的美术思想、教育模式和创作经验介绍给国内同行，促进了中华人民共和国美术体系的建立。

同时，苏联美术作品和美术理论也被译介到国内，推动了中华人民共和国美术理论的创立和发展，这些理论性的文章多发表在1954年创刊的《美术》杂志上，代表性的有《论绘画中的典型问题》《论肖像画的技法》《俄罗斯伟大的风景画家什施金》《绘画的构图》《论美术家创作构思》《论构思和制作》等文章。《美术》杂志还连载了苏联美术的理论性文章《业余画家素描与绘画教材》，连载的影响力巨大，促进了中华人民共和国几代画家的成长[①]。20世纪50年代，大量的美术出版物涌入国内，很多美术的论文、技法等书籍被翻译成中文，当时的人民美术出版社和上海人民美术出版社翻译出版此类书籍最多[②]。

为庆祝苏联十月革命胜利40周年，1957年，《美术》杂志发表文章《向先进的苏联美术学习》，并指出“（苏联）的美术作品成为中国人民热爱的精神食粮，‘工人和集体农庄（女）庄员’、‘宣布苏维埃政权成立’等雕塑和绘画作品，正如《铁流》、《钢铁是怎样炼成的》和《恰巴耶夫》等小说和电影作品一样，在中国受到了广大群众的欢迎，而且对于中国美术家在创作上产生了积极的影响”[③]。

中苏互办美术作品展也是这一时期美术交流的重要内容。1954年，故宫博物院、南京博物馆的一些绘画珍品送到苏联展览。1957年，在北京、上海等地举办了18—19世纪列宾、什施金、苏里科夫等俄罗斯著名

---

① 陈履生：《中华人民共和国美术史（1949—1966）》，北京：中国青年出版社，2000年，第102页。

② 黎朗：《苏联美术作品在我国广泛传播》，《美术》1957年第11期。

③ 《向先进的苏联美术学习》，《美术》1957年第11期。

画家的原作展，共展出画作63幅，画展不仅引起了国内美术界的强烈关注，也引起了普通观众的浓厚兴趣[①]，加深了国内对苏联美术的了解和喜爱，加强了中苏之间的美术交流和对话。在国内：同年还举办了苏联8位美术家作品展；1958年举办了苏联版画、招贴画、插图和复制画展，苏联漫画展，苏联油画、雕塑、版画展；1959年举办了苏联民间工艺品和民族实用艺术展；1960年举办了纪念列宁诞辰90周年美术作品展。其中苏联版画、招贴画、插图和复制画展是由版画大师克拉甫琴柯的夫人亲自协助筹备的，展会之后，克拉甫琴柯的夫人将大师的一批作品赠送给中国美术家协会。

同时，中国艺术家的作品也被送往苏联展出，如齐白石作品展在拉脱维亚加盟共和国展出，中国实用艺术展在古比雪夫展出。1958年，中国的270多件美术作品送至莫斯科，参加了社会主义国家造型艺术展，中国的展品以其传统艺术特点和民间艺术风格赢得了苏联观众和各国同行的一致赞赏[①]。

1960年以后，中苏关系走向低谷，两国间仅有一些零星的美术交流。1963年，全苏第二届美术家大会召开，中国派华君武等一行3人参加了本次大会。1963年下半年以后，中国图片展不再受到苏中友好协会的支持，中国的图片只能在中国驻苏联大使馆的橱窗里展出，另外中国的图片还可以通过留学生在各自的学校里组织展出，一些礼品型图片在中苏交流中还可以正常赠送或散发。

二、电影交流

这一时期，特别是1960年以前，中苏的电影交流异常活跃。交流主要包括合拍电影和电影互映两方面。

1950年9月、10月，《解放了的中国》和《中国人民的胜利》两部由中苏合拍的电影先后完工，前者由莫斯科高尔基电影制品厂和中国合

① 《新中国对外文化交流史略》编委会编著：《新中国对外文化交流史略》，北京：中国友谊出版公司，1999年，第80页。

拍，导演为格拉西莫夫，后者由苏联文献记录电影制品厂和中国合作完成，导演为瓦尔拉莫夫。两片完成后在国内均举办了庆祝大会。《解放了的中国》的导演，苏联人民艺术家格拉西莫夫获得了中央人民政府颁发的奖状；《中国人民的胜利》的导演瓦尔拉莫夫获得了朱德总司令颁发的荣誉奖状。

这一时期，大批的苏联电影走上中国的荧屏，观众们从影片中体会了苏联革命、卫国战争的英雄情怀，看到了工农业生产的热烈场面，从影片中感受到了“新的任务和新的世界”。这些电影还在学校和社会团体的思想教育中起到了极大的宣传鼓动作用①。仅 1949—1954 年，苏联电影在国内就放映 120 多万场，8 亿多人次观看了电影。一些影响力较大的影片，如《难忘的一九一九》《库尔班哥萨克》等观影人数超过 2000 万人次②。

1949 年在国内放映的苏联影片有《青年近卫军》《斯大林格勒战役》《易北河会师》等，1951—1952 年，“苏联电影展览”在国内各大城市举办，促进了中国观众对苏联电影的喜爱和了解。

这一时期，苏联电影也成为国内译制片的主流。1949—1954 年年底，东北电影制品厂就译制了 96 部苏联故事片和 40 部动画片与科技片，其中《普通一兵》《幸福的生活》《宣誓》等具有广泛影响。

20 世纪 50 年代中期，国内更是掀起了苏联电影放映的高潮，一些苏联电影在多个城市放映，苏联电影中的爱国主义和国际主义、英雄主义情怀深深吸引了观众，成为激励着一代人为社会主义事业奋斗的精神食粮。这一时期放映的苏联影片有：《斯大林格勒战役》《攻克柏林》《区委书记》《丹娘》《带枪的人》《夏伯阳》《列宁在十月》《列宁在一九一八》《难忘的一九一九》《马克辛青年时代》《革命摇篮维保区》《政府委员》《乡村女教师》《钢铁是怎样炼成的》《未开垦的处女地》《我的童年》《我的大学》《在人间》《母亲》《复活》《安娜·卡列尼娜》《静静的顿河》《一个人的遭遇》《上尉的女儿》《共

① 李明滨：《中国与俄苏文化交流志》，上海：上海人民出版社，1998 年，第 295 页。

② 《新中国对外文化交流史略》编委会编著：《新中国对外文化交流史略》，北京：中国友谊出版社公司，1999 年，第 31 页。

产党员》《第四十一》等[①]。

从 1949 年至 1957 年上半年间，《光明照到克奥尔帝村》的观众人数达 3940 万人次，《山中放哨》《勇敢的心》《游击队员之子》等几部影片的观众人数也均超过千万，说明这一时期的苏联电影在中国具有较大的影响，也得到了国内观众的广泛认同[②]。而从中华人民共和国成立初期到 1959 年，约有 750 部苏联电影在国内上映，每年的观众都突破 2 亿人，同时，也有 100 多部国产电影走上苏联银幕[③]。这些电影对国内观众及各界人士的影响和激烈作用是巨大的。一位抗美援朝的战士曾经说过："看了《普通一兵》，我们受到了极大的教育。我们不仅崇敬影片中的主角马特洛索夫的英雄行为，我们更要学习这种热爱祖国的伟大精神。"[④]

同时，我国影片也陆续走上苏联银幕。1950 年 8 月 1 日中国人民解放军建军节之际，《中华儿女》在苏联公映，600 部该片的拷贝在莫斯科 23 家影院和 7 个俱乐部同时上映[⑤]。此后的 4 年里，《光芒万丈》、《无形的战线》、《中国人民的胜利》和《解放了的中国》等陆续在苏联上映。为期 10 天的"中国电影节"自 1951 年 10 月 1 日起在苏联 16 个加盟共和国的首都和各大城市举办，此后中国电影经常出现在一个大工厂的文化宫[⑥]。截至 1952 年底，《中华儿女》《无形的战线》在苏联的观众超过 700 万人，《钢铁战士》和《白毛女》的观众更是超过千万人[⑦]。《中华儿女》的上映更是受到了苏联主流媒体的关注，各大报纸均发表文章对该片进行了评介，其中包括《真理报》《消息报》《劳

① 《新中国对外文化交流史略》编委会编著：《新中国对外文化交流史略》，北京：中国友谊出版公司，1999 年，第 504—505 页。

② 《新中国对外文化交流史略》编委会编著：《新中国对外文化交流史略》，北京：中国友谊出版公司，1999 年，第 79 页。

③ 转引自李明滨：《中国与俄苏文化交流志》，上海：上海人民出版社，1998 年，第 295 页。

④ 《新中国对外文化交流史略》编委会编著：《新中国对外文化交流史略》，北京：中国友谊出版公司，1999 年，第 295 页。

⑤ 伯奋：《苏联和兄弟国家的人民热爱我国电影》，《大众电影》1954 年第 18 期。

⑥ 文化部党史资料征集工作委员会对外文化联络局党史资料征集工作领导小组：《当代中国文化交流史料》第一辑，北京：文化艺术出版社，1990 年，第 497 页。

⑦ 伯奋：《苏联和兄弟国家的人民热爱我国电影》，《大众电影》1954 年第 18 期。

动报》《红星报》《文学报》《苏维埃艺术报》《共青团真理报》《文化与生活报》《莫斯科真理报》《莫斯科晚报》等[①]。

1954年3月，中国的纪录片《1952年国庆节》、《抗美援朝》第二部、《交换病伤战俘》、《光明照耀西藏》和《"八一"运动会》等在苏联放映，这是在苏联对外文化协会电影部和莫斯科电影之家举办的中国纪录电影晚会上展出的。纪录片得到了协会理事会副主席雅科夫列夫的赞赏："中国的纪录片很好地表达出了这个国家的伟大，人民的精神，他们趋向光明未来的意志，他们的仁爱、组织性和勤劳。"[②]

中苏互办电影周和电影展览是两国电影交流的一种重要方式。1952年11月，在纪念苏联十月革命35周年之际，国内66个城市的321家影院举办了苏联彩色电影展览月活动。在纪念苏联十月革命37周年之际，国内30个大中城市又举办苏联电影周。这类电影展让国内观众更加了解并喜爱苏联电影，很多苏联影片甚至成为家喻户晓的佳作[③]。

同时，中国电影周也成为这一时期中苏人文交流的重要部分，如作为中国电影周的重要内容，中国的18部故事片和纪录片于1954年12月在莫斯科、列宁格勒及各加盟共和国首都放映，收到了良好的反响[④]。

除了电影互映，这一时期电影领域另一种重要的交流形式就是苏联电影理论的大量译介，这些电影理论为中华人民共和国电影工作者理论修养的提高增加了知识的养分，使得中国艺术家一方面思路不断拓宽，推陈出新；另一方面又始终遵循现实主义的朴素原则，并开始运用蒙太奇手法[⑤]。因此我们认为，苏联电影理论的译介带给了中国电影

① 彭明：《中苏友谊史》，北京：人民出版社，1957年，第287页。

② 《新中国对外文化交流史略》编委会编著：《新中国对外文化交流史略》，北京：中国友谊出版公司，1999年，第31页。

③ 《新中国对外文化交流史略》编委会编著：《新中国对外文化交流史略》，北京：中国友谊出版公司，1999年，第31页。

④ 《新中国对外文化交流史略》编委会编著：《新中国对外文化交流史略》，北京：中国友谊出版公司，1999年，第31页。

⑤ 蒙太奇手法的创始人是苏联电影大师维尔托夫、库里肖夫、爱森斯坦和普多夫金等。"电影里所谓的蒙太奇，就是讲摄像机记录下来的一个个镜头按照生活逻辑的美学原则，把它们连接起来，继续下去的意思。"参见夏衍：《写电影剧本的几个问题》，《电影论文集》，北京：中国电影出版社，1979年，第158页。

一个新高度[①]。

我国的电影理论从中华人民共和国成立之初就深受苏联电影理论的影响，这一时期译介的理论性作品有：普多夫金的《电影导演论》、爱森斯坦的《电影艺术四讲》、罗姆的《文学与电影》，以及格拉西莫夫的《苏联电影艺术的技巧问题》等[②]。这一时期，中华人民共和国电影图书出版业的先驱、中国电影出版社的前身中国艺术委员会编译组成立，中国艺术委员会编译组译介了一批关于苏联电影理论和表演艺术的书籍，如《党论电影》（列别杰夫），《演员的艺术》（契尔卡索夫）、《论电影的编剧、导演和演员》（普多夫金）、《银幕的人》（尤特凯维奇）、《演员的道德》、《演员自我修养》、《演员创造角色》（斯坦尼斯拉夫斯基）。1952年，《电影艺术译丛》创刊[③]，该刊专门译介国外电影理论，这一时期译介最多的就是苏联电影理论，为推动中华人民共和国电影理论体系的创立奠定了坚实的基础。

1956年，中国电影出版社外国电影编辑室开始编辑出版一批苏联电影理论著作，如《爱森斯坦文集》、《普多夫金论文选集》、《杜甫仁科选集》、《电影导演基础》（库里肖夫）及《斯坦尼斯拉夫斯基全集》1—4卷等，斯坦尼斯拉夫斯基的《奥瑟罗导演计划》《海鸥导演计划》《在底层导演计划》等也先后出版[④]。《苏联电影史纲》作为苏联电影史的代表作也被译介到国内。

如前所述，中华人民共和国成立初期，中苏曾经合拍《解放了的中国》和《中国人民的胜利》，到了20世纪50年代中期，中苏两国又合拍了《锦绣山河》等故事片，合拍的纪录片有《阿拉木图—兰州》《在辽阔的伏尔加地区》《东风掀起长江浪》《密林中的小路》《万里关山结友情》等。1959年，中苏合拍的故事片《风从东方来》完成，影片在1959年苏联举办的中国电影周隆重上映，苏联方面总导演叶·里·吉甘

① 刘景泉等：《五千年中外文化交流史》第五卷，北京：世界知识出版社，2002年，第523页。
② 刘景泉等：《五千年中外文化交流史》第五卷，北京：世界知识出版社，2002年，第523页。
③ 《新中国对外文化交流史略》编委会编著：《新中国对外文化交流史略》，北京：中国友谊出版公司，1999年，第508页。
④ 《新中国对外文化交流史略》编委会编著：《新中国对外文化交流史略》，北京：中国友谊出版公司，1999年，第508页。

等受到了中国文化部的表彰。《风从东方来》标志着中苏电影制作全面合作的成功，也成为中外合拍故事片的成功合作案例[①]。

除了电影互映、合拍电影和电影理论的译介，20 世纪 50 年代的中苏电影交流还得到了制度层面的支持，如 1954 年 5 月 29 日，中国电影发行公司和苏联影片输出公司签订了《苏联电影在中国发行合同》。

进入 20 世纪 60 年代，随着中苏关系的降温，两国的电影交流也逐渐减少，交流仅限于电影互映。1960 年，《列宁的故事》《乌里扬诺夫一家》《海军少尉巴宁》《在荒凉的河岸上》等苏联电影在十月革命电影周上展出，电影先后在 13 个城市上映，这些城市是北京、上海、天津、沈阳、长春、哈尔滨、武汉、广州、成都、旅大（现为大连）、西安、乌鲁木齐和呼和浩特。电影周在中国观众中引起强烈反响，仅北京的观众就超过 162 000 人次。

按照年度执行计划，虽然中苏交流逐渐走向低潮，但是 20 世纪 60 年代的电影首映式和电影招待会还是如期举行。中国举办的苏联电影首映式有：《实际同龄人》（1961 年）、《通向舞台的道路》（1964 年），苏联也于 1964 年举办了《蔓萝花》首映式。重大节日期间互办电影招待会也是这一时期电影交流的重要形式，如 1961 年，正值中国共产党建党 40周年，苏联驻华大使以电影招待会的形式放映了纪录片《列宁归来》《延安生活散记》《刘少奇主席率中国共产党党政代表团访苏》《从宇宙归来的人》等。十月革命 45 周年之际，中国也举办了《世纪之初》首映式，而在之后的十月革命 48 周年活动中，《列宁在十月》等 5 部影片在各大城市的放映也成为庆祝的主要内容[②]。

三、音乐、舞蹈交流

中华人民共和国成立初期到 1966 年，中苏音乐交流主要表现为向苏

① 《新中国对外文化交流史略》编委会编著：《新中国对外文化交流史略》，北京：中国友谊出版公司，1999 年，第 79 页。

② 《新中国对外文化交流史略》编委会编著：《新中国对外文化交流史略》，北京：中国友谊出版公司，1999 年，第 83 页。

联学习，苏联音乐成为中华人民共和国音乐体系建立的重要指导和来源，形式表现为：一是苏联专家来华任教。二是留学生赴苏学习。三是苏联音乐家来华演出。四是乐团互访并演出。

苏联音乐是中华人民共和国学习国外音乐的主要源泉，当时的音乐教学体系可以说全面沿袭了苏联的路线，从教学大纲到各科教材几乎都照搬苏联模式。

中央音乐学院和上海音乐学院还聘请了一批苏联音乐家来华任教，培养了中华人民共和国第一批音乐人才。最早来到中央音乐学院教授声乐课程的是音乐家普·梅德韦杰夫，梅氏的到来可以视为中苏音乐交流的开端。此后，苏联指挥家巴拉晓夫，作曲家阿·古洛夫，音乐史学者康津斯基和别吉章诺夫，小提琴演奏家米基强斯基和马卡连柯，钢琴演奏家塔图梁和克拉甫琴柯，大提琴演奏家契尔沃夫等也先后来到国内教授音乐知识、音乐技巧和艺术修养。他们不仅带来了苏联现代音乐的教育，而且给学员们讲授了俄罗斯古典音乐甚至欧洲古典音乐的知识。而当时的中央音乐学院华东分院（即上海音乐学院的前身）也邀请了钢琴家谢洛夫、指挥家迪力季耶夫、小提琴家比利捷和乐理专家德米特列夫斯卡娅等来校任教。

当时的中央音乐学院把有专家任教的班级设立为专家班，专家班不仅集中了院内的优秀师生，而且吸纳了国内其他音乐院校和艺术团体的教师、艺术工作者等人到这里学习。专家班的学员毕业后成为国内音乐领域的骨干，带动了各地音乐事业的发展。

为了全面、系统地学习苏联音乐，中央音乐学院组织专门人才编译苏联音乐教学大纲和理论著作，并据此形成了自己的教学体制，开设了音乐学、指挥、基本乐科、室内乐、歌剧等新专业。这一时期编译的音乐类理论著作有《俄罗斯音乐史》《西洋音乐通史》《俄罗斯音乐家论西欧音乐》《苏联音乐美学问题》《苏联音乐发展道路》等书。

20 世纪 50 年代，留学生赴苏学习也是中苏音乐交流的重要形式。这一时期留学生的主要留学院校是柴可夫斯基音乐学院和列宁格勒音乐学院，留学生中的代表有声乐家郭淑珍、小提琴家盛中国、钢琴家刘诗昆、指挥家郑小瑛、作曲家吴祖强和杜鸣心等人。他们回国后在各自的领域发挥了先锋示范的作用，成为中华人民共和国第一代知名音乐家。

他们带回了俄罗斯苏联学派和欧洲古代浪漫学派的音乐风格并与中国民族音乐融合起来，成为中华人民共和国音乐发展的一种新风尚。舞剧《鱼美人》《红色娘子军》的配乐就是这种风格的代表，为作曲家吴祖强、杜鸣心融合了多种风格而做。①

20世纪50年代中期，苏联音乐家来华演出是中苏音乐交流中的一件盛事。其中3位大师的来华演出特别值得一提。1956年年底，世界著名男低音歌唱家鲍里斯·格梅里亚携钢琴家奥西林来华演出，其中前者曾获得苏联人民演员称号和斯大林奖章。1957年秋，苏联人民艺术家、斯大林奖章和列宁勋章获得者，小提琴家大卫·奥伊斯特拉赫来华演出。之后，著名钢琴家李赫特尔和夫人，女高音歌唱家尼·多尔利亚克来华访问。其中李赫特尔演出期间受到了中国国家领导人周恩来、邓小平、贺龙等人的接见②。

1958年5月，著名指挥家尼·阿诺索夫和伊万诺夫率领苏联国家交响乐团首次访华。此次苏联交响乐团带来了23场演出，演出持续了40天。他们演奏了多位中外音乐家的作品，如柴可夫斯基、哈恰图良、肖斯塔科维奇、贺绿汀、马思聪等人，为中国观众带来了前所未有的听觉享受。值得一提的是，苏联国家交响乐团的演出不仅在音乐厅举办，他们还深入工厂、农业合作社及十三陵水库等地演出，为普通劳动者聆听高雅音乐打开了一扇窗口②。

与此同时，中央实验歌剧院一行118人在卢肃副院长和指挥家黎国荃的带领下也于1958年赴苏演出。他们演出了《刘胡兰》《草原之歌》《槐荫记》等。在苏期间，他们共演出41场。闭幕演出在克里姆林宫举办，赫鲁晓夫、伏罗希洛夫、米高扬等国家领导人都亲临现场。

20世纪60年代的中苏音乐交流走入了一个相对的低谷期，但是双方在音乐理论上仍有合作，如1960年苏联音乐学院作曲系理论教研室主任、《苏联音乐》杂志编委、著名音乐理论家斯克列勃科夫访华，他带来了关于苏联音乐理论成就的讲座，并先后在北京、上海做了13场报

① 梁茂春：《中国当代音乐（1949—1989）》，北京：北京广播学院出版社，1993年，第134页。

② 《新中国对外文化交流史略》编委会编著：《新中国对外文化交流史略》，北京：中国友谊出版公司，1999年，第74页。

告。此外，音乐家马思聪、贺绿汀、李元庆还在第二届柴可夫斯基音乐比赛上担任评委，中国留学生殷承宗、赵屏国、盛中国代表中国参赛，其中殷承宗获得了钢琴组二等奖。这些都对20世纪60年代的中苏音乐交流起到了积极的推动作用①。

舞蹈方面的交流主要是学习苏联的芭蕾舞，其中又包括两个方面的具体内容：一是借鉴苏联芭蕾舞教育经验，推动国内芭蕾舞教育的正规化进程。二是苏联歌舞剧团和芭蕾舞团来华演出，为中国舞蹈工作者提供观摩学习的机会。

1954年，北京舞蹈学校成立，这是中华人民共和国第一所舞蹈学校，学校学习苏联经验，以芭蕾舞作为主要的基本课程。1957年，中等芭蕾舞专业正式开设，O. A. 伊莉娜和 K. A. 古谢夫等苏联专家来校任教，他们为学校开设了古典芭蕾舞基本训练等课程。1958年，北京舞蹈学校学员在天桥剧院演出了首场《天鹅湖》，一年后，北京舞蹈学校附属实验芭蕾舞剧团正式成立。

1955年10月5日至12月13日，苏联莫斯科小白桦舞蹈团为国内的10个大城市带来了38场演出，演出期间，中央歌舞剧院、北京舞蹈学校等单位派人跟团学习。12月，他们学习的成果在苏联经济与文化建设成就展览会闭幕式上演出，演出剧目有《小白桦树舞》《踏步舞》《天鹅湖》《少女嘉德利舞》《小链子舞》《红莓花儿开》②。

1957年，苏联西伯利亚国家芭蕾舞剧院芭蕾舞团一行172人再次为国内观众带来了85场演出。演出曲目有《天鹅湖》《吉赛尔》《幸福之岸》《阿拉金与神灯》《唐吉坷德》等，齐米娜、克鲁宾尼娜、格列夫佐夫等著名演员的精彩表演赢得了国内观众的一致瞩目，演出期间，观众超过43万人次。③

1959年，为庆祝中华人民共和国成立10周年，苏联国家大剧院芭

---

① 《新中国对外文化交流史略》编委会编著：《新中国对外文化交流史略》，北京：中国友谊出版公司，1999年，第82页。

② 中华人民共和国文化部对外文化联络局：《中华人民共和国对外文化交流概览（1949—1991）》，北京：光明日报出版社，1993年，第440页。

③ 《新中国对外文化交流史略》编委会编著：《新中国对外文化交流史略》，北京：中国友谊出版公司，1999年，第73页。

蕾舞剧团派出了 195 人的豪华阵容来华演出。当时世界著名的芭蕾舞演员乌兰诺娃也随团前来，另外还有 5 位苏联演员。他们带来了《天鹅湖》《吉赛尔》《宝石花》等传统剧目，还为访华专门排练了《雷电的道路》。大剧院剧团在北京、上海、广州、武汉等地进行了40多场演出，影响极为广泛，掀起了国内对芭蕾舞艺术的空前热爱和讨论。尤其是乌兰诺娃的表演更是受到极大的关注，文学艺术界人士纷纷撰文赞誉其高超的技艺。京剧大师梅兰芳观看了《天鹅湖》、《吉赛尔》和《仙女们》等之后，在《人民日报》发表文章："（她的表演）刚柔并济，圆转如意，腾跃轻灵，仪表美妙。""已经达到了炉火纯青、登峰造极的境界了。"田汉也为乌兰诺娃的表演赋诗道："君艺如美塑，不见凿与斧。轻如随风絮，娇若冲天宇……"中国政府也极为重视剧团的访华，国家领导人刘少奇、周恩来、宋庆龄、董必武等人都曾亲临演出现场①。

在学习苏联的基础上，20 世纪 50 年代末，国内开始有了自己的芭蕾舞剧。首先是白淑湘主演的《天鹅湖》获得成功。这一时期，国人自己创作编排的《鱼美人》也走上舞台②。

四、戏剧交流

中华人民共和国成立后，苏联戏剧教育经验，包括教育思想、制度、教学大纲和教学方法等都对国内戏剧教育产生了极大的影响，尤其是斯坦尼斯拉夫斯基现实主义戏剧更是推动了中国戏剧体系的形成和发展③。

这一时期的中苏戏剧交流主要表现为以下几种形式：①苏联戏剧专家来华教学。②苏联剧作集在国内编译出版。③双方互演对方经典曲目。④戏剧家互访。⑤剧团互访并演出。

从 1953 年起，多位苏联戏剧家来到中国，他们主要在北京戏剧学院

① 中华人民共和国文化部对外文化联络局：《中国对外文化交流概览（1949—1991）》，北京：光明日报出版社，1993 年，第 445 页。

② 刘景泉等：《五千年中外文化交流史》第五卷，北京：世界知识出版社，2002年，第512页。

③ 李明滨：《中国与俄苏文化交流志》，上海：上海人民出版社，1998 年，第 302 页。

和上海戏剧学院开办进修班，培养表演、导演和舞台设计等方面人才[①]。这些专家主要有：苏联艺术剧院导演普·列斯里、莫斯科史楚金戏剧学校校长鲍·库里涅夫、戏剧理论家格·古里耶夫、舞美专家阿·雷科夫、功勋艺术家列·科斌斯卡娅，等等。

20世纪50年代，20位苏联现代著名剧作家的剧作全集在中国戏剧出版社编译出版。这些剧作家包括高尔基、维什涅夫斯基、拉甫涅尼约夫、阿菲诺干诺夫、特列尼约夫、里昂诺夫、罗马甫夫、包戈廷、索弗罗诺夫等人。全集包括了每位剧作家的3—5部代表作，如阿菲诺干诺夫的四部剧作收录其中：《怪物》、《恐惧》、《亲骨肉》和《玛申卡》。另外，一些单行本的出版也使得国内读者更加了解苏联戏剧，如《涅瓦河畔》《第一骑兵队》《我的朋友》《带枪的人》《克里姆林宫的钟声》《莫斯科性格》等。这一时期，人民文学出版社还出版了《马雅可夫斯基选集》五卷本，其中也包括了马雅可夫斯基的剧作[②]。

20世纪50年代，中苏互演对方剧作，大大推动了两国观众对对方戏剧的了解和喜爱，互演剧作也成为这一时期中苏人文交流的重要内容。当时在国内上演的苏联剧目包括俄罗斯古典戏剧和苏联现代剧，演出主要以话剧的形式呈现。其中1949—1957年为高潮期，共上演了50多部剧作。《钦差大臣》《大雷雨》《罪与罚》《万尼亚舅舅》等经典剧目和《夜店》《小市民》《耶格尔·布雷乔夫》《俄罗斯问题》《莫斯科性格》《非这样生活不可》《柳鲍夫·亚洛娃娅》等根据现当代作家的作品改编的剧目都先后走上了国内舞台。根据奥斯特罗夫斯基的小说《钢铁是怎样炼成的》改编的话剧《保尔·柯察金》在国内上演，给那一代人渲染了革命主义精神和崇高的英雄情怀。另外，一些苏联儿童剧也丰富了国内的儿童演艺界，其中包括《小雪花》《小白兔》等。中国戏剧这一时期也开始为苏联观众所了解和熟知，在苏联成功上演的剧目有《西厢记》《白毛女》《雷雨》《屈原》《战斗里成长》

① 李明滨：《中国与俄苏文化交流志》，上海：上海人民出版社，1998年，第302页。

② 《新中国对外文化交流史略》编委会编著：《新中国对外文化交流史略》，北京：中国友谊出版公司，1999年，第77页。

《金妹的绣花鞋》等[①]。

20世纪50年代，中苏戏剧家频繁互访，并协助完成了一些剧作的排练工作，促进了中苏戏剧交流向纵深发展。郭沫若、曹禺、老舍、夏衍等作家兼剧作家都曾访苏，并与苏联戏剧家就相关问题进行交流和会谈。苏联也有多位戏剧家先后访华，主要有苏联俄罗斯戏剧家协会副主席施维多夫、马尔科夫博士（苏联国立鲁纳恰尔斯基戏剧学院教授）、小剧院院长查列夫、艺术学府罗斯托茨基博士等人，与他们会见的有田汉、欧阳予倩、梅兰芳、曹禺、焦菊隐等戏剧家和文艺界名人。双方还互派戏剧家协助完成各自的经典剧目，如北京人民艺术剧院排练高尔基作品《耶格尔布雷乔夫和其他的人们》时，库里涅夫曾来华指导；而苏联西伯利亚歌舞剧院《宝莲灯》的排演，也是在我国戏剧家的指导和协助下完成的[①]。

1955年8月，《西厢记》《梁山伯与祝英台》等越剧曲目赴苏联上演，著名演员袁雪芬、傅全香、徐玉兰、吕瑞英等63位越剧演员参加了演出。中国越剧团的演出不仅得到了苏联普通观众的喜爱，而且受到了苏联党和国家领导人的重视，伏罗希洛夫、苏斯洛夫、米高扬等人都曾亲临演出现场。演出还得到了苏联《真理报》《消息报》《劳动报》等各大媒体的一致赞誉，也是在这次巡演中，越剧《梁山伯与祝英台》被称为是“中国的《罗密欧与朱丽叶》”“中国艺术的香花”。演员袁雪芬的舞台动作被赞誉为“迷人的优美”[②]。

1956年末，上海京剧团在周信芳的带领下，一行75人赴苏联演出。此次上海京剧团在两个月的时间里演出了53场，足迹踏遍9个城市，为苏联观众带来了《十五贯》《四进士》《拾玉镯》《挑滑车》等经典剧目。其演出盛况被拍成彩色纪录片，通过苏联广播电台向全苏联介绍。

1957年7月，中国青年艺术团一行410人在周恩来总理的亲自指导和审定下，前往苏联参加第6届世界青年和学生和平友谊联欢节。此次

---

① 《新中国对外文化交流史略》编委会编著：《新中国对外文化交流史略》，北京：中国友谊出版公司，1999年，第78页。

② 《新中国对外文化交流史略》编委会编著：《新中国对外文化交流史略》，北京：中国友谊出版公司，1999年，第72页。

盛会有来自127个国家的10万名青年参加，中国青年艺术团不负期望，获得了23枚金质奖章，银质奖章和铜质奖章分别为15和11枚[①]。此次参会对于推动中苏戏剧交流，甚至是扩大中国戏剧在世界的影响力都具有不可忽视的作用。

五、翻译、出版和文学交流

中苏两国的政治、思想、理论和文学作品被翻译成对方的语言，并在对方国家出版、发行和传播是中华人民共和国成立至1966年的17年间中苏人文交流最重要的领域之一。应该说，这一时期的翻译对于中国来说，首先是译入，即把大量俄文的书籍译成汉语。我国不仅需要列宁、斯大林的思想丰富我们的理论研究，还需要学习苏联社会主义建设的先进经验，因此这两个领域的书籍在当时的译入、传播中占很大的比重。

中华人民共和国成立后，列宁、斯大林的著作被大量译入，仅1949—1953年的4年间，国内就出版了该类书籍108种，共1200万册。从1953年起，《斯大林全集》在国内出版，初印数就达每卷100万册，其数量达到了马恩经典著作出版发行的新高潮。此外，论述社会主义经济基础、国家制度和苏联社会发展的书籍也在中国大量出版。1957年《苏联大百科全书》第二版出版，此后国内各一级出版社陆续翻译出版其中的章节和部分，对苏联当代政治、经济、文化、教育等领域的情况进行了全方位的介绍。

除了翻译苏联书籍以外，原版书籍的直接赠送和交流也是这一时期中苏人文交流的重要内容。1953年，苏联的学术性读物分别送到国内的300家机构，其中大型图书馆31家。另外，通过国际书店，两国定期互相运送书籍和报纸、杂志等。1949年至1954年6月，通过这一渠道，苏联共运送到中国15 288 000余册苏联出版的中文图书、10 835 000余册外文版图书、22 552 000份期刊。中国书籍在苏联也占有了很大的市场份

① 《新中国对外文化交流史略》编委会编著：《新中国对外文化交流史略》，北京：中国友谊出版公司，1999年，第73页。

额，当时的莫斯科和列宁格勒的最大书店里，中国书籍都是外文书籍部销售量最大的部分[①]。

除了原版图书，影印版书籍也为当时的读者提供了丰富的信息。仅时代出版社一家，1953年6月至1954年6月，就影印了苏联图书559 514册，包括俄文书籍635种[②]。

输入苏联原版书籍的同时，中国的书籍和报刊资料也运送到苏联，其中包括《中国工人》和《人民中国》等杂志，这些杂志在苏联受到了一致好评。1951 年 3 月 29 日苏联《劳动报》发表了题为《在斗争中和劳动中的英雄的中国工人阶级》的长文，文章指出："……中国工人画刊将使苏联读者认识英雄的中国工人阶级的生活和劳动成就，对于牢不可破的中苏友谊的进一步巩固，对于和平民主和社会主义阵营的巩固，均有裨益。"[③]科瓦列夫在《真理报》上推介了《人民中国》的俄文版："《人民中国》的每一期受到苏联广大的社会人士的赞扬，这本杂志所介绍的中国人民的生活和斗争，有助于中苏两大国人民的牢不可破的永恒友谊日趋巩固。"[④]

图书、杂志、报纸等文化资料的互赠在这一时期也相当活跃。参与互赠的有两国的图书馆、各学术团体和文化机关。1949年，北京图书馆和苏联国立列宁图书馆建立了图书交换关系，苏联出版的新书会按月邮寄到北京图书馆供读者借阅[⑤]。

中苏友好协会作为一个文化团体，承载着中苏交换书刊的任务。苏联通过该协会赠送给中国的有俄国古代文学作品、苏联文学作品选集、优秀作品唱片、学术性书籍和杂志、俄文报纸，以及电影机、影片、录音机、录音磁带、幻灯片、幻灯机、留声机和唱片等[⑥]。通过中苏友好协会，中国也将大量的图书、杂志和宣传画等赠送给了苏联。

中华人民共和国成立后至1966年的17年间的中苏书刊互赠活动非

---

① 彭明：《中苏友谊史》，北京：人民出版社，1957 年，第 281—282 页。
② 彭明：《中苏友谊史》，北京：人民出版社，1957 年，第 281 页。
③ 陈应楠：《两年多以来中苏书刊的交流》，《人民日报》1954 年 2 月 14 日。
④ 陈应楠：《两年多以来中苏书刊的交流》，《人民日报》1954 年 2 月 14 日。
⑤ 彭明：《中苏友谊史》，北京：人民出版社，1957 年，第 282 页。
⑥ 《中苏两国人民一年来的文化交流》，《人民日报》1951 年 2 月 15 日。

常活跃，其中值得一提的是，苏联科学院土壤研究所向中国科学院赠送世界土壤图手稿，时任所长郭沫若亲自接受了赠送[①]；1951 年和 1954 年，苏联方面分两次将《永乐大典》64 本送还给中国，这也是中苏人文交流史上的一件大事[②]。

如果说 20 世纪 50 年代的书刊互赠还是以宣传中苏友好、革命精神和建设成就为主，那么从 1960 年起，随着中苏关系的变化，互赠的书刊中政治类资料开始占到较大的比重和份额。1960 年中国运往苏联的图书中有 370 册是政治资料，其中有《马列主义原理》、赫鲁晓夫访美的图书资料、赫鲁晓夫著作、苏共二十一大相关文件的汉译本；1961 年中国收到了 4665 册苏联运来的政治资料，其中有赫鲁晓夫在苏共二十二大上的总结发言、《关于修改党章的报告》和《苏共二十二大关于中央委员会报告的决议》等；1962 年和 1963 年苏联发往中国的材料也是以《苏共二十二大文件》（速记稿）、《苏共二十二大对列宁关于党的学说的发展》及《南斯拉夫》等政治性文件为主[③]。1960 年以后中国送往苏联及各加盟共和国的资料也表现出极强的政治倾向，如《中印边界问题》《全世界无产者联合起来，反对我们的共同敌人》《在莫斯科宣言和莫斯科声明的基础上团结起来》《分歧从何而来》《再论陶里亚蒂同志同我们的分歧》《评美国共产党的声明》和《修正主义者的一面镜子》等[④]。

中苏文学作品的互译和交流是这一时期人文交流的重要内容，中华人民共和国成立至 1966 年的 17 年间苏联文学对于中国文学、俄汉翻译的影响是巨大的，甚至对于几代人的苏联文学情怀的形成都具有不可忽视的影响。反之，苏联汉学，苏联对于中国古典文学的翻译和研究兴趣也是在这一时期形成的。因此，1949—1966 年的中苏文学交流和翻译在

---

① 《新中国对外文化交流史略》编委会编著：《新中国对外文化交流史略》，北京：中国友谊出版公司，1999 年，第 32 页。

② 彭明：《中苏友谊史》，北京：人民出版社，1957 年，第 284 页。

③ 《中苏两国友协关于图书交换问题的材料》，转引自潘鹏：《中苏友好协会的缘起、历程及终结》，北京：中共中央党校博士学位论文，2008 年。

④ 《中苏两国友协关于图书交换问题的材料》，转引自潘鹏：《中苏友好协会的缘起、历程及终结》，北京：中共中央党校博士学位论文，2008 年。

国内外学术界也多有研究[①]。

这一时期，中苏作家频繁互访，促进了两国文学的交流和互相影响。访苏的中国作家有郭沫若、茅盾、老舍、巴金、靳一、赵树理、夏衍、曹禺、冯雪峰、周立波、刘白羽、艾青等人；来华访问的苏联作家有爱伦坡、吉洪诺夫、西蒙诺夫、法捷耶夫、苏尔科夫、柯涅楚克、华西列夫斯卡娅、卡达耶夫、穆康诺夫等人。

1949—1966 年，俄罗斯和苏联文学的翻译成为我国翻译文学的主流，占据了翻译文学的一半以上，“仅从 1949 年 10 月到 1958 年 12 月止，我国翻译出版苏联（包括俄国）文学艺术作品 3526 种，占这个时期翻译出版的外国文学艺术作品总数的 65.8%之多；总印数 8200.5 万册，占整个外国文学译本总印数的 74.4%之多”[②]。

经典作家、经典作品的翻译仍然是这一时期俄罗斯和苏联文学译介的主流，普希金、莱蒙托夫、涅克拉索夫的诗歌，果戈理、屠格涅夫、陀思妥耶夫斯基、列夫·托尔斯泰、契诃夫的小说，奥斯特罗夫斯基和契诃夫的戏剧都被译成汉语，并在国内广为流传。经典作品的重译和旧译重订是这一时期俄罗斯和苏联文学翻译出版的普遍现象。除了俄罗斯文学黄金时代、白银时代的作家之外，如费德林、乌斯宾斯基、列斯科夫、谢甫琴科、库普林、布宁等作家的作品这一时期也被翻译成汉语，并在国内出版[③]。

1949—1957 年是中苏关系的蜜月期，这一时期国内翻译文学紧跟苏联文学的步伐，即把苏联当下最流行的作品译成中文，并在国内出版。例如，1953 年斯大林去世前，苏联文坛盛行“无冲突论”，这类作品被陆续翻译，包括《金星英雄》（获得 1948 年斯大林文学奖）、《光

① 陈南先：《十七年俄苏文学作品的翻译在中国当代文学史上的影响》，《文艺理论与批评》2006 年第 2 期，第 45—49 页；古凡：《黄皮书及其他：中苏论争时期的几种外国文学内部刊物》，《文学理论与批评》2001 年第 6 期；卞之琳等：《十年来外国文学翻译和研究工作》，《文学评论》1959 年第 5 期；杨衍松：《俄苏文学翻译在中国》，《外语与翻译》1997 年第 4 期。

② 方长安：《建国后 17 年译介外国文学的现代性特征》，《学术研究》2003 年第 1 期。

③ 刘景泉等：《五千年中外文化交流史》第五卷，北京：世界知识出版社，2002 年，第 281—282 页。

明普照大地》、潘菲洛夫的《磨刀石农庄》、特瓦尔多夫斯基的歌颂农业集体化长诗《春草国》、阿扎耶夫的《远离莫斯科的地方》、苏洛夫的《曙光照耀着莫斯科》（1951年获得斯大林文学奖）、《远离莫斯科的地方》等。

1953年以后，苏联文坛开始了对过去文学公式化、概念化的反思，兴起了反对“无冲突论”的文学思潮，这种思潮后来被称为“奥维奇金流派”。奥维奇金关于农村题材的特写《区里的日常生活》，小说大胆揭露当时苏联的社会矛盾，曾被誉为苏联当代文学新时期的“第一只报春燕”。同为奥氏的作品《在前方》、特罗耶波利斯基的《农艺师手记》《白铁匠大王普罗霍尔十七》，田德里亚科夫的《阴雨天》《死结》《不称心的女婿》，尼古拉耶娃的《拖拉机站站长和总农艺师》，别尔戈丽茨的《忠诚》，史泰因的剧本《个人事件》，柯涅楚克的剧本《翅膀》等作品都属于反思苏联社会的同风格作品，这些作品也为1953—1956年俄汉文学翻译的主流。

1956年苏共二十大召开，会上批判了对斯大林的个人崇拜，恰在此时，爱伦堡的中篇小说《解冻》发表，苏联开始进入“解冻”文学时期，这一时期译介到国内的主要作品有：爱伦堡的《解冻》、肖洛霍夫的《一个人的遭遇》、尼林的《试用期》、奥维奇金的《艰难的春天》、罗佐夫的《永生的人们》，以及“大声疾呼派”诗派的代表人物叶甫图申科的《致一代人中的佼佼者》《会有什么样的清醒》等。学习苏联，国内文学也不再一味坚持“无冲突论”，开始有所反思。但是，1949—1966年的十七年中，有一些苏联作家曾经受到国内文学界的批判、否定，他们的作品当时在国内未能译介，他们是古米廖夫、阿赫玛托娃、茨维塔耶娃、布宁、帕斯捷尔纳克、布尔加科夫等人。

1960年以后，国内公开发行的苏联文学作品骤减，“从1960到1963年的四年间，公开发行出版的苏联文学译作（初版单行本）分别为3种、3种、4种和1种”①。在这些公开发行的作品中，柯切托夫的《叶尔绍

① 宋炳辉：《50—70年代苏联文学在中国的译介》，《中国比较文学》1994年第1期，第149页。

夫兄弟》和《区委书记》显得尤为突出。

另外，这一时期仍有大量内部发行的苏联文学译作出版，根据《1949—1986全国内部发行图书总目》[①]，1961—1966年出版的苏联文学译作有：1961年，潘诺娃的《感伤的罗曼史》（苏群译）、特瓦尔多夫斯基的《山外青山天外天》（飞白、罗昕译）、穆古耶夫的《护身符》（朱源宏译）、肖洛霍夫的长篇小说《被开垦的处女地》（第三部）（草婴译）；1962年，西蒙诺夫的《生者和死者》（谢素台译，作家出版社）和剧本《第四名》（张原译）、柯涅楚克的剧本《德涅伯河上》（苏虹译）、爱伦堡的回忆录《人、岁月、生活（第一部）》（王金陵、冯南江译）；1963年，索尔仁尼琴的《伊凡·杰尼索维奇的一天》（斯人译）、阿克肖诺夫的《带星星的火车票》（王平译）、阿尔布卓夫的剧本《伊尔库茨克故事》（裴末如译）、索弗罗诺夫的剧本《厨娘》（孙维善译）、伊克拉莫夫等的剧本《白旗》（沈中立译）、史泰因的剧本《海洋》（孙维善译）、叶甫图申科等人的诗选《〈娘子谷〉及其他》（苏杭等译）、列昂诺夫的剧本《暴风雪》（吴均燮译）、爱伦堡的回忆录《人、岁月、生活（第二部）》（冯南江、秦顺新译，作家出版社）和《人、岁月、生活（第三部）》（冯南江、秦顺新译）、爱伦堡的《解冻（第一部）》（沈江、钱诚译）和《解冻（第二部）》（钱诚译）、索弗罗诺夫的剧本《保护活着的儿子》（徐文译）；1964年，阿辽申的剧本《病房》（蔡时济译）、罗佐夫的剧本《晚餐之前》（王金陵译）、特瓦尔朵夫斯基的诗体小说《焦尔金游地府》（斤琴等译）、爱伦堡的回忆录《人、岁月、生活（第四部）》（冯南江、秦顺新译）、符拉基莫夫的长篇小说《大量的矿石》（孙广英译）、柯热夫尼科夫的《这位是巴鲁耶夫》（苍松译）、库兹涅佐夫的《传说的继续》（白祖芸译）、卡里宁的《战争的回声》（家骧、晓宁译）、柯切托夫的战时札记《是这样开始的》（斯人译）、《索尔仁尼琴短篇小说集》（孙广英译）、梅热拉伊齐斯的组诗《人》（孙玮译）；1965年，包戈廷的剧本《忠诚》（群力译）、冈察尔的《小铃铛》（王平译）、阿

① 中国版本图书馆：《1949—1986全国内部发行图书总目》，北京：中华书局，1988年。

克肖诺夫的长篇小说《同窗》（周朴之译）、西蒙诺夫《军人不是天生的》（车一吟等译）、沃依诺维奇的《我们生活在这儿》（程代熙译）、贝柯夫的长篇小说《第三颗信号弹》（李俍民译）、艾特玛托夫的《艾特玛托夫小说集》（陈韶廉等译）、《苏联青年小说集》（多人翻译）、季亚科夫的《亲身经历的事》（南生译）；1966年出版的只有一部，卡扎凯维奇的长篇小说《蓝色笔记》（南生译）。可见，即使在中苏关系进入低潮的20世纪60年代，仍有大批苏联文学作品被译介到国内。但是我们也应该注意到，20世纪60年代，一批苏联“解冻文学”及“新浪潮文学”作品，却不在公开发行物之类，而是以内部发行的方式出版。柯切托夫的作品让中国读者感觉到苏联文学就像苏联的政治制度一样在悄然发生着变化，甚至变质，而对苏联文学的批判以及对中国现实之发展的忧思与警戒却只能从内部发行的译作中阅读。

中华人民共和国成立后的17年，特别是中苏关系蜜月期的1949—1957年，苏联翻译、出版中国文学作品也达到了一个高潮。据苏联《新书》统计（苏联文化部全苏联图书统计登记局机关刊物），截至1957年，557种中国书籍被翻译成32种苏联的民族语言或外语，并于苏联境内出版。毛泽东著作在苏联的印数达到1 627 000册，先后再版58次，鲁迅作品的印数达到1 141 000册，另外还有392位中国诗人和作家的作品被翻译成俄文，其中包括郭沫若、刘白羽、茅盾、周立波、赵树理、艾青、老舍等人[①]，中国的古代诗歌和小说也被译介到苏联，苏联汉学界开始对白居易、李白、屈原、蒲松龄等人有了全面的了解[②]。

这一时期中国的古典小说《三国演义》《红楼梦》《水浒传》《西游记》《金瓶梅》《镜花缘》《说岳全传》《三侠五义》《聊斋志异》《孽海花》等被陆续翻译成俄文，传记体文学的鼻祖《史记》也开始有了一些节译本，潘纳秀客、阿列克谢耶夫、马努辛等汉学家开始为人们所熟知。中国的古诗词也被译介到苏联，杜甫、白居易等诗人的诗集在苏联出版，曹植、陶渊明、谢灵运、李白、王维、孟浩然、柳永、陆游

① 《新中国对外文化交流史略》编委会编著：《新中国对外文化交流史略》，北京：中国友谊出版公司，1999年，第76页。

② 《苏联40年翻译了多少中国书》，《光明日报》1957年11月2日。

等诗人作品的俄文版也陆续出版。

1956 年，费德林的《中国文学》由苏联国家文艺出版社出版，是书对中国文学发展史进行了全面梳理，对中国古代文学和现当代文学都进行了论述。书中谈到了中苏文学交流："最近几年来，苏联出版了数以百计的中国古典和现代作家的作品。中国伟大诗人屈原的译著、罗贯中的《三国演义》（两卷集）、施耐庵的《水浒传》（两卷集）以及杜甫的史诗都已被译成俄文出版。中国现代作家鲁迅、郭沫若、茅盾、老舍、赵树理、周立波、艾青、丁玲、刘白羽、萧三等和其他散文作家、诗人、剧作家的作品，都在苏联获得了普遍的赞扬。中国现代和古典文学被译成俄文和苏联各族语言，给予从事研究中国文学的人们以很大的帮助。"费德林还对鲁迅进行了专门的评述："鲁迅是 20 世纪最伟大的现实主义大师之一，伟大的爱国主义者和国际主义者，是最伟大的文学研究家、理论家和文学批评家""是中国古代散文和诗词大师们作品的真正通晓者和鉴赏家"①。

1956 年 10 月，苏联科学院决定成立汉学研究所，研究所成立之初共设 8 个分部：历史学部、经济学部、中华人民共和国国家建设部、中国各民族语言部、文学艺术部、文化学部、社会政治著作部、科学情报和出版事业部②。汉学研究所集中了当时的众多著名汉学家，如越特金、苏海秋、艾德林等人，并且创办了苏联权威的中国学研究期刊《中国研究杂志》③。

随着苏联译介中国文学作品的增加和中国学研究的蓬勃展开，汉语教学也在苏联迅速推广。1956—1957 年，俄罗斯联邦、乌克兰、乌兹别克斯坦、哈萨克斯坦、吉尔吉斯等 5 个加盟国在中小学开设中文课，中文也进入了副博士课程的选修名单④。

这一时期，中苏文学、翻译和出版界广泛交流。政治理论著作和文

---

① 《新中国对外文化交流史略》编委会编著：《新中国对外文化交流史略》，北京：中国友谊出版公司，1999 年，第 76 页。

② 《苏联科学院决定成立汉学研究所》，《人民日报》1956 年 10 月 29 日。

③ 参见张又君：《苏联的中国研究所》，《光明日报》1957 年 5 月 21 日。

④ 查温京：《苏联学校里的中文课》，《苏中友好》1960 年第 15 期。

学作品得到全面的互译和推介，在中国形成了苏联文学和文化热潮，相应的中国文化和汉学研究热潮也在苏联形成。在普通民众中，两国人民开始相互了解，一代中国人的苏联情怀由此形成。在学术界，研究苏联文学的文章每年呈递增趋势，从 1951 年的 1 篇增加到 1959 年的 19 篇。苏联国内也形成了一支稳定的汉学研究队伍，开始了对中国历史、人文和经济的全面研究，也就是在这一时期，苏联汉学进入了世界汉学最强阵容的行列。

一方面，文学交流、研究和汉学的发展推动了两国的俄语和汉学教学；另一方面，语言教学又成为两国文化传播的重要动力，为人文交流提供了良好的语言基础①。

第四节　1949—1966 年中苏人文交流的特点

一、交流呈现不平衡性

1949—1966 年的中苏人文交流，具有明显的不平衡性，文学和理论作品翻译方面，译入大于译出，教育和艺术等方面，学习大于输出。苏联体制对于中华人民共和国的文学、艺术、教育、新闻出版等行业具有重要的影响力，这种影响在很多领域甚至一直延续至今。

以文学作品译介为例，这一时期中国译介俄苏文学作品的规模远远大于苏联翻译中国的文学作品。郭沫若曾以“洪流”和“溪涧”来比喻中华人民共和国成立前的中苏文化交流，他说：“由苏联介绍到中国来的作品可以说是洪流；由中国介绍到苏联去的作品似乎只是一条溪涧。”②而中苏交流的这种形势一直持续到了 20 世纪的最后 20 年。

---

① 李涛：《借鉴与发展——中苏教育关系研究：1949—1966》，杭州：浙江教育出版社，2006 年，第 72 页。

② 郭沫若：《中苏文化之交流》，北京：生活·读书·新知三联书店，1949 年，第 4 页。

以教育交流为例，本章第一节详细介绍了1951—1956年中国向苏联派出留学生的情况，不仅每年的派出数量呈递增趋势，而且总量可观。同时，苏联还派出教育专家来华帮助中国建立教育体系，亲授课程，培养学生等。而这一时期，苏联派往中国的留学生仅有25人。截止到1965年底，来华留学的苏联学生也只有208人，其数量大大低于中国的留苏学生。苏联留学生学习的课程也局限于中国的历史、地理、文学等人文学科，而社会科学和自然科学则鲜有涉及[①]。

这种不平衡性也是符合文化交流的规律的，即文化总是从高水平的国家和地区流向较低水平的国家和地区。1949—1966年，苏联建立了相对成熟的社会主义制度，经历了苏德战争，迅速发展成为世界强国，建立了发达的工业体系，教育和艺术、文学等领域的成就令世人瞩目。在这种强大力量的感召下，中国无产阶级革命者选择“以俄为师”，在理论和制度上学习苏联，中国文艺界效法其文学、艺术，其文化如洪流般涌入中国，是具有其历史的必然性的[②]。

二、交流与政治风云同步

这一时期的中苏文化交流是一种国家行为，受到国家层面的控制，因此，交流也和中苏关系一样，经历了发生、迅速发展、高潮，并最后陷入低谷。

可以说，1949—1966年的中苏人文交流经历了如下几个时期：中华人民共和国成立之初，中国开始是以苏联为师，开始从各方面学习苏联，1952年年底，更是提出“全面学习苏联”的倡议，中苏人文交流全方位展开并达到了空前繁荣，当然，交流是以引入为主；1956年下半年至1958年中期，中央提出“以苏为鉴”的口号，开始怀疑苏联各项规章制度的正确性，来华专家数量也逐渐减少，苏联援助开始局限于尖端科技、国防和国民经济的某些领域。苏联在某些领域也还需要中国，所

① 教育部外事局：《中国教育概况》第1卷，武汉：武汉大学出版社，1985年，第4页。
② 李随安：《中苏文化交流史（1937—1949）》，哈尔滨：哈尔滨出版社，2003年，第47页。

以政治风云的不和谐因素并没有使得中苏人文交流全面停止，而是继续往前发展；1958 年下半年至 1960 年中期，国内的“大跃进”等政治运动引起了思想波动，国际上中苏高层的分歧日益明显，苏联开始减少来华专家数量，减少各项援助，经济上的合作日趋减少，人文交流也经历了高潮而逐渐走向低落。20 世纪 60 年代，中苏关系开始恶化，苏联单方面撤走专家，撕坏协议。而两党关系中断后，中苏之间人文交流也随之中断。

由此可见，中华人民共和国成立 17 年间的中苏人文交流始终跟随者两国两党政治风云的步伐。在当时两国高度集中的计划经济和文化管理体制下，中苏人文交流是处于政府控制之下的。两国两党关系就像一个调节阀，随时调整着苏联文化的输入。政治关系亲密，人文交流也随着进入高潮，政治关系疏远，人文交流也相应跌入低潮。

三、交流受政府推动和意识形态作用明显

如上所述，中苏人文交流与中苏两国、两党的关系紧密相关，并随政治风云而起起伏伏。而交流之所以呈现这种特征，是因为这种交流是在两国政府的推动下进行的，并且交流明显受到意识形态的影响和作用。

中华人民共和国是在一个半殖民地半封建的国家的基础上建立起来的，旧中国的政治经济文化都相当落后，要想建设一个富强、民主的社会主义现代化中国，就必须学习其他国家的先进理论和实践经验。而这一时期，国际环境处在冷战对立的局势下，以美国为首的西方国家孤立、封锁中国，中国无法实现与西方国家的人文交流，而苏联与中国在意识形态上又有共同点，学习苏联，甚至向苏联一边倒已经成为历史的选择。

中华人民共和国成立后 17 年间的中苏人文交流是以中国向苏联学习为主的。在这 17 年里，尤其是高潮阶段的 6—7 年，苏联教育、文化、文学、艺术等各领域都形成了对中国的深远影响，究其原因，是由于两国政府的参与、推动和影响。20 世纪 50 年代学习苏联有着深厚的政治背景，政府的行政干预发挥了明显作用，强大的政治权威和社会动

员力量使得苏联文化在中国的传播成为一种政府行为。中国政府发起了学习苏联的运动，派遣大批留学生赴苏学习，而苏联政府也大力支持、积极引导。在两国政府的推动下，20世纪50年代的中苏人文交流空前繁荣，并对中华人民共和国各领域此后几十年的发展产生了全方位的影响。

中苏人文交流的起伏也恰恰显示了官方力量在交流中所起的作用。中华人民共和国成立之初，在各级政府的干预下，国内很多领域照抄照搬苏联模式和经验，学术和科学研究中也完全一边倒，贬低西方学说，甚至把不照搬苏联学术思想作为大是大非的政治问题。之后，中国政府发现了苏联模式的弊端，提出“独立自主”和“以苏为鉴”，毛泽东主席亲自提出不要盲目照抄苏联模式，要有分析有批评地学习苏联，除了苏联，其他国家也可以学习。在这种政治力量的推动下，中国学习苏联的一边倒倾向有所扭转。

20世纪60年代后，中苏关系急转直下，政府也相应收紧了人文交流。中苏人文交流处于两国政府的严密监控下，民间交流几乎终止，仅限于一些外交和宣传性的工作交流，维系着两国的官方联系。

由此可见，1949—1966年的中苏人文交流中，政府起到了不可忽视的推动或遏制作用，这一时期的中苏人文交流是一种政府主导的官方行为，是一种自上而下的力量，所以交流能够迅速展开，迅速深入，又迅速收紧。

除了官方的力量和推动，意识形态因素也制约着中苏人文交流的发展。20世纪50年代，在中苏同盟的氛围中，中国全面学习苏联，中苏文化充分交流，促进了社会主义文化体系的建立。

从两国人文交流的目的来看，中国学习苏联、传播苏联文化，也是国内政治和意识形态提出的要求。因为当时的苏联艺术、文学、教育等都属于俄国无产阶级斗争、十月革命、国内革命战争、伟大的卫国战争和国内社会主义建设杰出成就的艺术结晶，对于中华人民共和国政权的建立和巩固，对于人民思想觉悟的提高和精神境界的提升具有不可忽视的意义。

从中苏人文交流和意识形态的关系来看，两国意识形态一致时，中苏交流就相对顺利，反之交流则缓慢甚至停滞。中华人民共和国成立之初的六七年里，两党的意识形态一致，中苏人文交流如火如荼。后来，两党在意识形态上出现分歧，国内开始了反修斗争，苏联文化也成为修正主义的糟粕而被批评。这一时期各领域的交流，如电影、文学、艺术、广播、互办展览等的交流都受到影响。意识形态对文学交流的影响尤为突出。在意识形态不和谐的时期，两国文学的提法往往大相径庭：如苏联文学“积极干预生活”，揭露社会问题，中国则对“干预生活”“写真实”等进行批评；苏联文学强调人道主义，国内则开始否定“人道主义”和“人性论”；苏联文学开始强调描写小人物和普通人时，国内则批评“中间人物论”；苏联作家提倡重拾古典文学遗产，重视西方文学，我们认为这是“厚古薄今”“崇洋媚外”，并加以批评。总之，这一时期的中苏人文交流已经不是简单的文学或艺术本身的问题，它处在两国政府的控制下，甚至成为意识形态斗争的重要领域，交流的发展和兴衰也受到意识形态一致与否的制约和控制。

20 世纪 50 年代的中苏人文交流，给中国带来了苏联的科学文化和教育体系，为中国培养了大批的优秀人才，促进了中国科学文化的发展，对当时甚至后世几十年中国社会的历史发展产生了深远的影响。

一方面，苏联支持中国实施并完成了一系列的科研项目，使得中国科技迎来了中华人民共和国成立后历史上的第一个春天。在此基础上，形成了一批自己的工业，中华人民共和国工业体系有了自己的雏形，其工作效率也大幅度提高。“炼钢厂、机床制造、炼焦炉、高炉、平炉等，设计工作效率一般提高了 20%—30%；加强了一些薄弱的基础工业的建设。”①苏联专家来华工作和中国的留学生派出为国内培养了科技人才，一系列科技空白得以填补，中华人民共和国的科技、工业开始起飞②。

20 世纪 50 年代，大批苏联专家来华工作，他们的到来不仅促进了中华人民共和国经济和工业化的建设，甚至对于当时的政治体制和经济

---

① 彭明：《中苏友谊史》，北京：人民出版社，1957 年，第 288 页。

② 刘景泉等：《五千年中外文化交流史》第五卷，北京：世界知识出版社，2002年，第 156页。

体制的苏联模式的形成都起到了不可忽视的作用。[①]

《剑桥中国史》对这一时期的苏联援助进行了记载和评述："苏联提供的技术援助在重要性方面不亚于或者超过了与这些工厂有关的机器设备。在这10年里，约有1万名俄国专家在中国工作，他们勘探和调查地质状况，选择厂址，提供技术数据，训练中国技术人员。此外，苏联国内的工程设计院大力投入可行性研究、工程设计以及准备蓝图和制作图样等工作，就在这几年，2.8 万名中国的技术人员和熟练工人前往苏联受训。156 个苏联援助的工厂各有关厂长、总工程师和大批工人在苏联的工厂接受专门训练：长春汽车制造厂派 500 人前往莫斯科—利哈切夫汽车厂受训。"[②]"苏联技术援助和资本货物的重要性如何估计也不为过。它转让设计能力的成果被描述成技术转让史上前所未有的。此外，中国看来已经接受了苏联国内最先进的技术，在有些情况下，转让的技术是世界上最佳的。苏联援助的最重要的部门工业中，苏联人在 50 年代制造和操作着世界上最好的高炉。苏联人设计的武汉和包头的中国钢铁工厂吸收了苏联的高炉和平炉以及大规模铁矿石富集方面的最新技术。"[③]

另一方面，本章第二节详细阐述了20世纪50年代中苏的教育交流，尤其是中国留学生赴苏学习的规模和领域，苏联专家也陆续来华教学[④]，第三节谈到了我国学习苏联文学、电影、音乐、美术、舞蹈等，促进了中华人民共和国教育体制的形成，并为中国文化和苏联（俄罗斯）文化找到了契合点，使得中华人民共和国的文化事业奠定了自己的基础，此后的几十年，中华人民共和国各领域的发展都遵循着这一轨迹发展、繁荣。

苏联文化，尤其是文学和电影影响了中国的一代，甚至几代人。20 世纪 50 年代，苏联社会主义建设的伟大成就和民众的美好生活就是中

① 沈志华：《苏联专家在中国》，北京：中国国际广播出版社，2003 年，第 412 页。

② （美）J. R. 麦克法夸尔，费正清：《剑桥中华人民共和国史（1949—1965）》，谢亮生等译，北京：中国社会科学出版社，1990 年，第 185—186 页。

③ （美）J. R. 麦克法夸尔，费正清：《剑桥中华人民共和国史（1949—1965）》，谢亮生等译，北京：中国社会科学出版社，1990 年，第 185—186 页。

④ 李晶侠，周朝虹：《建国初期留苏学子们的风采》，《神州学人》2004 年第 7 期。

国人民最最向往的，苏联的社会、精神和文化尤其吸引了那个时代的年轻人。

但是，对于大部分中国人来说，亲身感受和接触苏联的社会是不可能的，他们除了在广播、报纸上看到苏联的形象，主要的途径就是阅读苏联文学和观看苏联电影。

本章在第三节阐述了中苏电影和文学交流，可以看出，苏联电影和文学对这一时期的中国民众产生了深远的影响。中苏两国的历史命运、社会制度和意识形态等方面的相似性使得苏联的文学和电影在中国民众中激起了深深的共鸣。在那个物质生活并不丰富的年代，苏联的文学和电影成为中国人民的重要精神食粮，也鼓舞了一代代中国人战胜困难、向往美好生活，为社会主义建设而奋斗。

学者们论述了苏联文学对中国的巨大影响："中国人民，不论在中华人民共和国成立之前或者在已经取得伟大胜利之后，总是经常地从苏联文学中汲取信心、勇气和经验。在这个文学中，我们看到看世界上从未有的一种最先进的、美好、真正体现了人间幸福的社会制度，看到了人类最高尚的品格和最崇高的道德范例。"[①]"苏联著名的小说《钢铁是怎样炼成的》《日日夜夜》《恐惧与无畏》《真正的人》《青年近卫军》等作品，成为指战员们最喜爱的读物。许多人在轻装行军中，宁愿丢弃衣物，不愿丢弃这些书籍。在医院里，工作人员经常把《钢铁是怎样炼成的》《真正的人》等小说读给伤员们听。许多在作战中负伤的残废的指战员，在苏联英雄人物感人事迹的激励下，更加坚定了斗志。"[②]"苏联的文学艺术作品在中国人民中找到了越来越多的千千万万的忠实的热心的读者；青年们对苏联作品的爱好简直是狂热的。他们把奥斯特罗夫斯基的《钢铁是怎样炼成的》、法捷耶夫的《青年近卫军》、波列伏依的《真正的人》中的主人公当作自己学习的最好榜样。巴甫连科的《幸福》、尼古拉耶娃的《收获》、阿扎耶夫的《远离莫斯科的地方》等作品都受到了读者的最热烈的欢迎。他们在这些作品中看到

---

① 周扬：《社会主义现实主义——中国文学前进的道路（1952）》，谢冕，洪子诚：《中国当代文学史料选（1948—1975）》，北京：北京大学出版社，1995年，第67页。

② 《苏联文艺英雄巨大》，《人民日报》1951年2月20日。

了人类历史上前所未有的完全新型的人物，一种具有最高尚的共产主义精神和道德品质的人物。”[①]“《钢铁是怎样炼成的》一书，在中国流传极广，其影响也最深。不论是工人、学术、革命军人或是机关干部，只要一提起保尔·柯察金，就像自己的亲人，就像自己的战友。他是广大群众心中的英雄，他是冲破一切黑暗，永远斗争到底的光辉榜样。”[②]

20世纪50年代无疑是全民学习苏联的时代，苏联的文学、电影，甚至是俄语带给那一代人无尽的梦想。当时的中国青年听着苏联的歌曲、看着苏联的芭蕾，读着苏联的文学成长起来，俄罗斯辽阔而广袤的土地，美丽的白桦林给了他们美好的遐想，苏联的拖拉机农业和大工厂给了他们幸福的前景[③]。因此，苏联的文化理念深深影响了一代中国人，而这一代人成为父辈和祖辈，他们的精神和难忘情怀又传给了下一代，俄罗斯和苏联的人文精神对中国民众的影响也随之而得以传承。

苏联文化对于中华人民共和国文化体系的建立更是产生了极大的推动作用，它一方面促使中国文化走向现代化；另一方面又给中国文化的各领域都打上了深刻的苏联烙印。

中国的教育体制受到苏联的全面影响。中国的教育中国根据苏联教育制度，从体制到教学对已有的教育制度进行了改革，并由此形成了中华人民共和国的社会主义教育制度。虽然自20世纪80年代后中国教育中陆续体现出来苏联教育体制的弊端，高度集权和浓重的技术主义色彩的苏联模式从某种程度上束缚了中国当代教育的发展[④]，但是在中华人民共和国建立之初，苏联经验仍然不失为社会主义教育制度建立的一条捷径，对于全新制度的建立具有积极的意义[⑤]。

苏联文学不仅影响了中国的民众，而且以其社会主义现实主义的内

---

① 《人民日报》1950年2月23日。

② 郝若瑜：《莱奋生、保尔·柯察金永远活在我的心中》，《文艺报》1957年第33号。

③ 参见符郁：《俄罗斯：记忆与遗忘》，《经济观察报》2003年10月31日。

④ 李涛：《借鉴与发展——中苏教育关系研究：1949—1966》，杭州：浙江教育出版社，2006年，第208页。

⑤ 何东昌：《在“五十年代学习苏联教育经验问题”学术讨论会上的讲话》，《教育史研究》1998年第2期。

涵影响了中国文学的创作手法、风格，甚至是文学批评的标准、文学创作的理论等。（苏联文学）对世界其他社会主义国家的文学产生了巨大影响，中国的革命文学受其影响尤其深远[①]。“在中国，苏联文学积极的影响是第一位的。”[②]

美术教学和美术技法受苏联社会主义现实主义和契斯恰科夫教学法的影响也非常之大。契斯恰科夫教学法是一种写实手段教程，当时的中国美术教学广泛采用这一方法，契斯恰科夫教学法具有其科学性和系统性，为中华人民共和国成立初期的中国油画打下了坚实的基础。中华人民共和国第一代油画家基本上都是根据这种教学法培养起来的，他们以写实的手法创作了一批油画的成功之作，如《开国大典》《开镣》《强夺泸定桥》等革命历史题材的画作[③]。20世纪60年代，苏联油画的影响借助一些民间机构扩大到了民间。进而，现实主义原则还影响到了中国画的创作，使得这一时期的国画融入了现实主义的写实技法和革命斗争的题材，著名的作品有《转战陕北》（石鲁）、《八女投江》（王盛烈）、《主席走遍全国》（李琦）、《祖孙四代》（刘文西）、《说红书》（方增光）等[④]。

中华人民共和国成立初期，苏联的斯坦尼体系影响了中国戏剧的思想深度和艺术表现力，老舍的《茶馆》《龙须沟》，曹禺的《明朗的天》，郭沫若的《蔡文姬》等都是这一时期的代表作。在表演风格方面，受斯坦尼体系的影响，中国戏剧开始走上了现实主义的道路，“真实地表达人物形象的思想感情”“创造活生生的、有血有肉的人物”[⑤]。

从创作手法来看，苏联电影的蒙太奇手法和社会主义现实主义也给中国电影带来了变革[⑥]，从思想性来看，其思想性和审美观点也影响了

① 高玉：《论苏联社会主义现实主义与中国革命文艺》，《孝感学院学报》2001年第4期。
② 叶水夫：《苏联文学史》第1卷，北京：中国社会科学出版社，1994年，第24页。
③ 刘景泉等：《五千年中外文化交流史》第五卷，北京：世界知识出版社，2002年，第543页。
④ 刘景泉等：《五千年中外文化交流史》第五卷，北京：世界知识出版社，2002年，第544页。
⑤ 焦菊隐：《焦菊隐戏剧论文集》，上海：上海文艺出版社，1979年，第125页。
⑥ 王晓玉：《中国电影史纲》，上海：上海古籍出版社，2003年，第140页。

中国的电影观众[①]。“以苏联电影为榜样，并制成了许多反帝反封建的、有利于革命事业的影片。”[②]例如，《钢铁战士》《南征北战》《红旗谱》等。

由此可见，中华人民共和国成立后的 17 年间，中苏人文交流是以学习苏联为主的，苏联的社会主义现实主义、凯洛夫教育理论、契斯恰科夫体系、斯坦尼斯拉夫斯基体系等对中国的教育、文学、电影、戏剧、美术等方面产生了深远的影响，虽然这些理论或实践体系在后期也曾表现出其消极的因素，但是总体来说，它们对于中华人民共和国文化体系的形成和发展具有积极的作用。这一时期的中苏人文交流也因此而具有其独特的作用和重要的意义。

① 朱印海：《试论苏联电影的文学诗意及对中国电影的影响》，《聊城大学学报》（哲学社会科学版）2002 年第 5 期。

② 夏衍：《电影论文选》，北京：中国电影出版社，1979 年，第 18 页。

第五章　1967—1991 年的中苏人文交流

一般认为，从 1949 年中华人民共和国成立到 1991 年 12 月苏联解体的 40 多年中，中苏关系经历了三个主要的阶段。1949—1966 年是第一个阶段，这一阶段中苏关系处于蜜月期，中苏人文交流在教育、文学、翻译、音乐、戏剧、美术等多个领域全面展开，本书已在第四章进行了梳理和阐述。从 1967 年到 20 世纪 70 年代末的十几年间是第二个阶段，中苏关系从破裂到恶化，直至全面对抗。军事上，苏联从北、西、南三个方向对中国形成包围之势，在北方，苏联陈兵于中苏边界和蒙古，在南方，苏联支持越南侵略柬埔寨而反华，在西方，苏联发动了对阿富汗的战争。从 20 世纪 80 年代初到 90 年代初是中苏关系的第三个阶段，在这 10 余年里，中苏关系从对抗到缓和，直至全面实现正常化。1982 年，勃列日涅夫的“塔什干讲话”被认为是中苏关系缓和的信号，1989 年戈尔巴乔夫访华，中苏关系全面正常化。

由此，第二和第三个阶段的中苏关系都与第一阶段存在着本质的区别，这一阶段的中苏人文交流也是在两个关系非正常的前提下进行的，因此，本章将对这两个阶段的人文交流进行统一的梳理。

第一节 1967 年至苏联解体的两国领导人著作互译和交流

俄国的革命和理论著作在中国的译介对于马克思主义在中国的传播具有不可忽视的重要作用。“中国人找到马克思主义，是经过俄国人介绍的。”“十月革命一声炮响，给我们送来了马克思列宁主义。”[①]

苏联领导人的著作最早在中国翻译出版的就是《列宁全集》，《列宁全集》的译介开始于中华人民共和国成立以前，1949 年以后，中央编译局马恩室于 1959 年完成了《列宁全集》的第一版 38 卷，向中华人民共和国国庆 10 周年献礼，1963 年又翻译出版了第 39 卷[②]。

但是《列宁全集》第一版由于时间紧和人员水平的局限等，“译文质量存在着不少问题”[③]，于是，对《列宁全集》的补遗工作势在必行。1977 年 11 月起，内蒙古大学开始了《列宁文稿》的翻译编写工作。《列宁文稿》共 17 卷，直至 1990 年 12 月全部完成。

1982 年，中央计划重译《列宁全集》，并出版第 2 版。《列宁全集》第 2 版的出版从 1984—1990 年全部完成，共 60 卷，总共印刷 132 万册[④]，国内 12 所高校的近 50 名教师参加了这项工作。《列宁全集》第 2 版比第 1 版新增了 21 卷，对第 1 版进行了补遗和勘误。翻译过程中，译者对照了俄文版《列宁全集》的第 1—5 版对中文版《列宁全集》进行了再次校对，保留了原文的风貌，编定了目次。《列宁全集》第 2 版是我国自行编辑的第一部马列主义经典著作全集，其印刷精美，装帧一

---

① 《毛泽东选集》第 4 卷，北京：人民出版社，1991 年，第 1470—1471 页。

② 刘志明：《列宁文献在我国的整理、翻译和出版——纪念中华人民共和国成立六十周年》，《湖南师范大学社会科学学报》2009 年第 6 期。

③ 中共中央马克思恩格斯列宁斯大林著作编译局马恩室：《马克思恩格斯著作在中国的传播》，北京：人民出版社，1983 年，第 183 页。

④ 新华书店总店史编辑委员会：《新华书店总店史（1951—1992）》，北京：人民出版社，1996 年，第 66 页。

流，是一项伟大的翻译和马列原著传播工程，“这是完成了一项足以与国家重点工程相媲美的宏大工程”①。

除了翻译《列宁全集》，国内还出版了《列宁选集》，《列宁选集》第一版精装本于1960年为纪念列宁诞辰90周年而出版。1972年，中央编译局修订了《列宁选集》第一版的所选文章和注释，并出版了《列宁选集》第2版。《列宁选集》共4卷，各卷的内容按时间顺序排列，具体收录文章情况如下：第1卷的文章写于1894—1907年，共27篇，主要有《什么是“人民之友”以及他们是如何攻击社会民主主义者？》《弗里德里希·恩格斯》《怎么办？》《退一步，进两步》《社会民主党在革命中的两种策略》等。第2卷收录的文章写于1908—1917年，共37篇，主要有《马克思主义和修正主义》《唯物主义和经验批评主义》《论马克思主义历史发展中的几个特点》《马克思学说的历史命运》《马克思主义的三个来源和三个组成部分》《帝国主义是资本主义的最高阶段》《帝国主义和社会主义运动中的分裂》。第3卷所收文章写于1917—1919年，共60篇，主要有《论无产阶级在这次革命中的任务》《论口号》《国家与革命》《论“左派”幼稚性和小资产阶级》《论“民主”和专政》《关于用自由平等口号欺骗人民》《向匈牙利工人致敬》《无产阶级和叛徒考茨基》等。第4卷文章写于1919—1923年，共55篇，主要有《伟大的创举》《论国家》《无产阶级专政时代的经济和政治》《共产主义运动中的“左派”幼稚病》《民族和殖民地问题提纲初稿》《土地问题提供初稿》《论我国革命》《宁肯少些，但要好些》等。

除了列宁的著作，斯大林的著作也由中央编译局陆续编辑出版。

早在1962年，《斯大林文选（1934—1952）》上、下两卷出版，收录《斯大林全集》以外的103篇文章，共46万字。1979年，《斯大林选集》（上、下卷）由中央编译局编辑出版，共计102万字，收录1901—1952年斯大林的文章58篇。1985年，50万字的《斯大林文集》出版，《斯大林文集》以1962年的《斯大林文选》为基础，编译了1934—1952

① 胡乔木：《祝贺〈列宁全集〉第2版出版发行，努力学习列宁著作》，《人民日报》1991年4月28日。

年的斯大林著作和讲话 111 篇。1981 年起，《列宁军事文集》和《斯大林军事文集》由中国人民解放军军事科学院编辑出版，有列宁军事论著 125 篇，斯大林军事论著 93 篇。

1964—1982 年是勃列日涅夫当政时期，这一时期苏联的军事力量堪比美国，勃列日涅夫也推行大国沙文主义和霸权主义，中苏关系一度陷入低谷，但是在他生命的最后一年里，勃列日涅夫的言论中透露出缓和两国关系的信号。1974—1986 年，《勃列日涅夫言论》18 卷本由上海人民出版社编译室、复旦大学外文系俄文教研室编译出版。勃列日涅夫之后戈尔巴乔夫继任，他的《改革与新思维》于 1988 年翻译出版。

苏联领导人的著作被译成中文并在国内出版，中国领导人著作的俄文版也陆续在苏联推出。

1967—1968 年，《毛泽东选集》俄文版 2 卷本由中国外文出版社出版。《毛主席语录》俄文版也于 1967 年出版。1984 年和 1991 年，中国外文出版社出版了《刘少奇选集》俄文版上、下卷。外文出版社还在 1981 年出版了《周恩来选集》俄文版的上卷，1990 年出版了下卷。《朱德选集》俄文版于 1986 年出版。

综观以上情况，1967—1991 年，两国关系总体上处于一个相对较冷的时期，但是，两国领导人著作的互译工作并未停止，尤其是《列宁全集》第 2 版，《斯大林选集》和《斯大林文集》等重要译著的出版成为两国思想交流的重要资料，也是国内学者研究列宁、斯大林和勃列日涅夫等思想的重要文献来源。

第二节　1967 年至苏联解体的中苏教育交流

本书第四章对 1949—1966 年的中苏教育交流进行了较为详细的论述，并指出，中华人民共和国成立后的 17 年间，中国派出了大批留学生赴俄学习，他们回国后都成为社会主义建设的骨干力量。大批苏联专家来华授课或讲学，为中华人民共和国教育体系的建立提供了保障。国内俄语教学蓬勃发展，多地建成了俄文专科学校。

一、中苏互派留学生

1966年以后，由于中苏关系的恶化和“文化大革命”的开始，中国停止了向国外派遣留学生的工作，其中也包括苏联。1983年，中国开始恢复向苏联派遣留学生，但是当年派出的学生仅有10人。1984年，两国签署《中华人民共和国教育部和苏维埃社会主义共和国联盟高等和中等专业教育部关于1984—1985学年合作协定书》，根据该协定，1984—1985学年将派出学生70人。1985年，双方把互换留学生人数增加到各200人。此后两国互派学生的人数逐年增加，其中1988年苏联接收中国留学生443名，占当年公派学生的11.7%①。1983—1991年，2475名中国学生赴苏留学，1983—1992年，来华留学的苏联学生人数为2373名②。1986年，中苏教育工作合作小组成立，组长由教育部两个副部长担任，合作小组的成立为后期的中苏（俄）教育交流提供了保障。

二、中国的俄语教学

中苏交流的另一个重要内容就是中国的俄语教学。这一阶段的俄语教学较1949—1966年明显处于低潮期。“文化大革命”时期讲俄语的人常被和“苏修”联系在一起而受到打击和排挤。但是，这一时期的中国俄语教学仍在艰难中前行。

1964年教育部制定了《外语教育七年规划纲要》，据此，全日制高中的英语和俄语课程的比例为1：1，1970年以后调整为2：1。《外语教育七年规划纲要》还提出要新建和扩建多所外国语院校。这一时期新建了北京第二外国语学院、秦皇岛外语专科学校（后改名为河北外国语

① 《中国教育年鉴》编辑部：《中国教育年鉴（1989）》，北京：人民教育出版社，1990年，第330页。

② 生建学：《中俄教育交流回顾》，《神州学人》2005年第8期。

专科学校，1974 年 6 月正式更名为天津外国语学院）、广州外国语学院和国际关系学院，几所外国语学院均设立了俄语专业。20 世纪 70 年代末，很多高校的俄语专业也开始恢复招生，但人数还是很少。

教材编写方面，1980 年高校外语专业教材编审委员会成立，此后俄语专业的一批统编教材出版，这批教材主要有《基础俄语》《俄语视听说》《俄语阅读》《俄语泛读教材》《俄语写作》《现代俄语通论》《俄语修辞学》《俄苏文学史》《俄苏文学名著选读》《苏联概况》《俄汉翻译教程》等书。如此大规模、高质量配套教材的出版在中国俄语教学史上还是第一次[①]。

三、苏联的汉语教学

俄罗斯的汉语教学开始于 18 世纪。19 世纪，俄罗斯汉语教学经过了一个发展期，出现了众多汉学家，20 世纪初俄国的古代汉语和现代汉语教学均形成了自己的体系。

20 世纪 50 年代，莫斯科、列宁格勒、赤塔、符拉迪沃斯托克等城市的高校里开始出现了汉语课程，当时莫斯科大学亚非学院是水平较高的汉语教学研究机构。20 世纪 60 年代中苏关系的变化也影响了汉语教学。20 世纪 80 年代中期，中苏关系有回暖的趋势，汉语人才需求量增加，莫斯科大学亚非学院中国语文教研室也增加了公共汉语教学中心，毕业生被派到各高校作为公共汉语师资[②]。

俄罗斯和苏联的汉语教学和汉学研究主要有莫斯科和彼得堡两大流派，就汉语教学而言，前者集中在莫斯科大学亚非学院，后者则以圣彼得堡大学东方系为主要阵地。

圣彼得堡大学东方系成立于 1855 年，是俄国最早的东方系。俄国汉学的创始人之一王西里（В. П. Васильев，1818—1900 年）院士曾在这里工作。苏联时期，著名汉学家阿理克（В. М. Алексеев，即阿列克谢耶

① 李明滨：《中国与俄苏文化交流志》，上海：上海人民出版社，1998 年，第 352 页。

② 谭傲霜：《俄罗斯汉语教学的实践与思考》，《语言文字应用》1994 年第 2 期。

夫，1881—1951年）曾在这里从事汉语教学，并创立了俄罗斯第二个汉学流派，也就是俄罗斯汉学史上最著名的汉学学派——阿理克汉学学派。1967—1991年曾在圣彼得堡大学东方系工作的汉学家有菲什曼（О. Л. Фишман，1919—1986年）、彼得罗夫（В. В. Петров，1929—1987年）、谢列布里亚科夫（Е. А. Серебряков，1928—2013年）、韦尔古斯（В. А. Вельгус，1922—1980年）、齐一得（И. Э. Циперович，1918—2000年）、杨托夫（С. Е. Яхонтов，1926— ）、史萍青（А. Г. Шпринцин，1907—1974年）等人。

在圣彼得堡大学任教期间，他们在中国文学、历史、文字等方面展开了研究，并产出了丰硕的成果，1967—1991年的主要成果有：菲什曼翻译了纪昀的《阅微草堂笔记》（1974年）和袁枚的《新齐楷》（1977年）；1980年菲什曼的著作《中国17至18世纪的三位小说家——蒲松龄、纪昀、袁枚》出版；彼得罗夫创作了《鲁迅和郁达夫》（《列宁格勒大学学报》，1967年）、《郁达夫》（《春风沉醉的晚上：短篇小说集》前言，1972年）、《鲁迅和瞿秋白》（《远的问题》，1975年）、《鲁迅与苏联》（《外国文学》，1976年）等；杨托夫的《汉语方言的地理分布》（《列宁格勒大学学报》，历史、语言和文学类，第1册，1967年）、《七至八世纪汉语的书面语和口语》（《中国和朝鲜文学的体裁和风格》，1969年）、《词汇是语言亲属关系的标志》（《阿尔泰语系的共同性问题》，1971年）、《汉语句子成分的划分原则》（《汉语和东南亚语言的句法问题》，1971年）、《中国诗的语法》（《远东文学研究的理论问题》，1974年）、《三至四世纪中国诗歌的韵律》（《亚非人民》，1976年）、《十一世纪的北京音》（1980年）；史萍青的《“五四”运动和中国的文字、语言》（《五四运动》，1971年）、《苏联出版的汉语书籍（20至30年代）》（《苏联对中国文学的研究》，1973年）等。

谢列布里亚科夫在1961—1998年的37年里一直担任圣彼得堡大学东方学汉语教研室主任，被学生和教师们称为“我们的孔夫子”，他的学生索嘉威（А.Г.Сторожук，1970— ）曾这样回忆自己的老师：“上世纪90年代初，汉语教研室一度处境非常艰难，教学计划被打乱，专业被取消，整个东方系面临关闭的危机，可同事们并没有慌乱。因为大家感到背后有谢列布里亚科夫老师，他有经验，有智慧，绝不会袖手旁观。汉语教研室团结一致，充满了友好、安定的家庭氛围，齐心协力，终于渡过了难关。”①

莫斯科大学的汉语教研室成立于 1949 年，最早属于语文系，1956 年 6 月历史系和语文系的东方学科合并为东方语言学院，它成为亚洲非洲国家学院的前身，即亚非学院。亚非学院的教学重视汉语语言基础教育，一年级采用《基础汉语课本》（扎多严科，黄淑英编）、二年级采用《汉语选读》（科托娃编）、三四年级采用《现代汉语口语教科书》（谭傲霜编）和《报刊资料汇编》（普里雅多辛编）作为教材，并配有录音磁带②。

汉学家有波兹德涅耶娃（Л. Д. Позднеева，1908—1974 年）、阿·彼·罗高寿（А. П. Рогачёв，1900—1981 年，即“老罗高寿”）、司马文（В. И. Семанов，1933—2010 年）、华克生（Д. Н. Восресенский，1926—）、鲁勉斋（М. К. Румянцев）、科托娃（А. Ф. Котова，1927—2001 年）、高辟天、苏敏（М. В. Софронов）等。

这一时期莫斯科汉学家们的汉学研究成果有：苏敏的《西夏语语法》（1968 年）；苏敏和刘克甫（М.В.Крюков，1932— ）、切博克萨洛夫（Н.Н.Чебоксаров，1907—1980 年）、马良文（В.В.Малявин，1950— ）合作完成的《古代中国人：民族起源问题》（1978 年）、《中世纪前的中华民族》（1979 年）、《中世纪近代之交的中华民族》（1987 年）等；波兹德涅耶娃的著作《古代中国的无神论者、唯物主义者和辩证主义者》（1967 年）、波缅兰采娃（Л.Е.Померанцева，1938—）的《淮南王刘安的生平和不同的处世方式》（1970 年）、《晚期道家论自然、社会和艺术》（1979 年）等书。

苏联时期汉语教学有一定规模的还有远东大学和塔什干大学。其中塔什干大学汉语教学力量稍强，该校的汉语教研室创建于 1954 年，1977

---

① 谷恒东：《俄罗斯汉学家的多重人生》，《世界文化》2013 年第 2 期。

② 康德基：《莫斯科大学亚非学院的汉语教学》，《世界汉语教学》1988 年第 4 期。

年扩大规模。1984 年起塔什干大学每年聘请中国专家来校教授汉语，并派出学生到中国学习，1984—1988 年就派出了 30 多名学生[①]。

除了教学研究之外，苏联的汉语教学专家还编写了一批汉语教材。这一时期的汉语教材主要是在中苏关系有所缓和之后编写的，主要有《汉语口语教科书》（1983 年）、弗罗洛娃（О.П.Фролова）的《现代汉语术语词汇构词法》（1981 年）、舒托娃（Е.И.Шутова）的《词法理论问题》（1984 年）、宋采娃（Н.В.Солнцева）的《孤立语的类型学问题》（1985 年）和戈列洛夫的《汉语理论语法》（1989）等书。

这一时期的中国俄语教学和苏联汉语教学相比中华人民共和国成立后的 17 年间的蓬勃发展都处于相对的低潮期，中国的俄语教学在 20 世纪 60 年代末至 70 年代中期甚至处于停滞的状态。但是这一时期两国的俄语教学和汉语教学并未彻底消亡，而是在艰难中前行，尤其是苏联的汉学界还出现了众多大家，他们的著作成果丰富。所有这些都为中苏关系缓和和正常化以后两国俄语教学和汉语教学的再度繁荣奠定了基础。因此，1967—1991 年的中国俄语教学和苏联汉语教学在两国人文交流史上仍然需要梳理和阐述。

第三节　1967—1991 年的中苏文学交流

中俄两国文学有着天然的联系，尤其是在五四运动以后，中国的新文学运动更是深受苏联文学革命后文学的影响。文学家们翻译、研究俄罗斯文学，读者喜爱俄罗斯文学，毫不夸张地说，俄罗斯文学是在中国最有影响力的外国文学。冯骥才曾这样论述俄罗斯文学在中国：“值得注意的是，每一位重要的俄罗斯作家，都有一位精心对其研究，甚至毕生从事其作品翻译的中国翻译家相对应。许多经典的苏俄作品在中国都

① 北京语言学院世界汉语教学交流中心信息资料部：《世界汉语教学概况》，北京：国际文化出版公司，1991 年，第 47 页。

有十分精确又精美的译本。这在世界各国的文学交往中，都是罕见的。改革开放后，中国对俄国文学的翻译步入系统化、学术化和文集化。一些俄国作家在中国有了全集。这标志着中国文学界对俄罗斯文学翻译与研究所达到的高度。”①

1967—1991年的中苏文学交流也可以从两个阶段来看，即1967—1976年“文化大革命”时期，这一时期受国内政治氛围的影响，中国译介和研究俄罗斯文学都处于相对的低潮。1976—1991年，尤其是改革开放以后，俄苏文学的翻译重新步入正轨，且水平不断提高，规模不断扩大，逐渐实现系统化。与之相对的中国文学在苏联却并未受到意识形态的明显影响，苏联汉学界对中国文学的翻译和研究稳步进行。因此我们仍然把1967—1991年作为一个完整的时期，并对期间的中俄文学交流进行梳理。

一、1967—1991年的俄罗斯和苏联文学在中国

中苏关系恶化后，俄罗斯和苏联文学被批评为“封资修文艺”“在高扬阶级斗争旗帜的年代里，这些作家的作品不说是有害至少是没用了”。但是由于1949—1966年内翻译出版了大量的俄苏文学作品，他们还是拥有相当大的读者群体，至少其文学的阅读已经不能再以公开的方式进行。

国内翻译出版俄罗斯和苏联文学的第二个高潮是在20世纪80年代后出现的，这一时期中苏关系改善，两国的人文交流也越发活跃。据统计，1978—1987年共有约3500部俄苏文学作品被译介到国内②。

这一阶段俄苏文学翻译的第一个重要特征就是一批苏联作家的作品首次被翻译成中文并在国内出版，这批作家有：艾特玛托夫，邦达列夫（Ю. В. Бондарев，1924— ），拉斯普京（В. Г. Распутин，1937—

① 冯骥才：《心灵的桥梁——中俄文学交流计划国际学术研讨会论文集》，天津：天津大学出版社，2010年，第266页。

② 王玉莲：《俄苏文学译文索引（1949—1985）》，北京：北京外语学院出版社，1987年；李万春，赵淑琴：《俄苏文学研究资料索引》，长春：吉林省图书馆，1988年。

2015 年），舒克申（В. М. Шукшин，1929—1974 年），阿斯塔菲耶夫（В. П. Астафьев，1924—2001 年），贝科夫（В. В. Быков，1924—2003 年），瓦西里耶夫（Б. Л. Васильев，1924—2013 年），万比洛夫（А. В. Вампилов，1937—1972 年），阿布拉莫夫（С. А. Абрамов，1944— ），格拉宁（Д. А. Гранин，1919— ），阿赫玛杜琳娜（Б. А. Ахмадулина，1937—2010 年），沃兹涅先斯基（А. А. Вознесенский，1933—2012 年），杜姆巴泽（Н. В. Думбадзе，1928—1984 年），杰缅季耶夫（А. Д. Дементьев，1928— ），罗日杰斯特文斯基（Р. И. Рождественский，1932—1994 年），别洛夫（В. И. Белов，1932—2012 年）等人。

这一时期，苏联文学作品在国内受到关注，因为“苏联当代文学表现出的强烈的反思意识，以及对人性、人情和人道主义的热忱呼唤，成为新时期中国作家重要的借鉴对象”[①]。例如，波列伏依的《穆霞姑娘》、《随军采访四年》、《永志不忘：我的记者生涯》和《三十年以后》，以及讲述作者接触的名流的作品《名流侧影》等陆续被翻译成中文。

改革开放以后，俄罗斯经典文学也再次登上国内文坛，一些作品首次被译成中文，如《从彼得堡到莫斯科的旅行》（拉季舍夫）、《往事与随想》（赫尔岑）、《巴拉达号三桅战船》（伊·亚·冈察洛夫）、《萨哈林岛游记》（契诃夫）等。名著重译在这一时期掀起高潮，托尔斯泰的《安娜·卡列尼娜》和《复活》均由草婴重译，并由上海译文出版社出版，陀思妥耶夫斯基的《中篇小说集》由荣如德重译，《契诃夫文集》由汝龙重译，《高尔基文集》重译本也由人民文学出版社出版，而奥斯特洛夫斯基的《钢铁是怎样炼成的》在国内数次再版，发行量超过 300 万册[②]。

值得一提的是，改革开放以后的十年中，中国的普希金作品译介和普希金研究也达到了一个新的高度。作品译介方面：普希金的《叶甫盖尼·奥涅金》出现了三种以上的版本，《普希金抒情诗选》由查良铮重

① 汪介之，陈建华：《悠远的回响：俄罗斯作家与中国文化》，银川：宁夏人民出版社，2002 年，第 26 页。

② С.С.Разов，Китайская Народная Республика：Справочник，Москва：Политиздат，1989，С.242.

译，《普希金童话诗》由梦海等重译并出版；一些作品的译本首次在国内出版，如《普希金诗集》（戈宝权译）、《普希金小说集》（冯春译）、《普希金小说集》和《普希金戏剧集》（戴启煌译）、《普希金小说选》（肖珊译）、《普希金散文选》（汤毓强、陈浣萍译）、《俄罗斯的夜莺——普希金书信选》（张铁夫译）等；一批研究普希金的学术性成果也被翻译成中文，成为国内学者研究普希金的重要资料，如王士燮翻译的《普希金传》，张继双等翻译了《天才诗人普希金》，史慎微翻译了《普希金在流放中》，杨衍松翻译了《我更爱你的心灵——普希金夫人的故事》，张铁夫翻译了《普希金情人的回忆》。苏联汉学家热洛霍夫采夫（А. Н. Желоховцев）曾撰文对普希金作品 20 世纪 80 年代在中国的翻译情况进行阐述，他指出："中国俄罗斯语文学家和出版家的巨大积极性说明，普希金的作品在中国赢得了广大的读者。另外，大量的翻译作品和不断出现的新的译作证明，中国文学界对现有译作的质量并不感到满足。"①

"文化大革命"结束后，尤其是 20 世纪 80 年代以后，国内研究对于俄苏文学的研究也达到了一个新的阶段，产出了很多成果。1983 年出版了戈宝权的《普希金创作论集》；1988 年出版了冯春的《屠格涅夫与中国》；1989 年李兆林和叶乃芳的《屠格涅夫研究》出版；1983 年《托尔斯泰研究论文集》由上海译文出版社编辑出版；1989 年倪蕊琴主编的《列夫·托尔斯泰比较研究》出版；1982 年出版了刁绍华的专著《陀思妥耶夫斯基》；1985 年出版了李春林的《鲁迅与陀思妥耶夫斯基》；1986 年陈建华撰写了《陀思妥耶夫斯基传》，刘翘撰写了《陀思妥耶夫斯基创作论稿》；1984 年刘循一翻译了弗·博博雷金（В. Г. Боборыкин）的《亚历山大·法捷耶夫》；1988 年，李必莹翻译了《法捷耶夫文学书简》；齐广春和郑一新研究法捷耶夫的著作《法捷耶夫》和《法捷耶夫（1901—1956）》也分别于 1985 年和 1988 年出版。一些系统研究俄罗斯文学和文学史的学术性成果陆续推出，如 1991 年的《论中苏文学发展进程》（陈蕊琴主编）、论文集《俄罗斯文学与中国》（王智量主编），1990

---

① A.H.热洛霍夫采夫：《80 年代中国翻译的普希金作品》，王英佳译，《湘潭大学学报》1992 年第 3 期。

年的《中国文学在俄苏》（李明滨），1985 年的《苏联文学思潮》（吴元迈），1986 年的《苏联文学思潮综览》（李辉凡）。这些论著都及时给国内学界带来了俄罗斯文坛的信息，有些还具有反思意识和理论深度[①]，在 20 世纪 80—90 年代的中国人文研究中具有重要地位。

改革开放以后的十几年中，中国学者对于高尔基、肖洛霍夫、马雅可夫斯基、拉斯普京、叶赛宁等人也有了更多的研究和译介。

《高尔基文集》20 卷，共 800 万字，于 1986 年由人民文学出版社全部出版，《高尔基文集》不仅包括了高尔基众多体裁的作品，而且由夏衍、巴金、曹靖华、戈宝权、楼适夷、姜椿芳等著名作家和翻译家参加翻译和校对。1979 年，新文艺出版社再版了缪灵珠翻译的高尔基《俄国文学史》。1981 年 6 月，高尔基学术讨论会在辽宁大学召开，会上重点讨论了高尔基的文艺思想等问题。1980 年，《三人书简（高尔基、罗曼·罗兰、茨威格书信集）》由臧乐安译成中文，林焕平编辑了《高尔基论文学》；1981 年，王庚虎翻译了《高尔基论新闻和科学》；1982 年，孟昌选译了《高尔基政论杂文集》，等等。

肖洛霍夫在国内的译介和研究开始于 20 世纪 50 年代，“文化大革命”时期一度沉寂，20 世纪 80 年代，肖洛霍夫研究重新恢复了活力。1984 年、1987 年和 1990 年分别召开了肖洛霍夫学术讨论会。这一时期有关肖洛霍夫的主要研究成果有：《肖洛霍夫研究》（孙美玲编选，1982 年）、《肖洛霍夫的思想与艺术》（李树森，1987 年）等。

中华人民共和国成立后，一些学者曾经对马雅可夫斯基大加推崇，这一时期对马雅可夫斯基的研究逐渐走向客观、多面，主要的成果有：《马雅可夫斯基（1893—1930）》[②]、《马雅可夫斯基与中国》[③]、《论马雅可夫斯基对贺敬之诗歌创作的影响》[④]、《也谈马雅可夫斯基与贺

---

① 陈建华：《中国俄苏文学研究史论》第一卷，重庆：重庆出版社，2007 年，第 9 页。

② 陈守成，张铁夫：《马雅可夫斯基（1893—1930）》，沈阳：辽宁人民出版社，1983 年。

③ 戈宝权：《马雅可夫斯基和中国》，《武汉大学学报》（哲学社会科学版）1980 年第 3 期，第 3—10 页。

④ 陈守成：《论马雅可夫斯基对贺敬之诗歌创作的影响》，《武汉大学学报》（哲学社会科学版）1980 年第 1 期，第 78—84 页。

敬之——与陈守成同志商榷》[①]等。

20 世纪 80 年代，拉斯普京走上中国的文坛并受到国内读者的欢迎，1982 年王乃卓翻译了《拉斯普京小说选》。20 世纪 80 年代以后，叶赛宁在中国的研究得以重新审视，1982 年，《叶赛宁抒情诗选》出版（刘湛秋翻译）；1983 年，《叶赛宁诗选》出版（兰曼、付克、陈守成翻译）；1987 年，《叶赛宁研究论文集》出版（岳凤麟、顾蕴璞编选）；1991 年，胡真等人译的《情海遗恨：邓肯和叶赛宁的生死恋》出版。

20 世纪 80 年代，中国俄语界开始了对“白银时代”作家的翻译和研究，主要译作有：安娜·阿赫玛托娃的《阿赫玛托娃诗选》（戴骢译，1985 年）、《阿赫玛托娃诗选》（王守仁、黎华译，1987 年）、布尔加科夫的《莫里哀传》（臧传真译，1985 年）、《狗心》（钱诚译，1987 年）、《大师和玛格丽特》（钱诚译，1987 年）、《莫斯科鬼影：大师和玛格丽特》（徐昌翰译，1987 年）。

左琴科的多部作品也被翻译成中文，如 1979 年曹靖华翻译的《列宁的故事》，1981 年顾亚玲和白春仁翻译的《左琴科幽默讽刺作品选》，1984 年吴村鸣翻译的《丁香花开》，吴村鸣、刘敦健翻译的《一本浅蓝色的书》，1991 年靳戈翻译的《一本浅蓝色的书：金钱·爱情·阴谋·倒霉奇妙的事件》。

二、1967—1991 年的中国文学在苏联

俄罗斯汉学很早就开始了对中国文学的研究，而且对中国文学赞赏有加。1989 年，苏联著名汉学家阿理克的学生费德林在自己的文章中指出：“我这一辈子从事中国古典文学研究……我认为，中国的传统文化几千年来没有中断过，为人类文化宝库做出了巨大贡献。中国在文学和文化方面是值得自豪的国家。中国的《诗经》、楚辞、唐诗、元曲等优秀著作是任何国家所望尘莫及的。”[②]

---

① 郑传寅：《也谈马雅可夫斯基与贺敬之——与陈守成同志商榷》，《武汉大学学报》（哲学社会科学版）1980 年第 6 期，第 71—77 页。

② 转引自李明滨：《中国与俄苏文化交流志》，上海：上海人民出版社，1998 年，第 155 页。

如本节第一部分所述，俄罗斯文学在中国的译介和研究受到“文化大革命”和中苏关系的影响，从20世纪60年代至70年代中期曾经经历了一个低潮，而中国文学在苏联的情况却有所不同。“文化大革命”的十年中，中国古典文学仍然是汉学家们关注的重点问题，而中国现当代文学的翻译在这一时期也相对沉寂，改革开放和中苏关系恢复以后，古典文学和现当代文学在苏联也相继迎来了译介和研究的又一个高潮。

（一）中国古典文学的翻译和研究

中国古典文学在俄罗斯的译介可分为中国神话和民间故事、诗词、小说三个方面。下面我们就分别对这三个方面的译作和研究性成果进行梳理。

中国神话和民间故事早在20世纪50年代就为苏联汉学家霍德兹（Нисон Ходза，1906—1978年）等关注。20世纪60年代后期至20世纪80年代这方面代表人物当属杨希娜（Э.М.Яншина，1924— ）、李谢维奇（И.С.Лисевич，1932— ）和著名汉学家李福清。杨希娜1965年获得语文学副博士学位，论文题目为“古代中国神话”，1977年她将《山海经》翻译成俄语。李谢维奇在中国神话方面研究成果较多，主要有《中国神话中的世界模式与五行学说》（1969年）、《文化英雄神话的时空周期：古代中国的宇宙起源观》（1969年）、《古代中国的民间口头创作与文学散文》（1969年）等。李福清的《中国古代神话和叙事散文的发展》（1969年）、《从神话到长篇小说》（1969年）、《从神话到章回小说·中国文学中人物形貌的演变》（1979年）、《古代中国神话的形成和发展》（1984年）和《中国神话故事论集》（1988年），更是代表了这一时期苏联汉学对中国神话研究的成就和高度。

（二）中国古代诗歌在苏联

中国的《诗经》、《楚辞》、唐诗在苏联均有译介。

1954年出版的《屈原诗集》是具有代表性的楚辞译本，其中收录了费德林和阿赫玛托娃合译的《离骚》和《招魂》。1986年，费德林在《屈原创作源泉及创作中的若干问题》一文中回忆他和阿赫玛托娃共同润色译文的过程："我很幸运，依据我逐词逐句的翻译初稿，最终完成译作的是安娜·阿赫玛托娃。恕我大胆说一句，这个译本不愧为经典译作，虽然阿赫玛托娃对我的初稿并没有实质上的改动。她只是增添某些自认为合适的词，也只有安娜·阿赫玛托娃能够这样调整润色，经过她的修改确实增加了诗意，使译稿臻于完美更接近于原作……"[①]20 世纪 60 年代后期至 80 年代末其他的楚辞译本还有侨居巴西的俄罗斯诗人夏清云（В. В. Перелешин，1913—1992 年）翻译的《离骚》（1976 年），夏清云的翻译比较灵活，译文富有俄文的韵律和节奏。谷羽曾称赞他的《离骚》译本表达流畅，接近原作，具有较高的水平[②]。

这一时期代表性的诗歌译作还有：车连义（Л. Е. Черкасский，1925—1998 年）翻译的《曹植·七哀诗》（1973 年）、艾德林翻译的《陶渊明诗集》（1973 年）、《中国古典诗词》（1975 年）、《中国古典诗歌》（1984 年），以及 1977 年出版的《金瓶梅》俄译本第一版中雅罗斯拉夫采夫（Г. Б. Ярославцев）翻译的诗词。1973 年，苏联翻译研究世界文学的"世界文学丛书"第一卷《古代东方诗歌和散文》出版，其中收录了曹植、刘祯、阮籍、嵇康、汤显祖、陈子龙等人的诗歌和散文作品。一些诗歌译作被收录在《印度、中国、朝鲜、越南、日本五国古典诗选》中，并于 1977 年出版。

（三）中国古代文学在苏联的研究

这一时期，唐传奇、明代话本小说、四大名著等在苏联均有较为系统的翻译和研究。

苏联对于唐传奇的研究始于 20 年代 50 年代的菲什曼和季什科夫。20 世纪 60—70 年代，唐传奇的主要译者是索科洛娃（И.Соколова）和郭黎贞（К.И.Гольгина，1935—1999 年）。1970 年，索科洛娃翻译的《7—9 世纪唐代小说》出版，1979 年，她又翻译了韩愈、柳宗元选集。郭黎贞于 1979 年翻译出版了沈复的《浮生六记》。

---

① 谷羽：《〈离骚〉的四个俄译本》，《中华读书报》2007 年 1 月 24 日。

② 谷羽：《流落天涯译〈离骚〉——俄罗斯侨民诗人配列列申》，《世界文化》2011 年第 6 期。

“三言”“二拍”是明代话本小说的代表，即《喻世明言》《警世通言》《醒世恒言》和《初刻拍案惊奇》《二刻拍案惊奇》。20世纪50年代开始，苏联汉学界开始集中翻译出版“三言”“二拍”。20世纪60年代后期至80年代末，“三言”“二拍”中多篇小说也被翻译成俄语并在苏联出版。

1978年出版的《两度离魂女》收录了“三言”“二拍”的9篇小说：《小道人一着饶天下，女棋童两局定终身》、《十五贯戏言成巧祸》、《白娘子永镇雷峰塔》、《乌将军一饭必酬，陈大郎三人重会》、《赫大卿遗恨鸳鸯绦》、《神偷寄兴一枝梅，侠盗惯行三昧戏》、《王安石三难苏学士》、《闹樊楼多情周胜仙》和《乔兑换胡子宣淫，显报施卧师入定》。1982年，科学出版社（苏联）出版了《还银》，其中收录了《闹阴司司马貌断狱》等10篇小说。同年，《道人神咒》也由科学出版社（苏联）出版，收录了《张溜儿熟布迷魂阵，陆蕙娘立决到头缘》等11篇“三言”“二拍”的小说。1989年，文学艺术出版社出版了《懒龙的勾当：16—17世纪短篇小说25篇》，1982年出版的两个版本的“三言”“二拍”小说被选用了14篇，主要有《计押番金鳗产祸》等；还选用了1966年版《懒龙的勾当：17世纪短篇小说16篇》中的《白玉娘忍苦成夫》等11篇。

维尔古斯和齐一得夫妇俄译本的前言、后记和华克生的《中国古典作家凌濛初著作的题材和文本》等是苏联“三言”“二拍”研究的代表性成果。1973年，《中国文学在苏联》出版，华克生的文章也收录其中。

《红楼梦》是中国文学和文化的瑰宝，中苏两国在《红楼梦》翻译、研究方面的交流主要在于列藏本的影印出版。列藏本又称脂亚本，1832年，俄国驻北京传教团学生库尔良采夫将题名为《石头记》的版本带回俄国，藏于苏联科学院亚洲民族研究所，得名列藏本。国内对于列藏本的研究直到改革开放后的1984年才正式开始。1984年12月，周汝昌、冯其庸两位红学家和中华书局的李侃赴苏商谈列藏本的出版事宜。两位红学家对版本进行了鉴定，认为列藏本的底本为早期珍本，具有重要的研究价值。1986年4月，列藏本的精装和平装两种影印版在中华书局出版，1987 年 1 月，线装本出版。

苏联汉学的奠基人阿理克一生致力于翻译和研究《聊斋志异》。20 世纪 70—80 年代，艾德林和阿理克的女儿巴科夫斯卡娅（М. В. Баньковская，1927—2009 年）又多次选编《聊斋志异》。1970 年，艾德林选编的《狐媚·聊斋神奇故事集》由苏联国家文艺出版社出版。1973 年，艾德林选编了《聊斋神奇故事集》，共收录了聊斋故事 90 篇。1983 年，苏联国家文艺出版社再次出版艾德林选编的聊斋故事，题为《聊斋奇异故事集》，共选取聊斋故事 101 篇。1988 年，巴科夫斯卡娅选编了 99 篇聊斋译文，由苏联国家文艺出版社出版，其中 3 篇为第一次发表，即《药僧》、《金永年》和《瞳人语》。

苏联的聊斋学研究也首推阿理克院士。20 世纪 60 年代后期至 80 年代末，乌斯京、菲什曼、索科洛娃和李福清院士等人继续进行聊斋的相关研究，这一时期的主要成果有：乌斯京的《蒲松龄和他的小说》（1981 年）、《蒲松龄和他的启蒙主义观念》（1970 年）、《聊斋小说中诗词的若干特点》（1974 年）、《蒲松龄的小说》（1975 年）；菲什曼的《17—18 世纪三位中国短篇小说家（蒲松龄、纪昀、袁枚）》（1980 年），索科洛娃的《蒲松龄小说中“奇事”的美学》（1974 年）、《蒲松龄小说中艺术形象的特点》（1976 年），李福清的《〈聊斋志异〉外文译本补遗》（1989 年）。

自 20 世纪 60 年代中期到 70 年代末，由于中苏关系的恶化，中国现实问题和现当代文学在苏联的研究处于一个低潮，汉学家们纷纷转向中国古典文学，古典文学研究也迎来了一次高潮。对于中国古典诗词、散文、小说、戏剧和民间文学的研究均有颇多成果产出。汉学家们的学术观点也不断创新，形成了诸如菲什曼的 17—18 世纪“启蒙时代”说，康拉德的“东方文艺复兴”论，一度在苏联汉学界引发众多的讨论和研究中国古典文学的热潮。

（四）中国现当代文学在苏联

如第四章所述，中苏关系较好的 20 世纪 50 年代，中国现当代文学的主要作家，如茅盾、鲁迅等人在苏联也多有译介和研究。“文化大革命”期间，这一领域相对沉寂，1977 年以后，中国现当代文学的译介重新恢复了生机。

这一时期的主要译作有：老舍的《猫城记》（司马文译，1977 年）、《赵子曰》（司马文译，1979 年）、《正红旗下》（华克生译，1981 年）、《老舍选集》、《小坡的生日、天才的故事》（司马文编选，1991 年），钱钟书的《围城》（1980 年），王蒙的《蝴蝶》（1983 年）和《活动变人形》（1988 年），陈淼的《稀有作家庄重别传》（1983 年），张抗抗的《北极光》（1985 年），古华的《芙蓉镇》（1986 年），谌容的《人到中年》（1986 年）和《太子村的秘密》（1987 年），鲁彦周的《天云山传奇》（1986 年），刘心武的《立体交叉桥》（1986 年），张贤亮的《男人的一半是女人》（1989 年），张洁的《沉重的翅膀》（1989 年），李存葆的《山中那十九座坟茔》（1989 年），蒋子龙的《赤橙黄绿青蓝紫》（1990 年），等等。

另外，还有一批中国现当代文学小说集在俄罗斯出版：1982 年，进步出版社出版了《中国作家小说选》，由热洛霍姆采夫和索罗金编选，收录有王蒙的《组织部新来的年轻人》、陈翔鹤的《广陵散》、刘心武的《班主任》和李准的《芒果》等小说；1983 年，热洛霍姆采夫等把刘心武的《如意》、陈淼的《稀有作家庄重列传》等编译出版为一部中国当代中篇小说集；1984 年，《当代中国小说：王蒙、谌容、冯骥才》出版，编选者为索罗金；1985 年，小说集《纪念》在文学出版社出版，主编为索罗金，所选小说有《李有才板话》、《李有才之死》、《陈焕生上城》、《一个工厂秘书的日记》和《春之声》等；1985 年，小说集《人到中年》由李福清编选，彩虹出版社出版，除了谌容的《人到中年》，小说集还收录了冯骥才的《啊！》、张一弓的《犯人李铜钟的故事》和蒋子龙的《乔厂长上任记》等；1986 年，《冯骥才中短篇小说集》和何士光的《兰州的会见》在苏联出版；1989 年，谌容、王安忆、李存葆、阿城、郑万隆的小说合集《树王：中国当代中篇小说集》出版；1985 年，张抗抗的《北极光》译文刊登在《外国文学》的第 6 期上。

回顾 1967—1991 年的中苏文学交流，虽然相对于中苏关系的蜜月期有所下降，但是总体上仍可看作中苏人文交流最为重要的领域。其中1967—1976年是中苏文学交流的一个沉寂期，这一时期，俄罗斯和苏联文学在中国的译介几乎停滞，苏联汉学界也仅仅翻译和研究中国的古典文学，而对现当代文学少有问津；改革开放以后，随着中苏关系的回暖和恢复，俄罗斯经典文学重新走进中国俄语人的视野，苏联现当代文学也为国人所译介和关注，而中国现当代文学也越来越多地被译成俄语。可以说，改革开放以后的 20 世纪 80 年代，中苏文学交流重新掀起了一个高潮，并为后苏联时代的中俄文学交流奠定了坚实的基础。

第四节 1967—1991 年的中苏电影交流

本书在第四章对中华人民共和国成立后 17 年间的中苏电影交流进行了梳理，并指出，当时的中苏电影交流主要是以学习苏联为主，苏联电影为中华人民共和国电影从理论和技术两个方面奠定了基础。

1967—1991 年的中苏电影交流和这一时期的文学交流一样，也受到了两国政治和意识形态因素，以及两国电影发展道路的影响。20 世纪 60—70 年代，由于中苏关系的恶化和中国电影对民族性的重视，以及世界电影交流的多元化等因素，两国电影交流日趋减少甚至停滞。20 世纪 80 年代以后，苏联电影译制片开始在中国上映，中国电影也开始参加莫斯科电影节等活动，走入苏联观众的视野，两国的电影交流趋于正常化。

20 世纪 80 年代，中断了近 20 年的中苏电影交流终于恢复。《稻草人》《这里的黎明静悄悄》等电影相继被译制并在国内上映。20 世纪 80 年代的苏联电影是梁赞诺夫的时代，他的《两个人的车站》《办公室的故事》《命运的捉弄》等走上中国银幕。1987 年，《合法婚姻》由上海电影制片厂翻译制作；1988 年，译制片《德黑兰 43 年》在中央电视台上映。1989 年 11 月，“苏联电影周”在北京、西安、太原、贵阳四地依次举办。苏联电影周期间放映的苏联影片《被遗忘的长笛曲》《女政委》《电影悲欢曲》《好事不成双》等受到国内观众欢迎。此次电影周的举办受到了两个政府的高度重视，开幕式定于11月7日，即“十月革命”胜利 72 周年那一天举办，出席开幕式的有中国广播电视部副部长陈昊苏和苏联驻华大使特罗阳诺夫斯基等人。

20 世纪 80 年代，中国电影积极参加苏联的各项电影节并获奖：美术片《鹿铃》在 1983 年的莫斯科国际电影节上获得特别奖；纪录片《锦绣中华》在 1985 年的莫斯科国际电影节上获得荣誉奖，并获得苏联国家旅游委员会的“积极宣传旅游、巩固和平与友谊奖”；《弧光》在 1989 年的莫斯科国际电影节上获得“生活的地毯”特别奖；《出嫁女》在 1991 年的莫斯科国际电影节上获得评委会特别奖；《远离战争的年代》在 1988 年的塔什干亚非拉电影节上获得二等奖；美术片《山水情》在 1989 年的第一届莫斯科国际少年儿童电影节上获得“勇与美”奖项。

苏联学者研究中国电影，并出版了一系列这方面的专著和论文：托洛普采夫的专著《中国电影的艰难岁月》（1975 年）、《中国电影史概论》（1979 年）、《晚霞映照，烛影摇曳：中国电影笔记》（1987 年）都是他对中国电影系统研究的成果；他还于 1976 年的《亚非人民》第 2 期上发表了《中国电影今昔》，于 1986 年的《新世界》第 7 期上发表了《长城的坍塌》论述当时中国电影的现状。其中《中国电影史概论》对于中华人民共和国成立后 17 年中中国电影发展的论述对于研究这一段电影史具有一定的参考价值[①]。

第五节　1967—1991 年的中苏音乐交流

本书第三章提到，从 20 世纪 50 年代起，中国派出留学生赴苏学习音乐，苏联专家来华指导和教学，苏联音乐团体来华演出，两国音乐交

① （苏）托洛普采夫：《中国电影史概论（1896—1966）》，志刚等译，北京：中国电影家协会资料室，1982 年。

流以学习苏联为主而蓬勃展开。

而这一切在“文化大革命”开始后都一度停止。20 世纪 80 年代以后，吴灵芬、李应华、刘康华等人由国家选派赴苏学习音乐。1986—1987 年，吴灵芬和李应华在柴可夫斯基音乐学院学习，其中李应华回国后还把自己在苏联学习期间的见闻写成了《苏联音乐生活印象》一文。1988—1990 年，刘康华在柴可夫斯基音乐学院学习理论作曲，他的导师是著名的霍洛波夫教授（Ю.Н.Холопов，1932—2003 年），回国后他把导师的理论总结为一篇论文，并在国内发表[①]。

中苏音乐交流的另一个方面就是两国歌曲的译配和出版工作。这一时期的苏联歌曲译配工作也是从 20 世纪 80 年代开始的，主要作品有：《苏联歌曲佳作选（1917—1987）》（上海音乐出版公司，1987 年）、《苏联最新抒情歌曲 100 首》（中国文联出版社，1989 年）、《苏联最新电影歌曲 100 首》（中国电影出版社，1988 年），1987 年，非文和雨三选编的《苏联歌曲选（俄汉对照）》由外语教学与研究出版社出版，歌曲为大中学生和俄语自学者以及其他苏联音乐爱好者提供了很好的学习材料。另外，这一时期还出版了郑兴丽译配的《钟情者之歌：苏联抒情歌曲选》（1988 年，海峡文艺出版社）和卢双编译的《苏联流行歌曲 123 首》（1988 年，吉林人民出版社）。

音乐理论方面，中国音乐家翻译和研究苏联音乐，并产出了一些成果。译作有：1980 年的罗加尔·列维茨基的《管弦乐队讲话》（杨民望译），1981 年的《柴可夫斯基论音乐与音乐家》（高士彦译），1981 年的里姆斯基-科萨科夫的《管弦乐法原理》（瞿希贤译），1981 年出版了列文的《钢琴弹奏的基本法则》（缪天瑞译），1984 年出版了罗加尔·列维茨基的《现代管弦乐队》（瞿维、吴祖强等译），1989 年出版了阿列克赛耶夫的《钢琴演奏教学法》（谌国璋等译）。

自 20 世纪 80 年代开始，国内对于俄罗斯和苏联音乐，尤其是音乐史有了自己的研究，这方面的成果有《旧制度灭亡的丧钟，新世纪诞生

① 刘康华：《二十世纪和声的共同逻辑原理与分析方法——尤·霍洛波夫的理论与方法》，《中央音乐学院学报》1992 年第 1 期，第 10—18 页。

的凯歌——俄国无产阶级革命歌曲评介》、《俄罗斯英烈的心声——苏联歌剧〈这里黎明静悄悄〉评介》、《时代·生活·思想·创作——纪念柴可夫斯基逝世一百周年》、《在战火硝烟中诞生的音乐杰作——肖斯塔科维奇的第七〈列宁格勒〉交响曲》和《肖斯塔科维奇第七〈列宁格勒〉交响曲剖析》。1984年，黄晓和参加中国音乐舞蹈家代表团赴莫斯科、列宁格勒、基辅、明斯克等地考察，期间访问了三所音乐学院和一所音乐中学，观看了舞剧《创世纪》（由安德烈·彼得罗夫作曲），回国后他撰文对这段经历进行了记述："在 20 多天的时间里，我们通过音乐剧院的舞台、音乐会的大厅，每日的广播电视等渠道，接触了苏联的音乐生活。"黄晓和发现，苏联音乐是三种音乐传统的融合，即苏联民间音乐，格林卡、柴可夫斯基等代表的俄国传统音乐和无产阶级音乐传统①。

这一时期中苏音乐交流的另一种形式就是中国选手参加苏联的柴可夫斯基音乐节，如在1986年的第8届柴可夫斯基音乐节上薛伟获得钢琴比赛二等奖。

第六节 1967—1991年的中苏美术交流

本书第四章对中华人民共和国成立之初的中苏美术交流进行了梳理，这一时期，中国向苏联派遣留学生，苏联专家来华指导，互办展览，苏联美术对中国产生了深远的影响。在苏联美术体系的影响下，中华人民共和国第一代美术家成长并成熟起来。中苏关系恶化以后，两国的美术交流也一度停止，直到1985年才得以恢复。

1985年，苏联美术代表团开始访问中国。1986年，中国美术家代表团访问莫斯科、列宁格勒、伏尔加格勒、埃里温等城市，代表团成员有华君武、郭绍纲、郝伯义等。1989年8月，李少言、方照华、马德春组

① 黄晓和：《苏联音乐见闻》，《人民音乐》1984年第12期。

成代表团访问莫斯科、列宁格勒、明斯克、维尔纽斯等城市，参观了苏联的美术学院、美术馆等机构，总体上感受了苏联的艺术氛围和美术风格。

1990 年，陈尊三访问列宾美术学院，并商谈鲁迅美术学院与列宾美术学院的合作事宜。这项合作在 1991 年列宾美术学院院长叶列梅耶夫和维特罗贡斯基访问鲁迅美术学院期间正式达成。

1985 年，苏联美术代表团也开始访问中国。这一年来华参观是由苏联文化部造型艺术局局长波波夫（Г.Попов）、斯捷潘诺娃（Н.Степанова）、中国美术专家穆里安（И.Ф.Муриан）和绘画修复专家格鲁什金（Г.Грушкин）组成的代表团来到中国，在中央美术学院和中央工艺美术学院进行了参观和会谈①。

中国国画一直受到苏联广大群众和美术家的喜爱。中苏关系正常化后的 1989 年，在纪念中苏建交 40 周年之际，中国国画展在莫斯科举办，期间苏联观众们欣赏了以山水、花草、人物等为主题的中国国画。

苏联美术界还对中国美术进行了较为深入的研究，促进了中苏美术交流的发展，这方面的成果有：1971 年出版了中国艺术学者拉祖莫夫斯基（К.И.Разумовский，1905—1942 年）的《中国肖像画论（翻译和注释）》，1976 年出版了波斯特列诺娃（Т.А.Пострелова，1931—2010 年）的《10 至 13 世纪的中国画院》，波斯特列诺娃的《徐悲鸿的创作和 20 世纪的中国艺术》一书于 1987 年出版，1978 年，萨莫修克（К.Ф.Сасосюк）的专著《郭熙》由列宁格勒艺术出版社出版，1978 年萨莫修克翻译的《图画见闻志》出版，1985 年，索科洛夫·列米佐夫研究东方艺术的著作《题跋·书法·绘画》出版。

扎瓦茨卡娅是苏联时期专门研究中国国画的学者，她曾在东方文化博物馆和苏联科学院东方所工作，她在这一时期的译作有《芥子园画谱》（1969 年）和《苦瓜和尚画语录》（原作者为石涛）；原创性学术著作有《中国古代绘画美学问题》（1975 年）、《齐白石》（1982 年）和《智慧灵感：米芾（1052—1107）》（1983 年）。其中，《中国古代绘

① 春羽：《交流友谊切磋技艺——记苏联美术家在北京的活动》，《美术》1985 年第 1 期。

画美学问题》是她的代表作。1987 年，陈训明将该书译成中文，并由湖南人民出版社出版。扎瓦茨卡娅也成为帮助苏联读者认识中国绘画和以他者的眼光看待中国绘画的代表性人物①。

早在阿理克时代，俄罗斯汉学家和民俗学家就开始收藏和研究中国的年画。20 世纪 60 年代中期至 80 年代末，研究中国版画的主要学者是鲁多娃和维诺格拉多娃。鲁多娃在埃尔米塔什博物馆工作过，从 1958 年起开始研究中国年画。1968 年，她通过了题为“作为研究中国精神文化素材的民间年画”的论文答辩，并获得副博士学位，此后，她在这方面的研究成果相继发表：《从中国民间年画看中国艺术中的象征》（1969 年）、《财神关羽》（1971 年）、《宗教题材年画（根据列宁格勒藏品）》（1975 年）和《中国民间年画》（1988 年）等。

维诺格拉多娃在这一时期的主要研究成果有：1986 年的《戏出年画与京剧》、1987 年的《中国戏出年画上的风景》、1988 年的《中国戏出年画上的动物形象》、1989 年的《中国民间年画中的戏出年画题材》、1990 年的《中国戏出年画上的城市传统建筑》和《中国戏出年画上的战争场景》、1991 年的《中国戏出年画上的题字》、《戏出年画：图说文学作品传统的形式》和《中国民间年画反映的中国文化名人形象》等。

应该说，中国版画所放映的民族特色在当时的苏联以及后来的俄联邦均引起了良好的反响。

1988 年，中国版画作家戈沙带着自己的 60 多幅作品赴苏联达吉斯坦共和国访问并举办展览，期间还向达吉斯坦共和国的同行赠送了《版画世界》杂志。达吉斯坦共和国美协主席莅临了开幕式并讲话：“这是一只从中国飞来的燕子，它给我们带来春天般的温暖。我们也期待飞来第二只和第三只。从这些作品中我们感受到来自中国的诚挚友谊。”后来戈沙的作品还在西伯利亚地区的赤塔和乌兰乌德分别展出。

① 李明滨：《中国文化在俄罗斯》，北京：中国国际广播出版社，2012 年，第 184 页。

第七节 1967—1991 年的中苏舞蹈交流

20 世纪 50 年代至 60 年代初是中苏人文交流最为密切的时期，舞蹈交流也不例外。这一时期，中国舞蹈演员赴苏学习，苏联舞蹈团体来华演出。中苏关系陷入低谷后，中苏舞蹈交流也一度中断，直至 20 世纪 80 年代才得以恢复。

1984 年，中苏关系恢复后的首批苏联舞蹈团体来华演出，至 1991 年的 8 年间，共有莫斯科古典芭蕾舞团、乌克兰维尔斯基舞蹈团、彼尔姆芭蕾舞团、阿穆尔州木偶和少儿歌舞艺术团等近 10 家舞蹈团体在中国演出数百场。

1985 年，苏联古典芭蕾舞团访华，其领队为根·萨卓斯诺夫，演出的主要曲目有《创世纪》和《舞蹈女神》等。1986 年 10—11 月，乌克兰维尔斯基舞蹈团在团长亚历山大·斯特雷列茨的带领下访华，舞蹈团一行 90 人，他们为中国观众带来了《我们的故乡乌克兰》、《19 世纪的乌克兰民间德里尔舞》和《喀尔巴阡山》等节目。1989 年，苏联国家大剧院芭蕾舞团访华，他们在北京等地演出了 314 场，主要表演了《斯巴达克》等芭蕾舞剧。1991 年 8 月，苏联彼尔姆芭蕾舞学校的儿童演员为国际少年儿童舞蹈夏令营带来了舞剧《胡桃夹子》。

本书在第四章提到，中国芭蕾舞的发展在很大程度上受到苏联的影响，很多演员都是在苏联学习芭蕾，回国后成为舞台上最受瞩目的明星。而苏联的著名舞蹈家古比雪夫、乌兰诺娃等人由于指导中国学生和曾经来华演出，都萌生了浓厚的中国情结，成为中苏舞蹈交流的纽带。

乌兰诺娃于 1952 年 11 月首次访华，1959 年，她把《天鹅之死》和《仙女们》等经典曲目带到中国。改革开放以后的 1989 年，乌兰诺娃终于实现了自己的愿望，赴珠海和深圳参加国际艺术节。她一直关心中国的芭蕾舞事业，鼓励中国年轻演员刻苦训练，参加国际比赛，勇于攀高峰、夺金奖，她的到来对于年轻演员是一种极大的鼓舞[①]。

中国舞蹈团体也是在改革开放后才得以赴苏演出。1984—1991年，先后有甘肃歌舞团、陕西歌舞剧院、陕西榆林歌舞团、新疆歌舞团、吉林歌舞团、山西歌舞团、大庆歌舞团、黑龙江黑河地区歌舞团等在苏联进行了中国歌舞演出。其中甘肃歌舞团1985年为苏联观众带去的大型民族舞剧《丝路花雨》获得了苏联各界的高度评价。

苏联塔斯社评价《丝路花雨》的演出“成为莫斯科文化生活中的一件有意义的事情”“获得了巨大成功”。乌兰诺娃也向中国艺术家祝贺演出的成功。舞蹈家古比雪夫说：“我的学生编出这么好的舞剧，在莫斯科只演四场，太少了！在列宁格勒，演两个月也会天天满座。我十分喜爱这部舞剧……。”塔·彼·克拉夫琴科评价《丝路花雨》：“目前欧洲的芭蕾舞，包括苏联，只偏重于技巧，忽略了作为整体艺术的其他方面。而你们的演出，达到了整体的和谐统一。”[②]

第八节　1967—1991年的中苏戏剧交流

中华人民共和国成立初期，中国曾经通过派遣学生赴苏留学和邀请苏联专家来华培训等方式，从多个方面学习苏联戏剧。苏联戏剧的理论和实践，尤其是斯坦尼斯拉夫斯基戏剧体系对中华人民共和国的话语产生了不可忽视的影响和作用。中国的京剧等也曾赴苏演出，并受到观众的喜爱。

“文化大革命”十年，中苏戏曲交流基本停止，改革开放以后，中苏戏曲交流主要以两国互相研究戏剧作品及理论为主，还有少量的中苏剧目互演。

1985年，顾亚铃翻译了罗佐夫的两幕剧《“聋人”之家》，北京电影学院表演系师生演出了该剧，演出获得成功。

---

① 龙飞：《乌兰诺娃对中国情深意长》，《天津日报》2006年9月27日。
② 席臻贯：《〈丝路花雨〉在苏联》，《中国音乐》1986年第1期。

1987年，沙特罗夫的话剧《红茵蓝马》和《复活》（改编自托尔斯泰小说）在中国青年艺术剧院演出。莫斯科列宁共青团剧院总导演扎哈罗夫（М.А.Захаров，1933— ）、导演马哈耶夫（Ю.А.Махаев，1940—2006）亲临指导。饰演列宁的演员张秋歌在接受中国国际广播电台采访时说："在整个排练过程中，苏联导演给了我很多的帮助，使我明白了很多表演上的道理……我希望中苏两国的戏剧同行们今后能有更多的机会进行合作与交流。"①

改革开放以后，国内大量翻译俄苏戏剧作品，并在国内期刊上发表：《第三代》②、《外省轶事》③、《去年夏天在丘里木斯》④、《好心人》⑤、《"稍等一下！"》⑥、《三分的风波》⑦、《爸爸，您好！》⑧、《野安琪儿》⑨、《五个夜晚》⑩、《秋天的马拉松（悲喜剧）》⑪、《别和相爱的人分手》⑫、《时效期》⑬、《主题变奏曲》⑭，《图尔宾一家的日子》⑮、《军用列车》⑯、《同事》⑰、《残酷的游戏》⑱、《国王都能办到……》⑲、《我们一定胜利》⑳、《普罗米修

① 中国国际广播电台总编室：《中国国际广播优秀作品选（1986—1987）》，北京：中国国际广播电台出版社，1988年，第504页。
② 米罗什尼钦科：《第三代》，王蕴忠、程文译，《苏联文学资料》1978年第13期。
③ 亚历山大·万比洛夫：《外省轶事》，赵鼎真译，《外国戏剧资料》，1979年第2期。
④ 万比洛夫：《去年夏天在丘里木斯》，白嗣宏译，《苏联文学》1980年第2期。
⑤ 佐林：《好心人》，郭家申译，《苏联文学》1980年第4期，第12—44页。
⑥ 契卡杜阿：《"稍等一下！"》，非文译，《苏联文艺》1981年第1期。
⑦ 伊瓦先科：《三分的风波》，赵鼎真译，《苏联文学》1981年第1期。
⑧ 奥特柯连科：《爸爸，您好！》，红蒂译，《外国戏剧》1981年第2期。
⑨ 科洛米耶茨：《野安琪儿》，陈军译，《国外文艺资料》1981年第2期。
⑩ 亚·沃洛金：《五个夜晚》，白嗣宏译，《当代外国文学》1982年第4期。
⑪ 亚历山大·沃洛金：《秋天的马拉松》，鼎贞译，《当代外国文学》1982年第1期。
⑫ 亚历山大·沃洛金：《别和相爱的人分手》，童道明译，《苏联文学》1982年第6期。
⑬ 索弗罗诺夫：《时效期》，乔育译，《俄苏文学》1982年第6期。
⑭ 阿廖申：《主题变奏曲》，郝一星译，《外国戏剧》1982年第3期。
⑮ 布尔加科夫：《图尔宾一家的日子》，荣如德译，《外国文艺》1982年第4期。
⑯ 罗辛：《军用列车》，赵鼎真译，《外国戏剧》1983年第2期。
⑰ 埃米尔·布拉金斯基，埃利达尔·梁赞诺夫：《同事（两幕十场喜剧）》，岳小川译，《外国文学》1984年第10期。
⑱ 阿·阿尔布卓夫：《残酷的游戏》，沈渝来译，《当代外国文学》1984年第2期。
⑲ 谢·米哈尔科夫：《国王都能办到……》，童道明译，《苏联文艺》1984年第4期。
⑳ 沙特罗夫：《我们一定胜利》，桴鸣译，《外国戏剧》1984年第4期。

斯，别扔掉火种！》[1]、《萨什卡》[2]、《办公室的浪漫史》[3]、《校庆日》[4]、《不是那套公寓》[5]、《女强人》[6]、《罪人》[7]、《白纸黑字（两幕五场讽刺喜剧）》[8]，《办公室记事》[9]，《列兵们》[10]，《回归》[11]、《命运的拨弄，或"蒸得舒服"》[12]、《迟暮之年》[13]、《良心专政：1986 年的争论和思考》[14]、《成功》[15]、《最后一个来访者》[16]，《石棺》[17]、《小野猪》[18]、《车库》[19]、《长生门》[20]、《小鸦林》[21]等。所有的这些苏联戏剧的翻译情况，黄怡均做了统计[22]。

中华人民共和国成立后对于苏联戏剧的研究主要集中在对斯坦尼斯拉夫斯基及其表演体系的研究。1967—1991 年这方面的成果也出现在改革开放以后：《关于斯坦尼斯拉夫斯基体系的几个问题》（郑雪来，1979 年）、《斯坦尼斯拉夫斯基体系的形成过程》（焦菊隐，1982 年、1983 年）、《要澄清对斯坦尼斯拉夫斯基体系的误解》（郑雪来，

---

① 穆·卡里姆：《普罗米修斯，别扔掉火种！》，戴骢译，《当代苏联文学》1985 年第 5 期。
② 维·康德拉季耶夫：《萨什卡》，杨岱勤，宋东方，袁玉德译，《当代外国文学》1985 年第 5 期。
③ 布拉金斯基：《办公室的浪漫史》，《外国戏剧》1985 年第 3 期。
④ 罗佐夫：《校庆日》，红蒂译，《外国戏剧》1985 年第 3 期。
⑤ 谢.米哈尔科夫：《不是那套公寓》，李沙译，《外国文艺》1985 年第 1 期。
⑥ 阿尔布佐夫：《女强人》，童道明译，《世界文学》1986 年第 3 期。
⑦ 阿尔布佐夫：《罪人》，韩纪扬译，《俄苏文学》1986 年第 4 期。
⑧ 谢·米哈尔科夫：《白纸黑字（两幕五场讽刺喜剧）》，何世英译，《当代苏联文学》1986 年第 5 期。
⑨ 鲁斯塔姆·伊波拉基姆别科夫：《办公室记事》，童道明译，《剧本》1986 年第 11 期。
⑩ 阿·杜达列夫：《列兵们》，文漪译，《苏联文学》1986 年第 3 期。
⑪ 姆·加林：《回归》，赵鼎真译，《戏剧文学》1986 年第 5 期。
⑫ 布拉金斯基，梁赞诺夫：《命运的拨弄，或"蒸得舒服"》，陈锌，马志洁译，《苏联文学》1987 年第 3 期。
⑬ 加林：《迟暮之年》，沙金译，《外国戏剧》1987 年第 2 期。
⑭ 沙特罗夫：《良心专政：1986 年的争论和思考》，王燎译，《当代苏联文学》1987 年第 5 期。
⑮ 万比洛夫：《成功》，陈宝辰译，《苏联文学》，1988 年第 4 期。
⑯ 弗·多佐尔采夫：《最后一个来访者》，李钧学译吗，《苏联文学》1988 年第 1 期。
⑰ 弗·古巴廖夫：《石棺》，崔永昌译，《当代外国文学》1988 年第 1 期。
⑱ 罗佐夫：《小野猪》，白嗣宏译，《外国戏剧》1988 年第 1 期。
⑲ 布拉金斯基，梁赞诺夫：《车库》，李钧学译，《新剧本》1989 年第 5 期。
⑳ 克拉皮瓦：《长生门》，育人译，《俄苏文学》1989 年第 3 期。
㉑ 万比洛夫：《小鸦林》，方造译，《剧本》1990 年第 3 期。
㉒ 黄怡：《中文期刊发表外国剧作一览表（1979—2001）》，《戏剧（中央戏剧学院学报）》2004 年第 1 期。其中某些剧作有多个译名，如《命运的拨弄》常译为《命运的捉弄》。

1980年）、《斯坦尼斯拉夫斯基体系与表演艺术本质问题》（郑雪来，1980年）、《斯坦尼斯拉夫斯基体系的方法论问题——形体动作方法及其它》（郑雪来，1980年）、《斯氏体系的哲学美学基础问题》（郑雪来，1981）年、《斯坦尼斯拉夫斯基体系和中国戏曲》（郑雪来，1982年）、《斯坦尼斯拉夫斯基体系简介》（白嗣宏，1979年）、《斯坦尼斯拉夫斯基体系在苏联》（白嗣宏，1980年）、《斯坦尼斯拉夫斯基体系在国外》（白嗣宏，1982年）、《在探索创造中发展前进——从斯氏体系的不同定义谈起》（童道明，1982年）。研究斯坦尼斯拉夫斯基的译作有：《表现艺术》（郑雪来译，1980年）、《斯坦尼斯拉夫斯基关于导演和演员艺术的谈话》（郑雪来译，1980年）、《关于外国戏剧理论：斯坦尼斯拉夫斯基还活着（对话录）》（郑雪来译，1980年）、《斯坦尼斯拉夫斯基未发表的札记：舞台是表演生活的场所》（白嗣宏译，1980年）等。

自1983年起，中国话剧《雷雨》开始在布拉戈维申斯克和莫斯科演出，这也是中苏关系恢复后中国话剧在苏联的首场演出。1987年，中国话剧《一个死者对生者的访问》在张奇虹导演的帮助下于新西伯利亚的红色火炬剧院排练完成。同年4月，辽宁省青年京剧团赴苏演出，到访城市有莫斯科、明斯克和维尔纽斯，他们为苏联观众演出了《三岔口》、《穆桂英》和《虹桥赠珠》等传统曲目。

这一时期，苏联汉学界继续翻译和研究中国戏曲。译作有：索罗金翻译的《窦娥冤》、《忍字记》、《杀狗功夫》、《长牛殿》片段、《桃花扇》片段和《牡丹亭》片段（1976年，索罗金译）。研究性成果有：索罗金的《13至14世纪中国的古典戏曲：起源、结构、形象、体裁》（1979年）、И. В. 盖达的《中国传统戏剧戏曲》、索罗金的《元曲：角色与冲突》（1969年）、索罗金的《14至15世纪中国剧本中的佛教题材》（1970年）和《13至16世纪中国的古典剧本》（1973年）、马列诺夫斯卡娅的副博士论文《中国戏曲家洪昇及其〈长生殿〉》（1970年）、В. С. 马努辛的《论汤显祖的〈紫箫记〉》（1974年）和《汤显祖的戏曲〈紫钗记〉》（1974年）、Л. Н. 古谢娃的《孔尚任剧本〈桃花扇〉的主要角色》（1972年）、《孔尚任剧本〈桃花扇〉的民族传统》（1974年）、专著

《黄潘绰的〈明心鉴〉与中国古典戏曲美学》（1979 年）和《16—17 世纪的中国社会与传统中国戏剧》（1990 年）、尼科力斯卡娅的《田汉与 20 世纪的中国戏剧》（1980 年）和《曹禺创作概论》（1984 年）。

本章小结

本章对 1967—1991 年的中苏人文交流从经典互译、教育、文学、电影、音乐、舞蹈、美术和戏曲等八个方面进行了梳理和描述。总的来看，这一时期的中苏人文交流与中华人民共和国成立初期大不相同，首先，我国不再是以单纯地学习苏联，仿造苏联模式为主，改革开放以后，国内各人文领域都开始接受世界文化的多元因素；不再仅仅是文化输入，我国文学、戏曲等也开始走向苏联，苏联汉学界对中国经典文学和现当代文学的翻译与研究都产出了诸多的成果；从时间顺序上来看，1967—1976 年的十年是中苏人文交流发展缓慢，甚至停滞的十年，这一时期的大部分成果都是在 1977 年以后产生的。

虽然这一阶段的中苏人文交流并非十分热烈，但是它却起到了承前启后的作用：一方面，它继承了中华人民共和国成立后 17 年间苏联文化对中国的积极影响，并把这种影响继续发扬；另一方面，它也是反思的十余年，文化界人士和广大群众都开始冷静地对待苏联文化，并开始重视文化中的民族因素。所有这些都为后苏联时代，特别是 21 世纪的中苏人文交流奠定了基础，开启了新的、积极的篇章。

第六章　1991—2013年的中俄人文交流

苏联解体后，继承其主体地位的俄罗斯起初采取了“亲西方”的外交政策。但这种政策非但没有给俄罗斯带来实际利益，反而使其处处受制于西方列强，迅速从苏联时期的超级大国沦落为一个二流国家。极大的失望与落差使俄罗斯当权者意识到需要调整自己的对外政策，采取了“双头鹰”政策。1992年12月18日，中俄两国政府在北京签署了《中华人民共和国政府和俄罗斯联邦政府文化合作协定》。该协定包含了两国在文化、艺术、教育、社会科学、新闻出版、广播、电视、电影、体育、卫生等领域的文化合作议定书，成为两国在人文领域内开展交流与合作的纲领性文件。

2000年普京上台执政以来，中俄关系不断升温，2001年7月，江泽民主席访问俄罗斯，与普京总统共同签署了《中华人民共和国和俄罗斯联邦睦邻友好合作条约》。这是两国关系发展史上的重要里程碑，是指导21世纪中俄关系发展的纲领性文件，将两国人民“世代修好、永不为敌”的和平思想确定下来，开启了中俄人文领域交流合作的新篇章。

中俄战略协作伙伴关系进入第二个10年后，中俄关系全面加深。政治互信达到前所未有的高度，务实合作取得重要突破，国际战略协作更加紧密。中俄人文交流合作在两国政府的大力推动下，高潮迭起，亮点频现。可以说，中俄关系正站在新的历史起点上。

第一节　俄罗斯汉学的新发展

俄罗斯汉学发展经历了沙俄、苏联和当代俄罗斯三个时期，在帝俄和苏联时期，俄罗斯汉学家的深厚造诣、丰硕成果和鲜明特色为其在世界汉学界赢得了一席之地。而自苏联解体以来，尽管在中俄两国政府的合力推动下，汉语学习蓬勃发展，形势一片大好，但相比之下，汉学研究却进展缓慢，引发学界的担忧。

一、20世纪90年代的俄罗斯汉学

苏联的解体是对俄罗斯汉学的沉重打击，各研究机构失去了国家的资金支持和出版保障。俄罗斯科学院和大学的研究机构不得不自己印制极少印数的研究专著，专供研究人员使用。

这一时期对中国文学的俄译没有较大创新，基本上都是之前译本的再版，偶有几本创新或填补空白之作，如卡拉夫佐娃1994年出版的《古代中国诗歌》、斯米尔诺夫2000年出版的《明代诗歌选》、斯塔拉茹科的学术专著《元稹——唐代诗人的生活与创作》等书。此外，历史上一些曾经无法出版的“非官方”色情文学作品得以面世，如沃斯克列辛斯基的《隔帘花影》研究、格雷金娜对《剪灯新话》《剪灯余话》的研究、李福清的《金瓶梅》研究等。

除了上述研究之外，周易、风水、相术等在政治动荡、经济低迷的俄罗斯也是大受欢迎。这不难理解，面对困难重重的政治经济改革，俄罗斯急于寻找各种救世良方，经济蒸蒸日上的中国自然也是其关注的对象。因此，古老的东方智慧，如儒家的著作、老庄哲学等纷纷再译出版。1999年波波娃的新著《唐初治国之要术与思想》讨论了贞观之治的

成就，对唐代政治经济、军事政策等问题进行了探讨。

在语言学研究方面，俄罗斯出版的汉语教科书保留了中国出版教材的基本概念、内容和结构，将其中现代汉语习题和教学方法进行了最大限度的改编，使之适合俄罗斯的学校[①]。扎维亚洛娃（О.И.Завьялова）关于中国伊斯兰经文及汉语方言的著作尤为引人注目，她首次在汉语研究史上对“官话”（北方话、满语）方言进行了语言地理研究。

在艺术领域，如戏剧学、造型艺术研究延续了苏联时期的优良传统，继续深入推进。马利诺夫斯卡娅（Т.А.Малиновская）继承了索罗金的京剧体裁研究，盖伊达对中国当代戏剧进行了剖析研究，还有一些研究者在其著作中关注了著名戏剧家的创作特点。在造型艺术领域，莫斯科和圣彼得堡的汉学家仍然处于领先地位，他们研究了中国陶器、丝绸、作品属性、画像艺术以及中国绘画的总的艺术学问题。对于中国电影的系统性研究始于 20 世纪 70 年代，主要代表人物是托普罗采夫（С.А.Торопцев），在 20 世纪 90 年代他研究了中国电影艺术的社会政治状况，并围绕中国导演张艺谋展开对中国电影艺术的剖析。

总体来看，这一时期的汉学成就更像是苏联时期汉学遗产的总结[②]，汉学人才后继乏人，年青一代的汉学研究人员缺乏扎实而系统的专业知识，学术热情明显不足，有些研究成果在视角、方法、文献和思想上的创新价值不再明显。

二、21 世纪的俄罗斯汉学

经过 20 世纪 90 年代的无所适从和资金匮乏之后，俄罗斯汉学逐渐恢复元气，走上正常发展轨道。无论是在莫斯科、圣彼得堡、喀山等老牌汉学中心，还是在其他地区成立的新的汉学中心都取得了重要的研究成果，研究范围遍及中国文化、文学、艺术、政治、宗教、历史、汉语

① 谢·托罗普采夫：《俄罗斯 1990 年代至今的中国文化研究》，张冰译，《俄罗斯文艺》2016 年第 10 期，第 146—158 页。

② 阎国栋：《俄罗斯汉学的危机》，《国外社会科学》2015 年第 6 期，第 68—73 页。

教学等方面。

中国哲学研究是俄罗斯汉学中重要的一部分。21世纪该领域最有代表性的研究成果当属《中国精神文化大典》的出版。该项任务早在20世纪上半叶就已提出，俄罗斯学者用时15年，最终成功地完成了这项工作。《中国精神文化大典》以浓缩的形式展示中国文明从古到今的独特性、内在整体性及多样性，将严格的学术标准与立项的教育目标相结合，揭示中国文化的动态发展过程，阐明古今各个发展阶段间的联系，明确中国文明在世界文化中的地位和作用。此外，当代儒学及其与中国传统和与西方哲学文化的联系成为哲学研究的新主题。2009年斯塔罗斯季娜（А.Б.Старостина，又名Калкаева）关于梁漱溟哲学观点的著作出版，布罗夫则指出儒学成为当代中国社会精神文化的基本组成部分之一。研究者们认同将马克思列宁主义的总体思想与中国的具体特点相结合论题的正确性和合理性，评价马克思列宁主义的中国化是对马克思列宁主义理论的新贡献。

俄罗斯汉学家对中国文化的关注突破学术研究的框架，拥有更为广阔的社会政治背景。齐赫文院士领衔编纂的宏伟巨著《中国通史——从远古时期到21世纪初》于2017年面世，由俄罗斯科学院远东研究所牵头，由来自俄罗斯科学院东方学研究所、圣彼得堡东方手稿研究所等机构的约160名研究者，历时5年编纂完成，全面介绍了中国从古至今纷繁复杂、跌宕起伏的历史，堪称俄罗斯汉学界的里程碑式工程。

一向不被重视的民族心理学成为新的学术焦点。俄罗斯汉学界近年来对这一主题的兴趣大增，一系列研究著作和普及读物出版。例如，司格林发表了中国民族心理学的研究文章，托洛普采夫根据中国民族心理学基础数据编选出部分资料，并从民族思维的一般民族心理的角度，分析了其中的情节因素。

除了传统的哲学和文化研究外，俄罗斯汉学家还对中国政治、经济和外交展开综合研究。俄罗斯科学院远东研究所集体撰写的《中国的治国方略：20世纪末到21世纪初中国权力机关的嬗变》专门研究了20—21世纪中国政治体制和法制的发展，详细考察了中共世纪之交的理念变化。斯米尔诺夫就中国在意识形态领域的改革撰写了专著，卡卡列夫专门研究了中华人民共和国政治体制的演变，特罗辛斯基研究了中国法制的形成和变化过程。总的来说，俄罗斯学者在各类著作中对中国发生的事件和进程进行了客观的评述。

由于世界经济变化和中国国际地位的提升，俄罗斯对中国经济的研究兴趣明显提高，十余年间，出版了100多本专著。这些成果可以分为5类：中国经济总论，与国外学者的合作研究，中国经济教材，各种中国经济问题学术研讨会的材料，各地区高校和俄罗斯科学院分院完成的大量中国研究。这其中最有分量的研究成果是别尔格尔的专著《中国经济战略》。

中俄互办国家年的举动促进了俄罗斯汉学家开展对新课题的研究，其中最有名的是卢金的专著《俄国熊看中国龙：17—20世纪中国在俄罗斯的形象》。不过值得注意的是，尽管对中国外交政策进行研究的著作数量一直在增长，但研究的质量并没有得到同步提高，能够以丰富的中文一手资料为基础进行研究并得出结论的专家屈指可数。即将出版的《中国国际关系和外交政策史》或可填补这一缺憾。

第二节 教育领域的合作与交流

1995年，中国和俄罗斯签订了《中华人民共和国政府和俄罗斯联邦政府关于相互承认学历、学位证书的协议》，为两国互派留学生提供了便利。仅在当年，中国便有416名公派留学人员、300多名校际交流人员和600多名自费留学生赴俄学习。从2006年起，中国每年赴俄留学人员约1.5 万人。俄罗斯到中国的留学生人数虽然相对较少，但相比苏联时期已显著增加。1997年，俄罗斯来中国的留学生有557名，此后持续增长，到2007年，这一数字已达到7261名，分布在哲学、历史、政治、经济、语言、文学、艺术、中医、武术等各个专业领域。

两国高校之间的联系合作更加密切。普希金俄语学院与清华大学、北京外国语大学、哈尔滨工业大学等九所中国高校建立了校际联系，其中在沈阳工业大学和上海师范大学设有预科系，为留学俄罗斯的人员提供俄语培训。中国高校俄语专业学生使用的大学俄语教材就是北京外国语大学和普希金俄语学院共同编写的。多所中俄高校之间互派学生，如上海外国语大学与俄罗斯人民友谊大学、圣彼得堡大学、国立诺夫哥罗德大学等高校均签有合作协议，莫斯科大学则一直是接收中国留学生最多的俄罗斯高校。

中俄教文卫体合作委员会教育合作分委会在中俄教育交流过程中发挥了重要作用。教育合作分委会举办了大量交流活动，如中俄大学生艺术节、中俄中小学生夏令营和冬令营、中俄高等教育展、中俄高校合作交流会、中国高校学生俄语大赛、中俄高等教育拨款机制研讨会等。这些活动的成功举办大大增进了两国教育界的相互理解和信任。

在教育理论的译介方面，中国于2007年出版了“当代俄罗斯教育理论译丛”，包括伍尔夫松（Б.Л.Вульфсон）的《比较教育学：历史与现代问题》、克拉耶夫斯基（В.В.Краевский）的《教育学原理》、坦基扬（С.А.Тангян）的《新自由主义全球化——资本主义危机抑或美国全球化？》、季姆娜娅（Н.А.Зимняя）的《教育心理学》（第2版）。国内研究俄罗斯教育的著作有高金岭的《俄罗斯基础教育》、吕达的《当代外国教育改革著名文献（苏联—俄罗斯卷）》、安方明的《社会转型与教育变革——俄罗斯历次重大教育改革研究》等。2006年，中央教育科学研究所所长朱小蔓等人主编的《20—21世纪之交中俄教育改革比较》是中俄两国教育界的一次深入合作。

一、中国的俄语教学

自1708年设立俄罗斯文馆起，中国的俄语教学迄今已有300多年的历史，不过真正大规模的俄语人才培养还是从1949年中华人民共和国成立之后开始的。苏联解体后，中国的俄语教学逐渐走向规范，20世纪90年代以来，学习俄语的人数迅速增长。1999年全国共有40多所高校设有俄语专业，截至2014年，这一数字已增长到130所（含二级学院），是欧洲小语种中开设院校最多的。

1998 年出版的《俄汉详解大词典》是由黑龙江大学辞书研究所编纂的一部具有国际影响力的双语大词典，收词 246 343 条，是中国最大的双语词典。《俄汉详解大词典》兼采俄罗斯和英美辞书编纂法之长，在语词为主的前提下适当增收百科词目，精选十二三万句文学例句。在正文之后，附有 17 种十分有用的附录，涉及俄语语法、历史、地理、计量、科技术语、符号等方面，其中许多图表是编者首次归纳总结的，既具有学术价值，又有很强的实用性。俄罗斯科学院语言研究所所长宋采夫（В. М.Солнцев）在序言中写道：该词典"实用意义在于有益于广大读者，包括学者、翻译工作者、语文工作者、学生，科学意义在于它提示了俄语和汉语丰富的词汇，从而显示并保证了从一种语言完满而恰当地翻译成另一种语言的可能性"。1998 年，江泽民访俄时，将《俄汉详解大词典》作为国礼赠送给叶利钦。更让人敬佩的是，大词典的编写者并没有止步于此，而是继续审阅修订，于 2014 年 12 月出版了《新时代俄汉详解大词典》，增收新词新义 54 000 余条，附录又增加了 5 种。

2008 年，中华人民共和国教育部组织、上海外国语大学承办大型学术会议庆祝中国俄语教学 300 周年，来自世界 20 多个国家和地区的 200 多位专家学者参会，多位中国俄语教育界的优秀人士获得俄罗斯政府颁发的"俄语教育突出贡献奖""俄语推广突出贡献奖"等奖项。

二、俄罗斯的汉语教学

圣彼得堡大学东方系和莫斯科大学亚非学院代表着俄罗斯汉语教育的最高水平。即便如此，在 20 世纪 90 年代初，其处境也一度十分艰难，"教学计划被打乱，专业被取消，整个东方系面临关闭的危机"[①]。后来随着中俄关系升温，俄罗斯兴起了汉语热。除了莫斯科、圣彼得堡之外，符拉迪沃斯托克、伊尔库茨克、哈巴罗夫斯克、赤塔等城市也设立了汉语教学和研究机构。截至 2010 年底，俄罗斯有 130 多所大学开设了

① 谷恒东：《俄罗斯汉学家的多重人生》，《世界文化》2013 年第 2 期。

汉语课程，其中将汉语作为第一外语的就有40多所。以汉语为主要外语的中小学有20多所，仅在莫斯科市就有十多所。著名的1948中学成立于1998年，是俄罗斯最大的以汉语为特色的普通教育机构，全校所有学生均必须学习汉语。胡锦涛等党和国家领导人都曾在访俄期间视察1948中学并做演讲。

孔子学院是中国在海外设立的推广汉语和传播中国文化的重要机构。俄罗斯的第一所孔子学院于2006年12月在远东联邦大学成立，此后俄罗斯多所高校陆续成立孔子学院。截至2014年10月，中国已经在俄罗斯建有18所孔子学院和4个孔子课堂。设有孔子学院的大学是：远东联邦大学、国立人文大学、莫斯科大学、莫斯科国立语言大学、梁赞国立大学、圣彼得堡大学、下诺夫哥罗德国立语言大学、伏尔加格勒国立社会师范大学、伊尔库茨克国立大学、新西伯利亚国立技术大学、喀山联邦大学、布拉戈维申斯克国立师范大学、卡尔梅克国立大学、托木斯克国立大学、布里亚特国立大学、乌拉尔联邦大学、阿穆尔国立人文师范大学、新西伯利亚国立大学。4个孔子课堂分别是：俄罗斯国立职业师范大学广播孔子课堂、莫斯科1948中学孔子课堂、圣彼得堡私立补充教育“孔子”东方语言文化学院独立孔子课堂、彼尔姆二中孔子课堂。

在汉语教科书和学习资料方面，数量有限且内容陈旧的汉语教材已经无法满足汉语学习者的需要。很多汉语教科书多次再版，如蚂蚁出版社的《实用汉语教程》到2000年已出版了第4版，《汉语实用语法》到2002年是第2版，《商务交际汉语》2003年出版了第3版。伊凤阁（А. И. Иванов）和波利瓦诺夫（Е. Д. Поливанов）1930年合著的《现代汉语语法》在2001—2007年由不同的出版社出版了5次。后来，受国家汉语国际推广领导小组办公室委托，黑龙江大学编写了《汉语新起点》（中小学）和《汉语新目标》（大学）两套汉语教材，在一定程度上缓解了俄罗斯汉语教科书缺乏的问题。

在汉语教师培养上，俄罗斯于1997年成立了汉语教师协会，每三年举办一次年会，会刊《汉语教学与研究》于2000年6月首发，为汉语教师分享教学研究成果和经验提供了平台。

第三节 文学艺术领域的合作与交流

中俄人文交流的形式和内容多种多样，涉及领域广泛，涵盖了文学、语言、电影、美术、音乐、舞蹈、戏剧、教育、体育、旅游、媒体、档案、宗教、民俗、文化遗产保护等各个文化领域。本节我们将重点考察文学、影视、音乐、美术、舞蹈、戏剧等文学艺术领域的合作交流事宜。

一、文学领域的交流合作

中俄两国的文学交流是不均衡的，中国对俄国文学的翻译已进入了系统化、学术化和文集化的阶段。俄罗斯则注重中国古典文学的翻译研究，对现当代文学开始重视和欢迎，尤其是莫言获得诺贝尔文学奖之后，《酒国》《丰乳肥臀》《生死疲劳》《蛙》等作品相继被翻译成俄文出版。

（一）俄罗斯文学在中国

苏联解体后，俄罗斯文学艺术环境发生了变化，价值取向日趋多元，进入中国的俄罗斯文学作品骤减，多是再版以前的经典名著，当代俄罗斯作家的新作品很少。进入21世纪后，俄罗斯文学经典名著仍是出版重点，但新作品的数量有所增加。例如，2006中国“俄罗斯年”期间，人民出版社、人民文学出版社等出版社在北京图书大厦、王府井新华书店和中关村图书大厦联合举办了“经典与传承”俄罗斯作家作品展，《肖斯塔科维奇文集》《骑兵军日记》《叶利钦时代》《西方视野中的白银时代》《不屈的人们》《他们为祖国而战》《生者与死者》《钢铁是怎样炼成的》《战争与和平》《契诃夫短篇小说选》《肖洛霍夫文集》等一大批作品展出。

自 2001 年起，人民文学出版社联合中国外国文学学会推出“21 世纪年度最佳外国小说”，几乎年年都有俄罗斯小说获奖：2002年是波利亚科夫（Ю. М.Поляков）的《无望的逃离》，2003 年是普罗哈诺夫（А. А. Проханов）的《黑炸药先生》，2004 年是拉斯普京的《伊万的女儿，伊万的母亲》，2005 年是乌利茨卡娅（Л. Е. Улицкая）的《忠实您的舒里克》，2006 年是希什金（М. П.Шишкин）的《爱神草》，2007 年是普里列平（Е. Н. Прилепин）的《萨尼卡》，2009 年是叶里扎罗夫（М. Ю. Елизаров）的《图书管理员》，2011 年是斯拉夫尼科娃（О. А. Славникова）的《脑残》，2012 年是索罗金（В. Г. Сорокин）的《暴风雪》，2013 年是格拉宁（Даниил Гранин）的《我的中尉》，2014 年是沃格斯的《回到潘日鲁德》，2015 年是卜克莎的《“自由”工厂》，2016 年是雅辛娜的《祖列伊哈睁开了眼睛》。

2003 年漓江出版社推出了俄语布克奖小说丛书，收录了 1992—2001 年获得俄罗斯布克奖的 10 部小说，为中国读者了解当代俄罗斯优秀作品打开了一扇窗户。2005 年长江文艺出版社出版了《普里什文文集》，这是我国第一部全面、系统、深入展现普里什文创作的丛书，共 5 册，210 多万字，收录了普里什文的散文、随笔、日记、长篇小说等作品 15 部。同年，译林出版社出版了《左琴科幽默讽刺作品选》《俄罗斯美女》《我的哥哥吹黑管》《贼王》《狂人的审判》等作品。2006 年译林出版社出版了叶梅利亚诺夫（Ю.В.Емельянов）的斯大林两部曲：《斯大林：未经修改的档案（通向权力之路）》和《斯大林：未经修改的档案（在权力的顶峰）》。上海译文出版社出版了《俄罗斯飓风》。中国作家协会联手俄罗斯作家协会出版了《俄罗斯当代作家小说集》，共收录了 40 余位当代俄罗斯作家作品的。

与此同时，对俄罗斯文学的研究在不断深入，中国学术界从发展脉络、重要专题、作家研究等角度深入探讨了俄罗斯文学的发展历程，极大地丰富了中国的俄罗斯文学研究。普希金、果戈理、屠格涅夫、托尔斯泰、契诃夫、肖洛霍夫、高尔基等人始终受到高度关注。1996 年，在北京大学召开了纪念高尔基逝世 60 周年学术研讨会。陈寿朋的《高尔基晚节及其他》1998年再版，更名为《步入高尔基的情感深处》，并附上了《不合时宜的思想》的译文。吴泽霖的《托尔斯泰与中国古典文化思想》2000年出版，杨正先的《托尔斯泰研究》在2008年出版。张铁夫著《普希金的生活与创作》（1997年、2004年）和《普希金：经典的传播与阐释》（2009年），查晓燕著《普希金——俄罗斯精神文化的象征》（2001年），杜宗义著《果戈理》（2000年），朱宪生1999年出版《在诗与散文之间：屠格涅夫的〈创作与文体〉》，郑伟平1998年出版《契诃夫》，朱逸森2006年出版了《契诃夫（1860—1904）》，等等，学术论文更是不计其数。

陀思妥耶夫斯基、丘特切夫、蒲宁、叶赛宁、安娜·阿赫玛托娃、茨维塔耶娃、布尔加科夫、左琴科等曾经遭到排斥或批判的作家又重新回到人们的视线，如《陀思妥耶夫斯基与俄罗斯文化精神》（何云波，1997年）、《宗教文化语境下的陀思妥耶夫斯基诗学》（王志耕，2003年）、《丘特切夫诗歌美学》（曾思艺，2009年）、《跨越与回归——论伊凡·蒲宁》（冯玉律，1998年）等。对叶赛宁的介绍自20世纪20年代开始，但翻译和研究成果很少，直到20世纪80年代起才开始被重视，20世纪90年代以来公开发表的研究叶赛宁的论文有百余篇，专著有文俊和文清的《叶赛宁传》（1997年）、哈米的《叶赛宁——月光抚摸着忧伤》（1997年）、王守仁编著的《天国之门——叶赛宁传》（1995年）和《叶赛宁》（1995年）、刘卫伟著的《叶赛宁》（2006年）等。被誉为“俄罗斯诗歌的月亮”的安娜·阿赫玛托娃在20世纪90年代也迎来了研究热潮。马海甸和徐振亚译《阿赫玛托娃诗文集》（1999年）、马海甸译《回忆与诗：阿赫玛托娃散文选》（2001年）。2001年华夏出版社出版了丘科夫斯卡娅的《诗的隐居：阿赫玛托娃札记（一）（1938—1941）》、《诗的蒙难：阿赫玛托娃札记（二）（1952—1962）》和《诗的朝圣：阿赫玛托娃札记（三）（1963—1966）》。研究专著有辛守魁的《阿赫玛托娃》（2001年）、汪剑钊的《阿赫玛托娃传》（2006年）、徐曼琳的《白银的月亮：阿赫玛托娃与茨维塔耶娃对比研究》（2011年）。译著有蒋勇敏等译的《阿赫玛托娃传》（1999年）、辛守魁和辛冰译的《安·阿赫玛托娃传》（2000年）、夏忠宪和唐逸红翻译的《哀泣的缪斯：安娜·阿赫玛托娃纪事》（2002年）等。

茨维塔耶娃被认为是20世纪最伟大的诗人，中国对她的译介和研究是从20世纪90年代开始，进入21世纪后又重新获取人们的目光。主要译著有汪剑钊的《茨维塔耶娃诗集》（2011年）和谷羽的《接骨木与花楸树：茨维塔耶娃诗选》。2003年，东方出版社出版了汪剑钊主编的《茨维塔耶娃文集》，共4卷，包括诗歌、小说、戏剧、散文随笔和书信。2013年，广西师范大学出版社出版了苏杭译的《火焰的喷泉：茨维塔耶娃书信选》。

1998年，作家出版社出版了《布尔加科夫文集》，这是迄今为止最系统展现布尔加科夫作品全貌的译本。21世纪以来，翻译出版的布尔加科夫作品有《逃亡：布尔加科夫戏剧三种》（2004年）、《布尔加科夫中短篇小说选》（2005年、2007年、2009年）、《狗心》（2006年）等。对布尔加科夫的研究也进行得如火如荼，2004年有唐逸红的《布尔加科夫小说的艺术世界》，2008年有温玉霞的《布尔加科夫创作论》，2009年有谢周的《滑稽面具下的文学骑士：布尔加科夫小说创作研究》，2010年有钱诚的《米·布加尔科夫》，2011年有周湘鲁的《与时代对话：米·布加尔科夫戏剧研究》。

20世纪90年代以来中国出版的左琴科的作品有戴骢译的《日出之前》（1997年）、吕绍宗的《我是用做实验的狗：左琴科研究》（1999年）、《左琴科幽默讽刺作品集》（2004年）、李莉的《左琴科小说艺术研究》（2005年）、谷玮洁的《左琴科幽默讽刺艺术与民间笑文化》（2012年），等等。

中国对俄罗斯文学的研究还涉及俄罗斯文学与文化的关系、中俄文学关系、俄罗斯文论、俄罗斯文学思潮和文学史领域，构成了对俄罗斯文学全面、系统、深入的研究层次。

俄罗斯联邦时期，两国互派作家代表团的优良传统延续了下来，只不过中国赴俄罗斯的作家代表团较多，而俄罗斯赴中国的作家代表团较少。从1994年开始，中国作家协会、中国文学艺术界联合会与俄罗斯作家协会建立了联系。据俄罗斯作家协会的巴韦金统计，从1994年到2009年，共有28个中国文学代表团138位作家访问俄罗斯，包括冯骥才、铁凝、张洁、阿来、陈建功、高洪波、孙甘露等人。从1997年到2015年，有10多个俄罗斯作家代表团访问中国。2004年4月，外交部副部长戴秉国会见并宴请茹科夫率领的俄罗斯作家代表团。2006年"俄罗斯年"期间，俄罗斯作家协会主席加尼切夫（В.Н.Ганичев）率团访华，团员包括拉斯普京，《莫斯科》杂志主编博罗金，《俄罗斯作家报》主编多罗申科，《文学日报》主编邦达连科，小说家谢金、古明斯基、罗琴科娃等人。

（二）中国文学在俄罗斯

苏联汉学界对中国古典文学一向青睐有加，这一传统在苏联解体后被俄罗斯汉学界继承了下来。尽管由于缺乏出版经费和读者群体，俄罗斯汉学研究整体进入寒冬期，对中国古典文学的翻译和研究一度十分冷清，但研究仍在继续，理论和方法也时有创新。郭黎贞指出，文化学是中国文学研究的一个新方向。它的主要目的是确立统一的文化体系中各个方面的内在联系。近些年来，俄罗斯学者用文化学研究的普遍方法，对文学文本、事实和现象进行整体性研究。例如，克拉芙佐娃的《中国文化史》就是采用了这种方法。从历史比较文化入手，以文明特征为参照，确立新的文化模式和新的中国传统文化及文学研究方法，是20世纪末俄罗斯汉学学派的显著特征[①]。这种特征在21世纪初期也得到了延续。

中国现当代文学的关注度明显降低。据罗季奥诺夫统计，1992—2008年，俄罗斯只翻译出版了17部中国当代文学作品[②]，其中还有一部分是从英译本翻译过来的。另外，还有一个值得注意的现象是，这些作品的翻译出版大部分是来自中国大使馆、中国作家协会或者俄罗斯政府在某个重要活动时资助的项目。而且作品的选择由中方掌握主动权，俄方自主性有限，尽管有些作品的水平在国内评价很高，但并不符合俄罗斯读者的口味，如《正在起飞的凤凰》（1995年）、《我们的同代人》

---

① 阎纯德：《汉学研究》第九集，北京，中华书局，2006年，第25页。

② 罗季奥诺夫：《中国文学走出去的步伐——苏联解体后中国新时期小说散文在俄罗斯的传播状况》，《小说评论》2009年第5期。原文统计是16部单行本，应该是没有将杂志《我们的同时代人》的专刊算上。

杂志纪念中华人民共和国建立 50 周年专号（1999 年）、《中国二十世纪诗歌与小说：谈过去看未来》（2002 年）、《俗世奇人》（2003 年）、《上海人：当代上海作家选集》（2003 年）、《山坡上向上的脚印》（2004 年）、《雾月牛栏：中国当代中短篇小说选集》（2007 年）、《命若琴弦：中国当代中短篇小说选集》（2007 年）、《红云：中国当代中短篇小说选集》（2007 年）、《中国变形：当代中国小说散文选》（2007 年）。这些书大多在校园内或图书馆流通，很少在外销售。

自 2005 年起，俄罗斯出版界开始独立翻译出版中国当代作品，棉棉的《糖》（2005 年）、卫慧的《上海宝贝》（2006 年）和《我的禅》（2006 年）、蔡骏的《病毒》（2006 年）和《诅咒》（2006 年）、姜戎的《狼图腾》（2008 年）和苏童的《我的帝王生涯》（2008 年）相继与俄罗斯读者见面。

莫言获得诺贝尔文学奖之前，其作品只有一篇短篇小说《姑妈的宝刀》被完整翻译成俄文出版，收录于《红云》，俄罗斯各界对其并不熟悉。2012 年之后，由叶果夫翻译的《酒国》《丰乳肥臀》《生死疲劳》陆续登陆俄罗斯。为了帮助俄罗斯读者更好地了解原著、中国文化，叶果夫在翻译的时候加入了许多注释。其中《丰乳肥臀》自 2013 年年初以来一直是畅销书[①]。2014 年，莫言的自传体中篇小说《变》由弗拉索娃翻译成俄语，由埃克斯摩出版社出版。莫言的声望在俄罗斯越来越高。

二、戏剧影视领域的交流合作

苏联解体后，俄罗斯电影跌入低谷，许多电影制片厂名存实亡，有些只能以出租场地、转拍电视剧和广告维持生存。20 世纪 90 年代中期，俄罗斯电影每年只产出 20 部左右。为了扭转这一困境，俄罗斯政府成立了由国家控股的影片发行股份公司，改造并修建以放映俄罗斯电影为主的现代化电影院，以提高俄罗斯电影的市场份额。在政府的重视

① 叶果夫：《汉学家读莫言作品在俄罗斯：全国各地都开始认识莫言》，《人民日报》2014 年 11 月 2 日。

下，俄罗斯电影逐渐复苏，出现了一大批广受欢迎的影片。例如，著名导演米哈尔科夫拍摄的《烈日灼人》获得了1995年的奥斯卡最佳外语片奖，1999年拍摄的《西伯利亚理发师》次年在戛纳电影节上作为开幕影片展映。2004年梅斯希耶夫执导的卫国战争体裁影片《自己人》获得第26届莫斯科国际电影节最佳影片、最佳导演和最佳男主角三项大奖。

有一些俄罗斯电影在中国取得了很好的票房，中国电影也越来越多地参加俄罗斯电影节。例如，1993年上海电影制片厂译制了俄罗斯彩色故事片《国际女郎》，影片获得了广电部年度优秀译制片奖和第14届中国电影金鸡奖最佳译制片奖。2008年北京电影制片厂译制了《我们来自未来》，这部影片讲述了四个年轻人穿越回卫国战争期间，接受炮火洗礼后理解了什么是尊重历史，该片在中国上映后，取得了不俗的票房成绩。更多的俄罗斯影片是在中央电视台电影频道播放，一大批优秀的俄罗斯影片得以和中国观众见面，这其中既包括了苏联时期的作品，也有俄罗斯当代作品，如《钢铁是怎样炼成的》《安娜·卡列尼娜》《红与黑》《莫斯科不相信眼泪》《这里的黎明静悄悄》《办公室的故事》《敢死连》《密码疑云》《护宝娇娃》等。

在中国举办“俄罗斯年”“俄语年”期间，电影成为重头戏。2006年5月29日至6月5日，俄罗斯经典电影回顾展在中国电影资料馆举行。影展选取了15位导演的17部作品，时间跨度从1966年至1997年，包括《阿霞·克里亚契娜的故事，她爱过，但没出嫁》《白俄罗斯车站》《这里的黎明静悄悄》《童年过后一百天》《已是成年人的儿子》《生为爵士狂》《小维拉》《马卡洛夫》《莫斯科郊外的晚上》《村姑小姐》《穆斯林》《一个乘客的故事》《莫斯科假期》《母与子》《高加索俘虏》《兄弟》《跳舞者的时代》。2009年7月3日至7月8日，中国举办“俄语年”期间，再次展映俄罗斯经典影片。中国观众对苏联经典影片记忆犹新，但对经历了一系列重大社会变革以后的俄罗斯电影却相对来说陌生。因此，此次影展精选了八部2000年以后摄制的题材和风格各异的优秀影片参展，分别是《身高一米八》、《土耳其式的开局》、《火车谋杀案》（又名《国家顾问》）、《孤独之岛》、《阴谋》（又名《薇拉的司机》）、《少女薇拉》、《潜艇沉没》和《庄园恋曲》。

2013年5月，由国家新闻出版广电总局与俄罗斯联邦文化部联合主办的俄罗斯电影节在人民大会堂开幕，俄罗斯影片展映先后在北京、上海和重庆举行，共放映了10部影片：《5个新娘》《间谍》《母亲》《男士女子球队》《女倾慕者》《寻宝者》《生死球迷》《圣诞树》《石头》《我会守着你》。

俄罗斯电视剧在中国也很受欢迎。2005年中央电视台电视剧频道播出的《情迷彼得堡》成为一代年轻人的俄剧启蒙。随后，一批根据经典文学作品改编的电视剧被引进，如《战争与和平》《白痴》《卡拉马佐夫兄弟》等。2006年被视为俄剧在央视的复苏之年，该年度央视共引进了《兵营岁月》《别吵嘴，姑娘们！》《我爱你》《陌生的面容》4部俄罗斯电视剧。2009年9月10日，中国国际电视台俄语频道正式开播，该频道以新闻为主打，以文化、服务和娱乐节目为辅助，设有新闻、专题、娱乐和教学4大类共计16个栏目，以俄语播报为主。

中国电影在俄罗斯的影响也是越来越大。中国影片多次在俄罗斯各大电影节上获得各类奖项。例如，1997年《变脸》获得莫斯科国际儿童电影节最佳导演奖和最佳女演员奖，2001年《游园惊梦》获得最佳女主角奖，2005年《绿草地》获得莫斯科儿童和青少年国际电影节金天鹅奖。2007年6月举办的第29届莫斯科国际电影节上，特别举办了中国电影展。2010年，作为俄罗斯“汉语年”的一项重要活动，第32届莫斯科电影节“中国电影周”在莫斯科和圣彼得堡同时举办，共选送了7部影片进行主题展映，分别是《神女》《十字街头》《女篮五号》《林家铺子》《两个人的芭蕾》《手机》《画皮》。2011年的莫斯科国际电影节上，中国香港导演黄精甫执导的《复仇者之死》获得最佳导演奖。

俄罗斯海参崴国际电影节是远东地区最大的国际影展，近年来中国参展影片多有获奖。2005年，《可可西里》获得评委会特别奖和最佳男演员奖。2010年，惠英红获最佳女演员奖。2011年，《Hello!树先生》获得最佳导演奖和最佳男演员奖。

“中国电影周”和中国电影展的举办拉近了俄罗斯观众与中国电影的距离，对中国文化有了更直观、更深入的了解。2004年4月，俄罗斯文化部携手中国国家广电总局联合举办了“中国电影周”，放映了《天地英雄》《周渔的火车》《紫日》《我的父亲母亲》《蓝色爱情》《和你在一起》6部影片。2007年5月29日至6月7日，作为俄罗斯“中国年”的一项重要活动，俄罗斯文化部电影局和中国电影资料馆共同在俄罗斯举办了中国经典电影回顾展，放映了中国20世纪八九十年代影片代表作。2012年9月，中国电影节在莫斯科和伏尔加格勒举行，展映了《钢的琴》《额吉》《山楂树之恋》《赵氏孤儿》《南少林寺》《唐山大地震》《金陵十三钗》7部风格、题材各不相同的中国影片。2013年9月，中国电影节在莫斯科和圣彼得堡同时举行，此次参映的影片共有10部，分别是《中国合伙人》《索道医生》《画皮2》《一代宗师》《致我们终将逝去的青春》《一九四二》《十二生肖》《萧红》《飞越老人院》《失恋33天》。

在戏剧领域，两国互有借鉴，尤其是斯坦尼斯拉夫斯基戏剧理论体系仍然对中国戏剧特别是话剧的发展有着深刻的影响，而中国的京剧、越剧、话剧、歌舞剧、昆曲等在俄罗斯也受众颇多。

契诃夫的戏剧作品，如《海鸥》《樱桃园》《三姐妹》《万尼亚舅舅》《伊万诺夫》等多次登上中国戏剧舞台。2004年，中国国家话剧院、中国对外文化集团和林兆华戏剧工作室共同发起了“首届中国国家话剧院国际戏剧季·永远的契诃夫”，不仅演出了《樱桃园》和《普拉东诺夫》，还邀请俄罗斯青年艺术剧院演出。果戈理的讽刺剧《钦差大臣》也被多次搬上中国戏剧舞台。编剧家阿尔布佐夫的剧作《遥远的道路》《塔尼娅》《残酷的游戏》《伊尔库茨克的故事》《老式喜剧》等也曾在中国演出。

2006年3月，中国邀请俄罗斯国家模范小剧院演出《智者千虑，必有一失》。2009年11—12月，上海戏剧学院承办了中国大学生俄罗斯作家作品戏剧节。2011年，莫斯科艺术剧院沙皮罗（А. Я. Шапиро）导演的《樱桃园》参加了中国首都剧场精品剧目邀请展。2012年，北京人民艺术剧院演出了契诃夫的独幕剧《天鹅之死》。2013年，上海话剧艺术中心邀请沙皮罗导演了《万尼亚舅舅》。

中国在译介俄罗斯戏剧理论方面的成就更为突出。斯坦尼斯拉夫斯基体系一直是译介重点，截至2011年，中国已出版两个版本的《斯坦尼斯拉夫斯基全集》。2011年，中央编译出版社修订再版了由郑雪来主持编译的6卷本《斯坦尼斯拉夫斯基全集》。2013年4月，中国艺术研究院和中央编译出版社在北京共同举办了《斯坦尼斯拉夫斯基全集》的首发式暨学术研讨会。《光明日报》《中国文化报》《中华读书报》《艺术评论》等报刊都进行了报道。在中国知网以“斯坦尼斯拉夫斯基”为主题词进行搜索，可发现1992—2013年发表的文章共有428篇，其中自2006年之后，发表的文章激增，年均30多篇，2013年更是达到53篇。此外，契诃夫和高尔基戏剧以及当代俄罗斯戏剧发展状况也是中国研究者关注的焦点。

中国戏剧剧种多样，其中最受俄罗斯观众喜爱的是京剧，尤其是京剧中的动作技巧。1992年9月25日至10月9日，北方昆剧院派出43人的演出团赴俄罗斯访问，先后在莫斯科、圣彼得堡、斯摩棱斯克进行8场演出。2001年6月，北京梅兰芳京剧团访问俄罗斯。2004年10月中国文化节开幕式上，北京京剧院表演了折子戏《火神阻路》。2005年，中俄合作的大型话剧《良辰美景》参加了在莫斯科举行的第六届契诃夫国际戏剧节的展演，在普希金剧院连演7个晚上。

总之，随着中俄两国关系的快速发展，中俄的戏剧影视交流也一改苏联时期交流不平衡的状况，开启了平等互利的新阶段。

三、音乐、舞蹈、美术等艺术领域的交流合作

俄罗斯联邦成立后，中国不断有留学人员赴俄罗斯学习音乐，下诺夫哥罗德音乐学院就是中国音乐留学生比较集中的院校，20世纪90年代中期开始有中国留学生到此学习音乐，2011年该校有100多名中国留学生。从2002年起，国家留学基金管理委员会启动了俄罗斯艺术类项目，重点资助音乐专业，输送了一大批有才华的留学生赴俄柴可夫斯基音乐学院、格涅辛音乐学院等著名音乐学府深造。

著名的俄罗斯亚历山大红旗歌舞团从1997年起多次访华。1997年，俄罗斯亚历山大红旗歌舞团自苏联解体后第一次访华演出，在北京、上

海、广州、深圳、成都等地先后演出十几场。1999年10月6日，为庆祝中华人民共和国成立50周年和中俄建交50周年，俄罗斯亚历山大红旗歌舞团第二次到中国演出，江泽民等党和国家领导人观看了演出。2002年，俄罗斯亚历山大红旗歌舞团在北京人民大会堂隆重举行了两场演出。2005年和2006年，俄罗斯亚历山大红旗歌舞团连续两年来华演出。2009年，为庆祝中华人民共和国成立60周年和中俄建交60周年，俄罗斯亚历山大红旗歌舞团于9月至10月，以120人的强大演出阵容在北京、天津、上海、南京、武汉、广州、深圳、珠海、重庆等城市巡演，受到极大的欢迎。2013年3月，习近平访俄期间，彭丽媛到俄罗斯亚历山大红旗歌舞团参观，与演员们共同演绎了中俄经典歌曲。

除了俄罗斯亚历山大红旗歌舞团之外，许多著名的俄罗斯乐团陆续来华演出。2001年，圣彼得堡管弦乐团访华演出。2002年，俄罗斯克麦罗沃交响乐团和莫斯科国立交响乐团来华演出。2004年，俄罗斯国家爱乐乐团在中山公园音乐堂举办了两场交响音乐会。2012年9月至10月、2013年1—2月，俄罗斯贝加尔国立民族歌舞团连续两次来华演出，用双语演唱了《莫斯科郊外的晚上》《山楂树》《红莓花儿开》《喀秋莎》等歌曲。2013年1月俄罗斯红星歌舞团在中国国家大剧院演唱了多首中国观众耳熟能详的曲目。

从20世纪50年代起，大量优秀的苏联歌曲在中国被广泛传唱，因此在20世纪90年代后，中国发行了许多俄罗斯歌曲唱片，如《垂柳——俄罗斯歌曲专辑》（1995年）、《白桦——苏联歌曲珍品》（1996年）、《莫斯科郊外的晚上——（前）苏联歌曲怀念篇》（2000年）、《苏联怀旧金曲》（2000年）、《俄罗斯名歌经典（俄语版）》（2005年）等。在音乐书籍方面，除了翻译音乐教材之外，中国学者还对俄罗斯和苏联音乐史进行了研究。1998年出版了黄晓和撰写的《苏联音乐史》上卷。人民音乐出版社等出版社出版了《当代俄罗斯音乐家访谈录》（2006年）、《俄罗斯音乐之魂——柴可夫斯基》（2007年）、《俄罗斯当代著名钢琴家特写》（2007年）、《苏联音乐教育》（2007年）、《俄罗斯作曲家与20世纪》（2007年）等音乐研究类著作。

中国的音乐团体也不断地赴俄演出。上海乐团、中央民族乐团、中国人民解放军总政歌舞团多次到俄罗斯圣彼得堡等地演出，为俄罗斯观众呈现精彩的演出。中国民族器乐，如古筝、二胡、琵琶等在俄罗斯大受欢迎，在俄罗斯音乐网站上能听到很多中国民族歌曲。一些中国当代流行歌曲，如《美丽的神话》《月亮代表我的心》《祝你平安》《我的中国心》《难忘今宵》等在俄罗斯的传唱度也颇高。

中俄两国的舞蹈交流以相互邀请舞蹈团体演出为主。1995年9月至10月，上海举办“足尖上的梦”系列舞蹈演出，俄罗斯国家芭蕾舞团演出了《天鹅湖》。1996年6月，俄罗斯芭蕾舞团访华演出《灰姑娘》。同年，俄罗斯莫伊谢耶夫舞蹈团访华，表演了《夏季》《游击队员舞》等民间舞蹈，莫斯科国立模范芭蕾舞团访华期间演出了芭蕾舞剧《天鹅湖》，创造了每场爆满、连演7场的票房纪录。此后，莫斯科国立模范芭蕾舞团于1999年、2001年、2003年、2010年、2013年多次来华演出。

1995年，小白桦舞蹈团时隔40年后再次来华演出，之后又分别于1998年、2000年、2001年、2007年、2009年、2011年、2013年来到中国。演出的舞蹈节目主要有《小白桦舞》《春天环舞》《小链子舞》《项链》《卡林卡》《头巾舞》《四季》。1997年2月，俄罗斯克里姆林宫国家芭蕾舞剧团在北京上演《天鹅湖》全剧和《胡桃夹子》《堂吉诃德》《睡美人》《灰姑娘》片段。1998年12月，莫斯科大剧院芭蕾舞团在北京表演了《睡美人》《天鹅湖》《艾丝美拉达》《海盗》《斯巴达克》等舞剧选段和芭蕾舞剧《仙女们》《天鹅之死》等。1999年9月至10月，柴可夫斯基模范芭蕾舞团在中国演出了芭蕾舞剧《睡美人》，莫斯科音乐剧院芭蕾舞团演出了《吉赛尔》《胡桃夹子》《堂吉诃德》《睡美人》等舞剧片段。

2000年2月，莫斯科音乐剧院芭蕾舞团再次访华。同年6月，圣彼得堡男子芭蕾舞团在中国演出了《人本来的样子》。2001年，克里姆林宫芭蕾舞团、内务部红军歌舞团、新西伯利亚歌剧芭蕾舞剧院、莫斯科古典芭蕾舞团陆续来华演出。2002年，莫伊谢耶夫舞蹈团、内务部红军歌舞团、俄罗斯国家戈登科舞蹈艺术团访华演出。2003年9月，俄罗斯国家普希金芭蕾舞团访华，演出了《天鹅湖》《堂吉诃德》等经典曲目。2004年9月，圣彼得堡国家冰上芭蕾舞剧团来华演出了冰上芭蕾舞

《天鹅湖》、《睡美人》和《胡桃夹子》。2006 年 1 月，艾夫曼芭蕾舞团在人民大会堂演出了经典芭蕾《柴可夫斯基：生死之谜》和《凯瑟琳女皇之子》。同年 9 月，叶卡捷琳堡国家模范歌剧芭蕾剧院来华演出。2007 年 4 月，俄罗斯国家体育舞蹈团一行 29 人在江苏南京、苏州、泗洪、宿迁、响水、如皋、江阴、张家港和南通等地进行了十多场演出。2008 年，新西伯利亚国立模范歌剧舞剧院再次访华演出《天鹅湖》。2013 年，莫斯科国立模范儿童艺术剧院首次访华演出，在南京和广州演出了《天鹅湖》《雪姑娘》。

与俄罗斯来华演出舞蹈团多演出芭蕾舞剧相比，中国舞蹈团赴俄演出剧种更为多样。例如，2001 年 10 月，湖南歌舞剧院访俄，演出了大型民族歌舞剧《边城》。广州军区政治部文工团将中国杂技艺术的 4 种表演方式、16 项创新技法和《滚环》《草帽》《高跷飞人》《千手观音》等 8 个获国际金奖的杂技节目融入芭蕾舞之中，创造出了全新的杂技舞剧《天鹅湖》。2006 年，杂技舞剧《天鹅湖》在克里姆林宫大剧院演出，2012 年又在莫斯科、圣彼得堡和下诺夫哥罗德演出 7 场，取得巨大成功，一票难求。云南省文化界与俄罗斯芭蕾舞团联合创作的芭蕾舞剧《小河淌水》是一部融汇中西的高雅之作，分别于 2007 年和 2009 年赴俄演出，获得好评无数。

此外，具有中国民族特色的芭蕾舞、彩带舞、广场舞、孔雀舞等各类舞蹈也深受俄罗斯舞蹈界和观众的喜爱，并成为俄罗斯艺术家的表演节目。

俄罗斯美术的现实主义风格和诗意情怀在世界美术舞台上独树一帜，对中国影响尤为深刻。苏联时期，中国通过派出留学人员、聘请美术专家、举办美术展览和译介美术著作等方式向苏联学习美术，中国的美术教育深受苏联影响。苏联解体后，这种影响力仍然持续并延续了下来。中国留学人员不断赴俄罗斯学习美术，林强、陈建军、王海军、冯斌的画作在莫斯科奥斯特洛夫纪念馆展出，路家明、郑光旭、潘义奎、王轶男等师从俄罗斯美术名家，均取得显著成就。

除此之外，两国美术院校在合作办学方面也取得了重大进展。郑州轻工业学院与苏里科夫美术学院联合创办了易斯顿国际美术学院。齐齐哈尔大学的美术学、音乐学和艺术设计专业通过中俄合作的形式开办。黑河学院不仅在俄罗斯建立了切林姆霍瓦美术实践基地，还与俄罗斯布拉戈维申斯克国立师范大学、阿穆尔国立大学、哈巴罗夫斯克国立文化艺术学院开展了联合培养本科生项目。2012 年，深圳大学与列宾美术学院签署了合作办学的框架协议。

20 世纪 90 年代，俄罗斯美术作品不断在中国展览。俄罗斯总统艺术顾问索罗明（Н. Н. Соломни）多次率领俄罗斯画家在中国举办巡回画展。2001 年 8 月和 9 月，俄罗斯当代经典油画展和俄罗斯绘画 300 年展览在中国举办。2003 年 9 月，“俄罗斯，我们的故乡——俄罗斯当代画家油画作品展”在黑龙江美术馆举行。2006 年 3 月至 5 月，中国美术馆举办了“俄罗斯艺术三百年—— 国立特列恰科夫美术博物馆珍品展”，展出 110 幅作品。2007 年 3 月，“俄罗斯·中国当代油画家作品展”在武汉博物馆开展。2009 年 11 月，上海市海外交流协会和上海国际艺术节中心联合举办了俄罗斯当代画家油画作品展。

与此同时，中国的美术作品在俄罗斯也频繁亮相。2001 年 7 月，中国书画展在俄罗斯展出。9 月，“锦绣中华”摄影作品展在奥斯特洛夫斯基人文艺术中心博物馆展出，吸引近 3000 名观众。2007 年 9 月，“中国印·李岚清篆刻艺术展”在圣彼得堡国家博物馆开幕，这是中国传统篆刻艺术首次在海外巡展。一些中国美术家还因为美术造诣或对中俄美术交流做出的贡献而获得俄罗斯颁发的奖项。例如，张华清 2000 年荣获俄罗斯普希金文化勋章，同时被聘请为俄罗斯国家美术学院荣誉教授，2008 年高莽和袁熙坤被授予俄罗斯艺术科学院荣誉院士称号，潘义奎于 2013 年获得俄罗斯艺术界专业高端奖项尼古拉·列里赫国际奖章。

中国的国画一直受到俄罗斯的关注与欢迎。2012 年 5 月，莫斯科举办中国国画展览会，参观者在美术家的指导下学习创作中国国画，在莫斯科引起极大反响。著名旅俄画家姜石仑是列宾美术学院的名誉教授，其国画作品被法国罗浮宫、俄罗斯冬宫等世界顶级艺术馆和人民大会堂等国家重要机构收藏，他在彼得堡开设的石仑画廊是俄罗斯美术界和当地市民与中国国画艺术沟通的平台。2011 年，“彼得堡性格”人文基金会在仪式上授予了姜石仑“彼得堡性格”奖章，以表彰其为该市文化艺术发展所做的贡献。2013 年 11 月，杨一峰在莫斯科举办画展，展出以牡丹为主题的国画 104 幅。

中国版画也一直是俄罗斯汉学界关注的对象。2009 年，中华书局出版了《中国木版年华集成：俄罗斯藏品卷》，该卷收录了 24 家收藏机构的藏品和 2 处私藏，甄选出俄藏中国木版年画数百幅，绝大部分是在中国难以见到的孤本与珍品。该卷主编是俄罗斯著名汉学家、俄罗斯科学院院士李福清，他还撰写了《中国木版年画在俄罗斯》，详细介绍了百余年来俄罗斯收藏与研究中国年画的历史，极具史料与学术价值。

第四节　两国互办“国家年”“语言年”“旅游年”

从 1992 年起，中俄两国的文化部部长开始定期互访。1996 年，中俄建立了总理定期会晤机制，两国总理每年举行一次会晤，商讨两国在商贸、能源、科技、教育及文化等各个领域的务实合作问题。2000 年 12 月，在中俄总理定期会晤机制框架内成立了中俄教文卫体合作委员会，2007 年更名为中俄人文合作委员会，在教文卫体的基础上又成立了旅游、媒体、电影、档案合作分委会，为中俄人文交流的开展提供了重要的机制保障。在不断深化战略协作伙伴关系的契机下，在上述委员会的推动下，中俄两国的文化交流渐渐步入正轨，各项活动有条不紊展开，成果日渐丰硕。其中最为耀眼的成绩当属两国互办“国家年”“语言年”“旅游年”。

早在 1997—1998 年，两国已经开始尝试互办文化节。1997 年中国在俄罗斯举办了中国文化节，中国文化代表团、文化部代表团、电影家代表团、作家代表团、美术家代表团、京剧团、民乐团、歌舞团、杂技团、国际比赛艺术家小组、国画展、摄影展及新闻报道组共 13 个团组 145 人赴俄参加。1998 年，100 多位俄罗斯艺术家受俄罗斯联邦文化部的派遣参加了在中国举办的“俄罗斯文化节”，在北京、上海、天津、南京、杭州、长春、沈阳、大连、青岛9市巡回演出。1999年，中俄联合举办了《今日中国》摄影图片展、《中国艺术品》展览、《俄罗斯当代油画展》，首次将俄罗斯当代油画艺术向公众展示。2003年8月，圣彼得堡举办的“中国周”活动获得当地民众的认可，随后开展的中国民族音乐会、广东杂技团的杂技表演等活动内容丰富，广受当地民众好评。

2006年以后，中俄人文交流活动规模更加庞大。中国在2006年元月正式启动“俄罗斯年”活动，俄罗斯则从2007年元月启动“中国年”活动。“国家年”活动大获好评之后，中俄双方于2009年在中国举办“俄语年”，2010年在俄罗斯举办“汉语年”活动。2012年，中国举办“俄罗斯旅游年”，2013年，俄罗斯举办“中国旅游年”。中俄双方在“俄罗斯旅游年”合作框架内成功举办了200多项活动，其中“千名中国游客游览俄罗斯”、“北京—莫斯科”中俄记者自驾车联合采访、50个俄罗斯家庭来北京借宿旅行等活动都是中俄旅游交流史上的首创。

一、中俄互办“国家年”

2004年7月，中俄双方在磋商《〈中俄睦邻友好合作条约〉实施纲要（2005—2008年）》时，俄方首次提出，希望2006年和2007年分别在中国举办“俄罗斯年”和在俄罗斯举办“中国年”活动。中俄“国家年”活动的共同宗旨是：宣传中俄友好，增进友谊和信任，推动务实合作，深化两国战略协作伙伴关系。

2006年1月，“俄罗斯年”活动正式在中国开启。在这一年中，中俄双方共举办了200多项活动，涵盖了政治、经贸、文化、教育、卫生、体育、传媒、科技、军事和地方等中俄两国合作的各领域。活动主要包括8个国家级大型活动项目和近200项其他项目，其中人文交流活动的重头戏是3月开幕、一直持续到次年1月的“俄罗斯文化节”。

3月21日，“俄罗斯文化节”开幕式在人民大会堂上演，中国国家主席胡锦涛和来华进行国事访问的俄罗斯总统普京出席开幕式并致辞。俄罗斯国立模范大剧院派出了芭蕾舞团、合唱团、歌剧团、交响乐团共计280人的强大阵容进行开幕式演出，创造了该剧院230年历史上一次性派出人数之最。开幕展“俄罗斯艺术三百年——国立特列恰科夫美术博物馆珍品展”于3月22日至5月15日在中国美术馆隆重开展，共展出110幅美术珍品，既有一流大家的经典作品，也有俄罗斯最前沿的先锋派作品。

文化节围绕“永恒的经典”“传统与现代”两大主题展开，包括开幕展在内，共计9个顶级展览在中国各大城市展出。3月23日至4月10日，“开放的俄罗斯”现代艺术展在中国美术馆开展，展出了绘画、雕塑及综合材料制作100多件，风格多样，由来自俄罗斯各个地区的老、中、青三代艺术家在不同时期所创作。5月起，“太阳城——社会主义现实主义的辉煌”艺术展分别在上海、北京、长沙、重庆四地开展，展出油画、海报、雕塑、瓷器、奖章等240件作品，将观众带回到20世纪30—50年代，真实地再现了苏联人民对美好生活的追求以及保家卫国的坚强意志，其中不少作品记录了中苏两国人民的友好往来。6月至10月，“金帐汗国的宝藏——艾尔米塔什国家博物馆藏品展”给北京、西安的观众带来了中世纪欧亚政治强国所拥有的珠宝艺术品。上海刘海粟美术馆在6月15日至25日展出“谢尔盖·安德里亚卡工作室水彩画展及大师班”，展现了俄罗斯当代水彩画艺术的风采。“俄罗斯文学展—普希金、托尔斯泰、肖洛霍夫（文学作品插图展)”则通过文学插图让人们在体味视觉艺术的同时重新挖掘文学作品的深刻内涵。9月底至12月在北京故宫举办的“克里姆林宫国家博物馆藏品展（金银制品）”让中国观众一睹俄罗斯国宝级藏品的风采。“19世纪下半叶俄罗斯现实主义作品展”作为文化节的闭幕展展现了俄罗斯美术“黄金时代”的辉煌风貌。“各族人民大检阅民俗展”作为“俄罗斯年”的闭幕展，分别在北京、黑龙江、天津展出，呈现了俄罗斯各个民族在过去两个世纪中所创造出的民俗精华。

文化节期间，来自俄罗斯的21个重点演出团体和多个民间文化艺术团体给中国人民带来了俄罗斯文化艺术精粹。开幕式上俄罗斯国立模范大剧院为中国观众带来了一场视听盛宴。3月24日至25日，俄罗斯历史最悠久的剧院——1756年创建的国家模范小剧院带来了奥斯特洛夫斯基的传世名作《智者千虑必有一失》。5月，北京天桥剧场上演了莫斯科契诃夫艺术剧院的高尔基经典剧作《小市民》。7月，首都剧场上演了彼得·伏缅科戏剧创作室的《狼与羊》。9月24日至25日，赫利孔山歌剧院在北京天桥剧场演绎了阵容庞大的歌剧《沙皇的新娘》。10月，莫斯科影子剧院和奥博拉兹阔夫（Obrascov）木偶剧团则为中国观众带来了令人耳目一新的表演。

俄罗斯文化节还是一场俄罗斯音乐与歌舞的盛会。花朵乐队、红色木乃伊乐队呈现了俄罗斯现代音乐的震撼力。莫斯科交响乐团、俄罗斯国立模范大剧院歌唱家音乐会演绎了格林卡、柴可夫斯基和肖斯塔科维奇等艺术大师的作品。俄罗斯全明星芭蕾、俄罗斯国立模范小白桦歌舞团、俄罗斯特瑞姆民族器乐四重奏则把经典芭蕾和具有浓郁民族风情的歌舞献给中国观众。在北京中华世纪坛举办的《撼天动地——“俄罗斯日”大型激光歌舞秀》，则把俄罗斯音乐、歌舞和中国音乐汇集一台，营造出热烈炫目的别样艺术景象。斯皮瓦科夫室内乐团、美人鸟合唱团赢得了观众狂风骤雨般的喝彩。柴可夫斯基交响乐团的演出则为“俄罗斯年”闭幕式画上了圆满的句号。

俄罗斯“中国年”开幕式于2007年3月26日晚在莫斯科克里姆林宫大礼堂隆重举行，中国艺术家献上了一场主题为《春天的交响》的精彩演出，由此拉开“中国年”活动的序幕。包括中国国家展在内的13项国家级活动和200余项地方级活动贯穿全年，在俄罗斯大地上掀起了“中国热”。其中，丰富多彩、形式多样的人文交流活动为“中国年”添上绚烂一笔。13个中国艺术团体和多个大型艺术展览奔赴俄罗斯各地，涵盖了芭蕾舞、交响乐、杂技、京剧、民族歌舞、流行音乐、中国功夫等多个艺术门类。

2007年5月23日至30日，中国广播民族乐团大胆地采用露天演出的方式，将中国音乐敞开式地呈现在俄罗斯观众面前，两场演出就吸引了3.5万多名观众。6月6日，在莫斯科俄军中央模范剧院上演的中国原生态民族歌舞《多彩贵州风》令观众高声叫好。7月2日至10日，在莫斯科和圣彼得堡上演的中国功夫舞剧《功夫传奇》以全新的视角展现出中华武术文化的精粹，在俄罗斯掀起一场空前的中国功夫热潮。9月7日、8日晚，藏族歌舞诗《神奇的家园》在莫斯科轻歌剧院进行了两场演出，为俄罗斯观众撩开了雪域高原的面纱。芭蕾舞剧《小河淌水》则展现了中俄艺术家联袂创作的成果。9 月 4 日启程，历时 24 天、途经 11 个城市的“伏尔加河艺术之旅”活动把京剧、杂技、魔术、民乐、中国舞、流行音乐、民间手工艺表演等中华艺术瑰宝传播到了俄罗斯的母亲河沿岸地区。

除文艺演出外，“中国年”期间还举办了各项展览。“故宫博物院藏珍品展”展现了中国明清两代的宫廷艺术，“白色的金子——中国陶瓷精品展”则向俄罗斯人民普及了有关景德镇瓷器的历史知识，“中国博物馆精品展”“丝绸之路——5000 年中国丝绸精品展”“中国民俗灯展”“中国邮票展”也都吸引了大批俄罗斯观众前来观赏。在 9 月举行的第 20 届莫斯科国际书展上，中国还首次以主宾国身份参加活动。

此外，中俄双方还在“国家年”框架下，举办了大学生艺术节、大学校长论坛等一系列丰富多彩的活动，增进了两国人民的相互了解与传统友谊。

为期一个多月的“中俄友谊之旅·中国行”是“中国年”框架内的一个活动亮点。来自 12 家俄罗斯媒体的近 20 名记者和中国媒体一起乘坐 16 辆越野车，辗转中国 15 个省（自治区、直辖市），长途跋涉 8800 多千米，对沿途各地经济、文化、社会建设进行了采访报道，向俄罗斯民众传达了一个文明进步、蓬勃发展的中国形象，对促进两国人民的友谊和理解产生了积极影响。

中俄互办“国家年”是中俄关系史上的创举，历时两年的中俄“国家年”共举办了 500 多项活动，以其丰硕的成果在两国关系史上写下了光辉的一页。

二、中俄互办“语言年”

继成功互办“国家年”活动后，中俄双方于 2009 年在中国举办“俄语年”，2010 年在俄罗斯举办“汉语年”活动，进一步开创了两国人文交流与合作的新局面。

2009 年 3 月 27 日，中国“俄语年”在北京人民大会堂开幕。中俄双方在中国的22个省（自治区、直辖市）共举办了260余场活动，内容涉及教育、文化、媒体、电影和出版等各个领域。中国开设俄语专业的100多所高校举办了俄语语言知识大赛、俄语歌曲演唱、俄文诗歌朗诵等活动。

2009年9月10日11时，中央电视台俄语国际频道正式开播。这也是中国“俄语年”的重要事项之一。该频道搭起了一个俄语地区国家民众倾听中国声音和探究中国文化的平台，其信号覆盖亚洲、太平洋、中东和欧洲地区，主要服务对象为独联体国家、东欧地区和波罗的海3国，总人口约3亿人，形成了一条双边政治、经济、文化、科技等领域信息共享、深化情感的纽带。第一个节目为中华人民共和国与俄罗斯联邦建交60周年大会暨中国“俄语年”闭幕仪式。

值得一提的是，2009年夏天，应俄罗斯政府邀请，第二批来自四川、陕西和甘肃地震灾区的500多名中小学生赴俄疗养。作为对俄方的友好回应，中国于2010年俄罗斯“汉语年”期间邀请首批500名俄罗斯中小学生赴华参加夏令营。两国青少年之间的这种交流构成了“语言年”活动极为重要的内容。

2010年3月23日，俄罗斯“汉语年”开幕式暨文艺演出在莫斯科克里姆林宫大礼堂举行，参加演出的没有专业演员，都是中俄两国大学生。“汉语年”期间的活动可谓丰富多彩，令人目不暇接。在教育方面，孔子学院组织汉语教师技能培训，组建俄罗斯汉语教师协会，成立俄罗斯汉语教师之家，评选孔子学院优秀教师和最受欢迎的教材，举办汉语教师教学技能比赛。此外，孔子学院还开通了网络平台，为俄罗斯青少年学习汉语提供远程教学支持，建立中俄青少年友好交流平台。在莫斯科、圣彼得堡、叶卡捷琳堡、新西伯利亚、符拉迪沃斯托克5个俄罗斯重点城市青少年宫开设“中华语言文化角”。

“汉语年”期间还举办了各种大赛，如俄罗斯大学生汉语歌曲大赛、俄罗斯中小学生有关中国历史、文化等方面的作文大赛。配合每年的“汉语桥”世界大、中学生中文比赛，分赛区举办全俄大、中学生汉语大赛。人民网和俄新网在各自的网站联合举办“俄罗斯大学生汉语知识竞赛”。俄方还举办了俄罗斯中小学生关于中国题材的汉语作文比赛、武术和太极拳比赛、俄中小学生汉语和中国文化奥林匹克竞赛，以及题为“语言是友谊的桥梁”的地区性大学生汉语比赛。

2010 年 5 月，中国艺术演出团分赴俄罗斯东、中、西部孔子学院进行巡演。8 月，中央电视台“同一首歌”栏目组赴俄罗斯举办文艺演出。9 月，中俄大学生艺术联欢节在莫斯科开幕，中方组织了东北师范大学、大连外国语学院、黑龙江大学等 9 所高校 100 余名师生，赴俄在莫斯科和圣彼得堡两地进行演出交流。“中国音乐周”“中国文学周”“中国电影周”以及各种形式的音乐会等活动也陆续展开。

“汉语年”期间举办了多场展览，如中国语言展（莫斯科）、中国高等教育展。孔子学院还在俄罗斯高校举办中华人民共和国成立 60 年照片回顾展、中国美食节、“俄罗斯人眼中的现代中国”照片展、汉语教材展等大型展览。在 2010 年第 23 届莫斯科国际书展期间，举办中俄经典译著展，召开两国互译经典作品研讨会，启动互译作品项目。俄罗斯报与中国国际广播电台、经济日报在俄罗斯莫斯科新闻中心和哈巴罗夫斯克分社举办图片展，在“中国文化节”框架内举办四川自贡大型户外彩灯展等。

俄罗斯举办“汉语年”活动期间，全俄共举办了 200 多项活动。通过这些活动，中国功夫、中华美食、中医中药、中国哲学这些中国元素越来越为普通俄罗斯民众所熟悉和接受[①]。

中俄互办“语言年”期间举行的各种活动，极大地促进了俄语和汉语在两国的推广、应用与传播，推动了中俄文学、电影、戏剧、音乐的深入交流，展示了中文和俄语的无穷魅力及中国文化与俄罗斯文化强大的生命力。

三、中俄互办“旅游年”

“国之交在于民相亲，民相亲在于心相通。”2012 年在中国举办“俄罗斯旅游年”，2013 年在俄罗斯举办“中国旅游年”，成为继互办“国家年”及“语言年”之后，中俄又一重大主题年活动。

---

① 汪嘉波：《互办“主题年”谱写中俄友好传奇》，《光明日报》2018 年 1 月 30 日。

1月5日，2012中国欢乐健康游·中俄旅游年启动仪式暨第28届中国·哈尔滨国际冰雪节开幕式大型文艺演出“悦动冰城”隆重举行。参加晚会的500多名演员中，有150名是俄罗斯演员。3月23日夜晚，北京国家大剧院灯火辉煌，中国“俄罗斯旅游年”在此拉开帷幕。中俄双方在“俄罗斯旅游年”框架下成功举办各类活动200余项，其中有卫生部举办的“感受中医之旅”特色活动，国家新闻出版广电总局牵头举办的中俄电影分委会中国电影周、制作“旅游年”电视节目、宣传片和专题网站及国家体育总局、团中央举办的系列活动。北京、黑龙江、广东、辽宁、内蒙古、上海、河北、吉林、山东、海南、新疆等（自治区、直辖市）市也筹划了一批特色鲜明、内容丰富、形式多样的活动。

许多活动为中俄旅游交流史上的首创：2012年6月，100名中国记者赴俄采访，在为期一个半月的采访期间，中国记者走访了俄罗斯20余座城市；7月19日，千名中国游客齐聚莫斯科，参加了俄方举办的专场文艺演出；8月16日，中国制作的100集旅游电视专题片《你好，俄罗斯》同时在各电视台及有关网络等媒体平台播出，引起了各界的极大反响；10月初，应北京市政府邀请，50个俄罗斯家庭150余人赴北京进行了民宿旅游交流活动，全面领略了北京的魅力和中国文化。在“俄罗斯旅游年”的大力推动下，“北京—圣彼得堡—莫斯科豪华邮轮十日游”大型文化观光活动，已成为两国交流标志性文化旅游项目。

2013年3月22日，俄罗斯“中国旅游年”开幕式在莫斯科隆重举行，中国国家主席习近平与俄罗斯总统普京共同出席开幕式并致辞。在“中国旅游年”框架内共举办了近400项活动，其中中方活动236项、俄方活动160项。5月底至6月初，中方邀请155名来自俄罗斯各地的媒体记者来华进行“美丽中国之旅”采风活动，深入考察中国各地文化观光、滨海度假、温泉疗养、生态旅游等形式多样的旅游产品和线路。6月12日至14日，杭州爱乐乐团赴莫斯科、圣彼得堡交流演出，受到观众广泛好评。7月13日，百名俄罗斯旅游商来华考察活动正式启动，120名俄罗斯大中型旅游企业代表于7月至10月赴国内各地考察中国优秀、丰富的旅游资源及更多的旅游线路和产品。7月10日至15日，第五届中俄青少年运动会在上海成功举办，中俄近300名青少年参加了比赛。6月至11月，由中国国际广播电台制作的《你好，中国》系列节目在俄罗斯多家广播、电视、平面和网络媒体播出。与此同时，中国各地也举办了形式多样的主题活动。

几年来，数百项内容丰富、形式多样的活动，丰富了中俄人文合作的内涵，也提升了中俄旅游合作交流水平。两国的旅游合作机制不断完善，双方先后举行了中俄人文合作委员会旅游分委会会议、中俄旅游安全磋商、中俄旅游教育论坛、第三届中俄地区旅游合作交流会议等活动，有力地促进了两国旅游合作的深化和发展。目前，中国已成为俄罗斯第二大旅游客源国，俄罗斯则名列中国第三大旅游客源国。

中俄互办的“国家年”“语言年”“旅游年”活动是在中俄两国最高领导人的亲自推动下展开的，每一次都因内容丰富、规模巨大、形式多样、民众踊跃参与而引起两国社会各界的强烈反响和两国媒体的由衷赞叹。其框架内的数千次友好交流活动见证了中俄两国的民意基础，推动了中俄友好和人文交流不断深入发展，增进了两国人民的相知互信和传统友谊。中俄互办的国家级“主题年”活动，已经成为两国人文交流与合作中的标志性事件。

第七章 “一带一路”框架下的中俄人文交流

2013 年中国国家主席习近平在访问哈萨克斯坦和东盟时，分别提出建设“丝绸之路经济带”和“21 世纪海上丝绸之路”的构想。时隔一年，李克强总理在 2014 年政府工作报告中将这一构想列为本届政府的重要工作任务。2015 年 3 月，国家发展和改革委员会、外交部、商务部联合发布《推动共建丝绸之路经济带和 21 世纪海上丝绸之路的愿景与行动》，标志着“一带一路”倡议已经进入了全面建设阶段。在“一带一路”框架的大力推动下，有着深厚人文交流基础的中俄两国迎来了新的发展阶段。

第一节 中俄人文交流的全方位展开

“一带一路”倡议的核心内容之一是“民意贯通”，其实质是加强同“一带一路”沿线国家的文化联系与合作，增强彼此之间的理解与信任。2014 年和 2015 年中俄两国联合举办“中俄青年友好交流年”大型主题年活动，其目的是加深中俄两国青年间相互理解与友谊，巩固世代友好的理念。2016 年和 2017 年举办了“中俄媒体交流年”，搭建了中俄媒体间互联互通、互信互利的新型合作平台。徐徐拉开帷幕的“地方合作年”则是国家级“主题年”活动的延续。

一、中俄联合举办“中俄青年友好交流年”

2014 年 3 月 28 日晚，“中俄青年友好交流年”在俄罗斯圣彼得堡的马林斯基剧院正式开幕。这项主题年活动包含 300 多项具体活动，涉及艺术、科学、教育、青年交流等领域，也是两国第一次举办跨年度的主题年活动。

开幕式当天，在圣彼得堡就举行了“你好，中国”第三季 50 集系列微电影活动，全俄国家电视广播公司、俄罗斯报社、“俄罗斯之声”广播电台、俄塔斯社等俄罗斯主流媒体全方位播出，展现当代中国年轻人的生活与梦想。同时启动的还有中俄百校万人交流计划、中俄百万人次在线互动启动仪式等活动。

活动期间，中俄双方举办了语言竞赛、中国全国高校大学生俄语大赛、中国青年俄语电视大赛、汉语俄语语言大赛，组织双方中小学生、大学生赴对方国家参加夏令营和冬令营活动，进行语言学习、开展文体活动、游览参观当地景观、了解民俗文化。中国邀请俄罗斯担任 2014 年浦江创新论坛主宾国，并在论坛框架下共同举办科技交流活动，扩大两国科研人员，特别是青年学者之间的交流。双方还派遣青年企业家代表团互访，举办两地青年企业家合作峰会，加强双方青年交流力度，增进双方了解和互信，促进两地经贸往来和民间合作。积极落实《中俄人文合作计划》有关内容，配合俄罗斯总统访华接待 100 名俄罗斯青年访华，配合中国总理访俄派遣 100 名中国青年访俄。

在艺术领域，中俄双方各自推荐 30 部本国大学生拍摄的微电影，统一译制成对方国家的语言，在“中俄青年交流年”官方网站和两国主流网络媒体上进行推广，并由两国网友对对方的作品进行评选。两国青年电影代表团分别赴俄罗斯、中国出席影展开幕式及交流活动。中俄大学生书法绘画作品展、江苏高校学生书画展、《我的中国》摄影展、俄罗斯风光摄影展、APEC框架下俄罗斯博物馆展、中俄现代艺术展、中俄青年书画艺术展、中俄青年文化艺术专题交流活动、俄罗斯青年雕塑大师作品个展、中国八大知名美术院校优秀毕业生美术作品展等展览扫除了双方的刻板印象，令人眼界大开。双方还组织了数十场体育比赛，包括排球、篮球、游泳、乒乓球比赛，举办了中俄大学生运动会和第六届中俄青少年运动会。

“中俄青年交流年”活动呈现出多层次、宽领域、广覆盖的特点，两国青年在交流中加深了了解，培育了友谊，增进了感情。不管是少年还是青年，友谊的种子已经种下，来日便可发芽壮大。

二、两国共办“中俄媒体交流年”

2015年12月17日，国务院总理李克强与俄罗斯总理梅德韦杰夫共同出席中俄青年友好交流年闭幕式暨中俄媒体交流年开幕式并致辞。

李克强在致辞中高度评价中俄青年友好交流年取得圆满成功，祝贺中俄媒体交流年即将开始新的征程。梅德韦杰夫则希望两国媒体朋友踊跃参与媒体交流年活动，提供更多高质量的公共产品，增进两国人民发自内心的真诚友谊。

在习近平主席和普京总统的倡导下，两国媒体合作提升至国家水平，两国媒体热情参与，开展了形式多样、内容丰富的交流与合作。人民日报社、光明日报社、中央电视台、中国国际广播电台、塔斯社、“今日俄罗斯”国际新闻通讯社等两国主流媒体共同推出中俄媒体论坛、俄罗斯电影节、中俄媒体边境口岸联合采访、最有影响力的中俄文学作品评选、第二届中俄电视周等活动。

普京总统出席人民日报社和塔斯社共同主办的2016年中俄主流媒体大型联合采访活动启动仪式，接受新华社独家专访。梅德韦杰夫总理做客人民日报社并与中国网友亲切交流。中俄合拍的大型系列纪录片《这里是中国》《你好，我是中国》激发了俄罗斯民众对中国的浓厚兴趣。

中俄联合制作的跨国连线节目《等着我》深深打动了两国观众的心。“中俄头条”双语客户端在两国下载量突破400万次，已成为两国人民相互了解和交流的最有效移动端新媒体平台。

在媒体交流年的一系列引人注目的活动中，有一项是特别的活动——贵州·中俄少儿媒体营。这项活动的特别之处在于，它吸引两国之间正在成长的少年儿童及媒体参与到其中，从而让这一代从少年时期起就能形成对伙伴国家良好的印象。这项活动于2016年6月至2017年12月在俄罗斯圣彼得堡、莫斯科等城市以及中国贵州省贵阳市、黔东南苗族侗族自治州同期开展，致力于搭建中俄媒体尤其是少儿类媒体的合作平台，除建立新闻交换机制外，还陆续启动合作制作、互播优秀影视剧、互译出版精品图书、新媒体合作、动漫项目孵化、新媒体培训等一系列项目。

10月12日至25日，由中国国际广播电台、中央电视台、新华社、人民网、央广网、中国日报网、“今日俄罗斯”国际新闻通讯社、塔斯社、“今日俄罗斯”电视台、俄罗斯报社等组成的“丝路中俄”全媒体采访团走访了陕西、甘肃和新疆三个省（自治区）的四座城市，全面报道“一带一路”建设与欧亚经济联盟建设的对接。中国国际电视台还与“今日俄罗斯”电视台推出大型多媒体文化项目《你好，我是中国》第四季系列纪录片，展现欧亚地区各国互利共赢、共谋发展的时代画卷。

媒体交流年期间还举办了一系列地方、高校合作项目，如2017俄罗斯—河北文化周活动，以叶赛宁命名的中俄文化教育中心在长春成立，“百名俄罗斯画家画龙江”系列活动在黑龙江启动，2017俄罗斯“湖北新闻出版广电传媒周”在莫斯科举行，2017“中俄纪录片展”6月6日在乌鲁木齐开幕，由中国艺术研究院、黑龙江省文化厅、黑龙江大学联合主办的首届中俄文化艺术论坛在哈尔滨召开……2017年6月22日，第八届中俄文化大集在黑河市开幕，同时俄罗斯布拉戈维申斯克也同步举行中俄文化大集。2010年以来，中俄双方每年都举办一届文化大集。从2013年第四届开始，中俄文化大集上升到两国国家层面。该届文化大集设置了7大板块32项活动，涉及文化交流、文化旅游、文化贸易等内容，举办了中俄“一带一路”中国·黑河高峰论坛、中俄大学生互访交流等活动。黑河还邀请20余个国家和地区前来参展，汇集近千种具有民族文化特色的非物质文化遗产产品、工艺品。此外，文化大集还新增加了中俄民众狂欢、荧光夜跑等活动。

除了这些传统的文化交流活动外，“一带一路”倡议的提出拓宽了中俄人文交流的合作渠道。例如，在电影产业，以前在院线几乎看不到俄罗斯电影，现在则有不少俄语电影进入中国市场，受到中国观众的喜爱。2016年的《他是龙》在中国的火爆程度已超过了俄罗斯国内。《火海凌云》《太空救援》《花滑女王》相继在中国上映，取得不俗的票房成绩。中俄两国还合作拍摄了《中国游记——铁面人之谜》《黑土地上的最后一战》《战斗民族养成记》等电影、电视。

2017年中俄网络媒体年会作为“中俄媒体交流年”的重要活动之一在俄罗斯顿河畔罗斯托夫举行。年会下设四个圆桌会议，主题分别为“互联网新媒体在现代世界的作用”“高科技在媒体行业领域的作用”“媒介教育及青年创业创新”“互联网娱乐内容发行”。中俄媒体人在交流分享过程中，提出了一系列具有前瞻性、战略性和创新性的真知灼见。论坛期间，还举行了中俄电竞友谊赛、中俄媒体联合采访等活动。

两年的“中俄媒体交流年”期间，双方共举办250多场丰富多彩的活动，取得了丰硕的成果。媒体交流年虽已闭幕，却不是终点，而是新的起点，它开启了中俄媒体合作的新篇章。

三、其他形式的人文交流活动

2016年11月8日下午，由中国国家新闻出版广电总局和俄罗斯文化部共同主办的中国电影节在莫斯科开幕。从11月8日至27日，《大唐玄奘》《狼图腾》《北京遇上西雅图之不二情书》《烈日灼心》等7部中国电影在莫斯科和罗斯托夫两地共同上映。俄新社发表文章《成龙在中国电影节开幕式上演唱了歌曲〈国家〉》，并指出：“中俄有很多相似的地方。”《电影》发表评论：“中俄人民是永远的兄弟。影院外排起长龙，成龙的中俄影迷不断赶来，影迷对成龙的爱连结起两国人民的心。”[①]

2016年11月8日，中俄最有影响力的文学作品互评揭晓仪式在莫斯科举行，俄方评委会主席团主席是俄罗斯总统文化事务顾问、著名作家列夫·托尔斯泰的玄孙弗拉基米尔·托尔斯泰，他宣布了由光明日报社组织评选出的普希金的《叶甫盖尼·奥涅金》、托尔斯泰的《战争与和平》、果戈理的《死魂灵》、奥斯特洛夫斯基的《钢铁是怎样炼成的》等在中国最有影响的十部俄罗斯文学作品，在俄罗斯最有影响的十部中国文学作品由塔斯社组织评选，它们是孔子的《论语》、司马迁的《史记》、曹雪芹的《红楼梦》、鲁迅的《野草》等[①]。

2018年9月11日晚上，源自俄罗斯、在中国也广受欢迎的经典作品——歌剧《这里的黎明静悄悄》在马林斯基剧院上演。全场演出由中国艺术家编剧和再创作，融入了中俄两国人文艺术交流的元素。歌剧《这里的黎明静悄悄》由中国国家大剧院邀请中国一流艺术团队共同创作，2015年在国内首次亮相。这部在中俄两国深入人心的经典作品，经过中国艺术家的再创造，上演之初就获得了各界的一致好评，中国艺术家也借此向反法西斯战争胜利70周年献礼[②]。

2018年6月5日，由光明日报社与俄罗斯塔斯社共同举办的“中俄互评人文交流领域十大杰出人物”活动启动仪式在光明日报社举行。光明日报总编辑张政，塔斯社总编辑费利莫诺夫，全国政协外事委员会副主任韩方明，俄罗斯驻华大使杰尼索夫，中国教育国际交流协会会长、教育部原副部长刘利民，中科院院士、北京理工大学原校长胡海岩及参与中俄人文交流的各界人士出席了启动仪式。该活动旨在“促进民心相通、文明互鉴”，我们相信，“这一活动将推动中俄两国人文领域的进一步合作”[③]。

---

① 汪嘉波：《中俄人文交流史上流光溢彩的一页——中国电影节开幕式和中俄最有影响力的文学作品互评揭晓仪式综述》，《光明日报》2016年11月13日。

② 光明日报社代表团：《一场中俄人文交流的盛会——中国歌剧〈这里的黎明静悄悄〉在俄罗斯成功上演》，《光明日报》2018年9月13日，第12版。

③ 王倩：《“中俄互评人文交流领域十大杰出人物”在光明日报社启动》，《光明日报》2018年6月6日。

上海合作组织是中俄与中亚国家交流的重要桥梁，其中青少年交往离不开教育交流。2007年，在上海合作组织成员国的倡议下，成立了上海合作组织大学，旨在为成员国培养社会经济建设和交流合作等方面的优秀人才。上海合作组织大学在中国、哈萨克斯坦、吉尔吉斯斯坦、俄罗斯、塔吉克斯坦等五国现有的高校校际合作基础上，编写共同的教学大纲，组成一个教育机构网络。目前，上海合作组织大学项目院校共82所，其中中方项目院校20所，包括清华大学、北京大学、北京外国语大学、山东大学、首都师范大学等高校。

除了上海合作组织大学，孔子学院也是推进人文交流的重要场所。截至目前，上海合作组织成员国共有36所孔子学院和31个孔子课堂，这些孔子学院和孔子课堂一方面进行语言教学和文化传播；另一方面对接各成员国国家发展战略的实际需要。此外，中俄、中哈等国之间在教育领域合作不断；中国高校和各研究机构的上合组织成员国研究中心和国别研究基地相继成立；为成员国学生来华留学提供奖学金等。可以说，中国在上海合作组织框架下为成员国培养人才、发挥了精神纽带的作用①。

第二节　中俄人文交流中的新挑战

在“一带一路”框架下，中俄两国的人文交流合作一片欣欣向荣。中俄连续举办国家级主题年活动，是两国对外关系中前所未有的景象。期间举办的数千场活动，涵盖了政治、经贸、文化、军事、教育、科技、卫生、传媒、地方交往等诸多领域，推动了中俄友好和人文交流不断深入发展，增进了两国人民的相知互信和传统友谊。日益紧密的人文关系已经成为近年来中俄关系蓬勃发展的新亮点，与政治互信和经贸合作一起构成了中俄战略协作伙伴关系的三大支柱。尽管如此，中俄人文

① 张斐：《上合盛开人文合作之花》，《光明日报》2018年6月10日。

交流仍存在很大的提升空间，还面临着一些新的挑战。

一、俄罗斯的防范心理

“一带一路”倡议刚提出来时恰逢俄罗斯与欧盟激烈争夺乌克兰，俄罗斯官方和智库专家对这一倡议产生了广泛的疑惧，认为“21世纪海上丝绸之路”是对俄罗斯苦心经营的北方航线的最大威胁，不少俄罗斯学者将“一带一路”等同为“西进战略”，认为其实质与欧盟的“东部伙伴关系”计划异曲同工，将不可避免地直接冲击到俄罗斯在中亚的战略利益。俄罗斯精英界的这一看法在一定程度上影响了俄罗斯整个社会对“一带一路”倡议的态度，引导着社会舆论导向，因此，这对“一带一路”框架下中俄合作有着消极的影响。

2014年乌克兰危机继续发酵，俄罗斯面临西方制裁、国际石油价格暴跌、卢布大幅贬值的重重压力，此时的俄罗斯急需帮助。而与此同时，中国国家领导人和政府在国际场合多次进行阐释说明工作，“一带一路”倡议具体框架逐步落地，俄罗斯部分学者开始理性看待这一倡议，表现出支持和理解。

2015年3月，俄罗斯加入了中国主导的亚洲基础设施投资银行。同年5月，习近平主席和普京总统在莫斯科会晤，共同承诺要将俄罗斯主导的欧亚经济联盟和中国主导的丝绸之路经济带“对接”。这象征着俄罗斯迈出了决定性的一步。俄罗斯社会舆论对“一带一路”倡议的整体看法逐渐趋于客观。

2017年，普京成为北京首届“一带一路”峰会上的主宾，他的讲话紧接着习近平主席的开幕词。普京对中国的倡议表示欢迎，也为中国的倡议提供了支持。

目前，大多数俄罗斯民众对中国整体上持有正面评价，这一比例大体保持在62%—77%的水平[①]，2015年更是高达80%，中国和白俄罗斯

① 朱泾涛，史亚军：《俄罗斯社会舆论中中国形象认知的“二律背反”——以近年俄涉华民调为考察文本》，《武汉大学学报》（哲学社会科学版）2015年第1期，第103—108页。

一起成为俄罗斯人心目中最友好的国家[①]。但俄罗斯国内一直对中国存在着一种既欢迎又担心的微妙心态。俄罗斯国际事务理事会主任安德烈·科尔图诺夫在接受采访时将俄罗斯比作中国的“老大姐”（старшая сестра），认为“对于老大哥，必须服从，而对于老大姐，只是尊重她，而不用完全听命于她”。这一新提法把俄罗斯的复杂心态表达得淋漓尽致。

在此背景下，加强和深化中俄两国的人文交流就显得尤为重要。“一带一路”倡议的“五通”，即“政策沟通、设施联通、贸易畅通、资金融通、民心相通”中，“民心相通”是“一带一路”建设的社会根基。当前，中俄关系虽正处于历史最好的时期，但毕竟不能完全消除两国知识界和民众的疑虑，甚至有可能在发生特殊事件时突然加深。因此，中俄人文交流有必要重视这一隐患，更为积极地引导民间舆论，为双边关系健康发展奠定坚实的民意基础。

二、中俄人文交流模式固化

从中俄人文交流的主体来看，仍然是以政府为主导，民间交流相对不足。中俄人文交流活动虽然培育了一批品牌合作项目，如主题年活动、艺术节、文化节、专题论坛、演艺团体互访等，但是商业和民间的交流还没有形成规模化。这一方面是因为中国文化市场蓬勃发展，以输入为主，对俄罗斯艺术有需求，而俄罗斯文化市场主要面对独联体和欧洲国家，对中国艺术的需求有限。另一方面则是上文提到的俄罗斯对中国的微妙心理对中国艺术团体赴俄开展文化交流有消极影响。

从中俄人文交流的内容来看，双方还是以传统文化、经典文化为主，对彼此文化艺术发展的新趋势、新成果知之甚少。20多年来，中俄两国社会都发生了重大变化，然而由于缺乏沟通交流的渠道，老一代对对方文学、戏剧、艺术等的印象还停留在苏联时期，新生代则对欧美国

① 佚名：《中国被俄民众视为最友好国家 80% 民众对中国持好感》，http://www.dragonnewsru.com/news/rc_news/20150211/8650.html（2015-02-11）。

家的文化更感兴趣。尽管中俄双方政府在这方面的交流上做出了一定的努力，但普通民众对其了解还是相当缺乏。

从中俄人文交流的深度来看，当下很多领域的人文交流流于形式，存在浅尝辄止的现象。两国民众对文化的认知也停留在某些具体化符号上，如剪纸、灯笼、书法、套娃、芭蕾等，对其背后的文化内涵或有深度的文学作品缺乏必要了解。俄罗斯文学经典著作曾经影响了几代中国人的精神世界，如今却鲜有具有影响力的当代作品进入中国。中国古典文学和现代文学曾在苏联盛极一时，如今却被认为是“不好的文学”。因此，中俄人文交流要推动两国人民在思想文化、价值观、文艺审美等精神世界层面的相互认知与理解，而不是仅停留在形式上的热闹。

从中俄人文交流的方式来看，仍是以语言推广、文化展示、人员互访等传统方式为主，合作层次相对较低，更高层次上的人文产品输出和产业合作还十分有限。在这方面，两国影视合作和旅游合作已走在了前列。俄罗斯电影不仅走进了中国影院，中俄双方还合作拍摄电影。“一带一路”倡议也促进了双方红色旅游线路的开发。

从中俄人文交流的区域来看，中国派往俄罗斯的艺术团体和艺术展览大多是在莫斯科和圣彼得堡开展活动，其他城市较少或几乎没有。而这两个城市的文化艺术生活十分丰富，中国的文化活动很难吸引民众注意力，难以形成热点。反倒是俄罗斯远东地区地广人稀，又与我国东北地区毗邻，加强这些地区的文化交流具有更加重要的现实意义。中国地方政府在这方面做得较好，尤其是黑龙江省，一直保持着对俄文化交流的优势，堪称中俄文化交流的典范。

第三节 中俄加强人文交流的新途径

人文合作要比政治合作、经济合作复杂得多，因为人文交流的最终成效很难用数字、条约来直观地反映出来，而是要看落实后双方的接受情况。“一带一路”框架为中俄人文交流提供了强有力的支撑，人文交流又反过来助力“一带一路”建设。

一、中俄文化产业合作渠道拓宽

在文化宣传和文化交流方面，最突出的当属两国互办国家级主题年。主题年框架下的各种活动使得中俄人文交流更深入、范围更广泛。其中，中俄互办艺术展已经成为两国文化产业合作的重要组成部分。俄罗斯油画展已经在中国多个城市举行，规模与层次也在不断提高。中国近年也在俄罗斯办过多种艺术展，如2014年9月，中国绘画艺术展在符拉迪沃斯托克美术馆开展。由中俄两国文化部、黑龙江省政府和俄罗斯阿穆尔州政府共同举办的中俄文化大集目前已经成功举办了9届。2010年以来，中俄双方每年都举办一届文化大集。从2013年第四届开始，中俄文化大集上升到两国国家层面。这是集中俄民俗、旅游、休闲、娱乐、展销、项目洽谈于一体的文化盛会，是中俄文化交流、文化贸易的一大创举。

影视文化产业的合作是中俄人文交流的一大亮点。除了两国互办电影展这种常规活动之外，中国加强了对俄罗斯电影的引进。近来，已有多部俄罗斯电影在中国院线上映。2014年8月，北京电影学院和黑龙江省对俄影视文化企业联合发起成立中俄影视联盟，中俄影视文化产业园区在哈尔滨落户。两国开始合作制作电影。为纪念反法西斯胜利70周年，中俄两国在2015年合拍了电影《黑土地上的最后一战》。2017年，由中俄两国政府牵头，中国电影股份有限公司同俄罗斯电影集团共同投资4800万美元拍摄的《中国游记：铁面人之谜》取得了不俗的票房成绩。2017年，中国幽兰文化传播有限公司与俄罗斯某公司共同投资拍摄了电影《战斗民族养成记》。2018年，俄罗斯电影工作室与中国福恩娱乐有限公司合拍的动画电影《冰雪女王3：火与冰》在中国上映。

旅游产业是另一个受益的文化产业。由于相似的革命发展历程，中俄两国人民对对方的革命文化充满好奇。“一带一路”倡议提出后，两国开辟出了新的红色旅游线路来吸引游客，对团队旅游采取免签的措施，同时简便了手续，缩短了时间，深受中俄游客的欢迎和喜爱。在不断完善的旅游合作机制下，更多有特色的旅游线路被挖掘出来。例如，俄罗斯在中共六大会址做了一些旅游项目，带动了很多中国游客到中共六大会址进行参观。中国的亚热带和热带的风貌每年都吸引大量的俄罗斯游客进入。目前，中国已成为俄罗斯第二大旅游客源国，俄罗斯则名列中国第三大旅游客源国。

双方在教育方面的合作也是稳步前进。雅罗斯拉夫尔国立师范大学发布的一份调查报告显示，近 10 年学习汉语的俄罗斯公民增加了两倍多。1997 年学习汉语的人数约为 5000 人，2007 年已达 1.7 万人，而到了 2017 年，学习汉语的人数已达到 5.6 万人。该报告通过调研发现，在俄罗斯学习汉语的主要平台是大学，大学中的人数占汉语学习者总人数的 39%，其次是中学，为 31%，语言班为 25%，还有 5%在中国孔子学院学习。1997 年开设汉语课的大学有 18 所，2017 年全国已经达到 179 所。俄罗斯驻华大使馆提供的数据显示，目前在俄罗斯就读的中国学生已经超过 3 万人，在中国就读的俄罗斯学生约 1.8 万人。根据两国政府 2014 年在中俄人文合作委员会第十五次会议上的协议，双方将进一步扩大互派留学生规模，目标是到 2020 年达到 10 万人。两国高校还签署了多项合作协议，其中在合作办学上取得了突破性进展。2017 年 9 月 13 日，由莫斯科大学和北京理工大学合作成立、深圳市人民政府投资建设的深圳北理莫斯科大学举行开学典礼。该校专业课采用俄语授课，专业课教师全部由莫斯科大学选派。这种教学方式是中俄教育合作领域的新尝试。

二、中俄人文交流机制化、常态化

为推动中俄战略协作伙伴关系的全面发展，统筹规范中俄在教育、文化、卫生、体育领域的合作，并使其机制化，2000 年 12 月，在中俄总理定期会晤机制框架内成立了中俄教文卫体合作委员会。该委员会成立之初只涉及教育、文化、卫生、体育四个领域的合作。2007 年更名为中俄人文合作委员会后，委员会已拥有八个合作机构，涉及教育、文化、卫生、体育、旅游、媒体、电影和档案。在卫生分委会框架内还成立了中医药合作工作组中方小组。委员会的成立为中俄人文交流注入新的活力。在教育领域，中俄双方不再满足于简单的团组互访，而是成立联合研究生院，共同培养人才；互设俄语和汉语中心，合作推广俄语和汉语；互办教育展，相互借鉴高等教育改革和发展的经验。在文化领域，中俄互设文化中心、互办艺术节，弘扬两国文化；在卫生领域，双方探讨建立中医在俄行医、中医药产品在俄注册销售的机制；在体育领域，双方加强优势项目的交流，联合备战奥运会等。

在中俄人文交流委员会的推动下，多个项目已经实现了机制化、常态化。例如，自2001年以来，已经在中央和地方层面上组织两国中小学生双向夏、冬令营活动。每年中国中学生赴俄代表团访问人数为50—60人，团员主要由中国各城市的中小学生代表及领队教师组成。他们在莫斯科训练中心和训练营地与俄方学生开展交流活动，并参观和游览莫斯科红场、卫国战争纪念碑、克里姆林宫、列宁墓、冬宫等俄罗斯历史名胜古迹。俄代表团每年访华人数约为60人，成员主要由俄罗斯各城市的中学生代表及领队教师组成。他们参观中国的城市、游览当地的历史文化名胜，访问有关院校，与中国学生举行文艺表演和联谊，进行体育竞赛等交流互动活动。又如，中俄大学生艺术联欢节、中俄大学校长论坛等，均已搭建了较为合理、良性发展的交流合作平台。

此外，尽管某些领域的人文交流还停留在表面化、符号化的层面，但大多数合作领域在向纵深发展。双方政府也在有意识地挖掘和对接当地社会需求，更加注重价值观、审美观等深层次的交流。例如，2016年7月5日，俄罗斯首家中文书店“尚斯博库”在莫斯科最市中心的新文化聚焦地带——阿尔巴特步行街开业，中国国务院副总理刘延东出席其开幕仪式。该书店是中国浙江出版联合集团与在俄罗斯注册的“尚斯”国际出版集团共同推出的项目。2018年8月，在第二十五届北京国际图书博览会上，一批由中俄两国出版单位相互翻译出版的图书首次亮相，俄方翻译出版的图书包括《围城》《芙蓉镇》《红高粱》《秦腔》等中国当代文学名著，以及茅盾、阿城等作家的作品选集。中文图书方面，五卷本《俄罗斯当代戏剧集》尤其引人关注。

经过多年探索和发展后，中俄人文交流机制已经形成了层次清晰的架构。我们在继续保持官方良好交流的态势下，在继续做好和完善顶层机制设计的基础上，开始逐渐变官方主导为民间引导，以官方交流带动和促进民间交流，充分调动民间团体和市场力量的积极性与主动性，发挥民间交流主力军的作用。

第八章　总结与展望

人员交流、思想交流和文化交流构成了人文交流的内涵。人文交流通过增进各国人民之间的相互认识与了解，从而塑造区域文化认同、价值认同，最后使得区域政治合法性得以实现①。人文交流与政治安全合作、经济贸易合作被认为是现代国际关系的三大推动力。相比政治安全合作和经济贸易合作，人文交流是“人与人之间沟通情感和心灵的桥梁，是国与国加深理解与信任的纽带……它与其他外交手段相比更具有基础性、先导性、广泛性和持久性”②。

人文交流既是推进“一带一路”建设的必要含义，而深化双多边合作更是离不开人文交流这一坚实的民意基础和社会根基。人文交流在“一带一路”建设中的地位尤其重要。

关于“一带一路”沿线国家的人文交流，国内各界多有论述。国防大学马克思主义教研部孙存良研究员认为：“人文交流无疑是建构国家间关系的一项长期的基础性工作，其本身也是‘一带一路’发展倡议的

---

① 许利平，韦民等：《中国与周边国家的人文交流》，北京：时事出版社，2015 年，第 4 页。
② 刘延东：《深化高等教育合作，开创亚洲人文交流新局面》，《世界教育信息》2010 年第 12 期，第 11 页。

主要内容之一。”[①]中国社会科学院学部委员郝时远认为：“人文精神烘托的经济合作和开放发展彰显了文化的力量。”[②]首都师范大学政法学院副教授沈永福认为：“新的历史时期，虽然‘一带一路’建设的重点和核心是经济合作和贸易往来，但仍然要重视人文交流与文明对话，增强沿线国家、地区和人民间的相互了解、求同存异。人文交流与文明对话是互利互信、务实合作的前提和基石，是建设好、发展好‘一带一路’的持续动力。”[③]国家文化软实力研究协同创新中心主任张国祚认为：“最重要的是要坚持经济合作和人文交流共同推进。文化可以使‘一带一路’更具魅力，只有讲好历史、讲好传统、讲好友谊，尊重差异、求同存异，才能心灵通、感情深，拉近距离，开展合作。只有做好人文交流合作，多用外国民众听得到、听得懂、听得进的途径和方式，积极传播中华文化，阐发中国精神，展现中国风貌，让世界对中国多一分理解、多一分支持，才能和‘一带一路’沿线国家民心相通、互利共赢。”[④]贵州日报记者杨春凌认为：“经济合作、人文交流是‘一带一路’建设的两只翅膀，缺一不可，只有企业与学校携手，才能比翼齐飞。另一个短板就是双语师资、国际化师资的缺乏，需要我们大力培养补充。”[⑤]

俄罗斯是中国最大邻国，也是横跨欧亚的世界大国，是“一带一路”沿线最具有战略意义的国家之一。俄罗斯还是“一带一路”倡议的积极支持者、重要参与者和关键合作伙伴。研究中俄人文交流无疑对于“一带一路”人文交流，甚至整个倡议的实施和推进具有重要的战略意义。

作为“一带一路”建设的重要驱动力，中俄人文交流旨在通过文化传播与交流的方式来增进“中俄两国和民众的交流与认知，塑造相互欣

① 孙存良，李宁：《“一带一路”人文交流：重大意义、实践路径和建构机制》，《国际援助》2015年第12期。
② 郝时远：《文化是“一带一路”建设的重要力量》，《人民日报》2015年11月26日。
③ 沈永福：《人文交流：“人文交流”的重要驱动力》，《中国信息安全》2016年第2期。
④ 户华为：《人文交流合作：“一带一路”倡议的根基与灵魂——访国家文化软实力研究协同创新中心主任张国祚》，《光明日报》2016年9月22日。
⑤ 杨春凌：《加强人文交流服务“一带一路”》，《贵州日报》2015年8月5日。

赏、理解、尊重的人文格局，构建文化交融的命运共同体，夯实“一带一路”建设的民意基础和社会根基。

中国与俄罗斯的人文交流基础深厚。早在 300 多年前的清朝时期，两国之间就已经开始了文化交流。在此基础上，两国文化形成了相互借鉴，彼此影响的关系。早在 17 世纪末、18 世纪初，中国古典文学作品就在俄罗斯得到了译介和传播。托尔斯泰青年时期在喀山大学学习汉语，并在老子、孔子等中国古代先哲思想的影响下，编纂了一些有关中国哲学思想的著作和论文。清末民初到五四运动前，普希金、莱蒙托夫、托尔斯泰等十余位俄国著名作家作品的汉译本在中国出现。俄国十月革命后，俄苏文学更长期成为中国外国文学译介的主流。五四运动以后，苏联为中国传来了马克思主义和民主革命的精神，中山大学和东方大学还为中国培养了一大批革命的干部和人才。中华人民共和国成立以后，中苏关系更是迎来了蜜月期。这一时期的中苏人文交流为中华人民共和国建立自己的教育体制、音乐、舞蹈和美术体系奠定了基础，并为中华人民共和国培养了一大批优秀的人才，20 世纪 50 年代赴苏联学习的留学生成为中华人民共和国各行各业的支柱。21 世纪以来，中苏人文交流呈现新的特点，特别是 2013 年“一带一路”倡议提出以来，中俄人文交流成为建设“一带一路”民心相通，提高国家软实力的重要一环，各类活动精彩纷呈，中俄人文交流达到了一个前所未有的新时期。

进入 2018 年，中俄关系呈现更加积极的发展势头，进入更高水平、更快发展的新时期。中俄蓬勃开展的人文交流领域合作将为两国友好继续增添新的动力。多年来，两国互办文化年、媒体交流年、语言年、地方交流年等一系列活动。持续深化的中俄人文交流和逐渐相通的民心民意赋予了两国关系发展越来越浓的人文气息

本书以人文交流的内涵为理论基础，以历史发展的顺序为纵向线索，以人员交流、思想交流和文化交流为横向线索，全面梳理了自清代至今的中俄（苏）在思想、文学、音乐、舞蹈、美术、电影、教育等方方面面的人文交流，除了绪论之外，全书共八章，分别为：绪论；17—20 世纪初的中俄人文交流；十月革命后到 20 世纪抗日战争的中苏人文

交流；1937—1949 年的中苏人文交流；1949—1966 年的中苏人文交流；1967 年至苏联解体的中苏人文交流；1991—2013 年的中俄人文交流；“一带一路”框架下的中俄人文交流；总结与展望。除了史实的梳理，各章还分别对每一时期人文交流的特点进行了思考和总结。

而纵观 300 多年的中俄交往史，我们发现，中俄人文交流整体上呈现以下特点：

（1）历经 300 年，中俄人文交流从未中断。自 17 世纪末期俄国使团来华开启了中俄交流的序幕，至今已有 300 多年的历史，期间虽然中俄两国都经历了历史的变迁，中俄关系也时有起伏，但是两国的人文交流却并未因此而中断。例如，中苏关系从破裂到恶化，直至全面对抗的 1967 年到 20 世纪 70 年代末的十几年间，中苏两国领导人著作的互译过程并未停止，期间的 1967—1968 年，《毛泽东选集》俄文版 2 卷本出版，列宁、斯大林著作也被陆续翻译成中文。

（2）人文交流受政治因素的影响明显。两国政府的官方关系始终在中俄人文交流中具有重要的导向作用，两国关系密切，交流也往往处于高潮，反之，人文交流也相对沉寂。例如，中华人民共和国成立初期，中苏关系处于蜜月期，特别是 20 世纪 50 年代初期的 6—7 年，苏联的教育、文化、文学、艺术成为对中华人民共和国影响最为深远的因素，究其原因，是由于两国政府的参与、推动和影响。这一时期，全民学习苏联，这种趋势是在政府的行政干预、强大的政治权威和社会动员力量下实现的。20 世纪 60 年代，中苏关系陷入低谷，人文交流也被相应收紧。中苏在两国政府的严密监控下，外交和宣传性的工作交流简单地维系着两国的官方联系。

（3）中俄人文交流是一个相互影响、文明互动的过程。中俄人文交流促进了两国的文明互动，应该说，这种互动并非是单向的，而是相互影响、相互促进、相互推动、相互认同的过程。如前所述，20 世纪 50 年代，苏联的人文体系对中国产生了极为深远的影响，甚至中国的教育体系都是完全按照苏联模式建立起来的，哈尔滨工业大学和中国人民大学的创建也深受苏联模式的影响；另外，孔子的《论语》、司马迁的《史记》、曹雪芹的《红楼梦》等作品及其中表现出的人文精神和思想也深深地影响了俄罗斯汉学家甚至普通民众。2010 年，由俄罗斯科学院组织编写，季达连科院士任主编的六卷本《中国精神文化大典》出版，《中国精神文化大典》正面阐释中国式发展道路。《中国精神文化大典》第一卷的全书总序写道："《中国精神文化大典》是俄罗斯和西方汉学界的第一部著作……这套百科全书的写作者、编纂者认为，中国精神不但对与中国相邻的国家的文化形成产生了影响，而且还有这样的事实，中国文化构成了世界文化宝库的重要组成部分。此外，在实施改革开放的政策中飞速变化的中国正在成为确定人类和世界文明未来的大国之一。"①

（4）中俄人文交流前景广阔。经历了300多年的发展，中俄人文交流愈发显示出其活力，其前景也愈发广阔。进入21世纪，中俄两国建立了全面战略协作伙伴关系，中俄人文交流也迎来了新的契机，并显示出全方位、多层次、宽领域的特征。期间高潮迭起，主题多样：2006年和2007年中俄互办"国家年"活动；2009年中国的"俄语年"和2010年俄罗斯"汉语年"；中俄两国在2014年和2015年举办"青年友好交流年"；2016年和2017年举办"中俄媒体交流年"。随着中俄人文交流的发展和深化，中俄两国民众不断加深了相互了解与好感，中国的"俄罗斯热"和俄罗斯的"中国热"持续升温，年轻一代正成为两国友好事业的生力军。展望未来，中俄人文交流仍存在着很大的发展和提升的空间。

今后一个时期，从推进人文交流的角度，中国可以总结经验，积极进取，排除干扰，化解挑战，引领中俄人文交流迈上新台阶。

（1）积极发挥理论作用，倡导两国文明互鉴。命运共同体理念是中国特色大国外交理论创新的重要成果，为21世纪国际关系的发展提供了新思路。这一理念反映了中国外交的优秀传统和世界各国人民追求发展进步的共同愿望。命运共同体理念旨在共建美好世界，促进中外人民的心灵相通，加强中国与世界的相互认知和认同②。基于这一理念，我

① Энциклопедия. Духовная культура Китая. Главный редактор：М.Л.Титаренко, Философия. Москва, «Восточная литература» РАН, 2006, с. 13.

② 王毅：《携手打造人类命运共同体》，http://www.fmprc.gov.cn/web/ziliao_674904/zyjh_674906/t1368155.shtml（2016-10-25）。

们要平等、客观地看待中俄两国的文化价值观；一方面大力弘扬中国优秀传统文化；另一方面又要重视中俄文化的独特性与共通性，汲取俄罗斯文化的优秀内涵。

（2）加强政府层面的政策沟通，建立长期稳定的人文交流合作机制，建设好软环境平台。如前所述，中俄互办“国家年”“旅游年”“青年友好交流年”“语言年”等已经取得了良好的成效，这些政府层面的合作在中俄人文交流中发挥了举足轻重的作用，它积极促进并催生了大量的中俄民间交流。今后的一段时期，中俄还可以采取多种措施将这种政府之间交流推向深入，使得中俄人文交流成为一种长期稳定的机制。

（3）加强中俄民间交流，深化中俄民心相通。“民心相通”作为国与国的关系基础，在中国人文交流中发挥着独有的作用，而所谓“民”就是人民，就是每个个体或是由个体组成的团体，只有“民相亲”，才能“心相通”。因此，我们要推动社会各界参与中俄人文交流，发挥每个个体在交流中的作用；我们还要加强教育交流，加大中俄互相培养留学生的力度，发挥他们的文化使者作用；加强学术交流，增进两国智库之间的交流和互动；积极发挥文化组织和社会团体在中俄人文交流中的作用，使得中俄人文交流深入基层，深入民间，真正实现两国人民的“心相通”。

中俄人文交流历经 300 多年，如今焕发出新的生机，因而，这是一个古老而崭新的话题。本书以较为简短的篇幅对中俄人文交流的历史进行了全面而概要性的梳理，并对其中各阶段及整体的规律进行了思考，为中俄人文交流研究开启了一种理论和史实相结合的模式。当然，本书还存在着诸多有待提升的空间，如全书涉及史实众多，每一史实的细节和全貌均尚待进一步挖掘；中俄两国在教育、文学、艺术等领域的交流一方面彰显了各自的特色，另一方面，也促进了两国文明的互动，甚至形成了各自文化的某一个元素，人文交流对于文明互动的作用仍是一个有待研究的话题。总之，本书继承前人又有所创新，可视为一部中俄人文交流和文明关系研究的抛砖引玉之作，在此基础上，该领域必将产生更多更具创造力的成果。

后　　记

2018年3月，我接到了撰写一部《中国和俄罗斯人文交流史（17世纪至今）》的任务，起初，我是惶恐之至的，因为这对于研究俄汉语言的我来说无疑是一个全新的领域。而且，当时时间紧、任务重，需要用5天的时间完成开题论证，焦虑之情可想而知。但是我知道不能退缩。2018年3月下旬，5天的不眠不休，终于完成了8000多字的开题论证报告，顺利接下了这个艰巨的任务。

为了按期完成著作的撰写，我邀请师妹聂品博士加盟，聂博士在关键时候伸出援手，负责专著第一、六、七章的撰写，共计5万字，助我在2018年11月底按期完成了专著的初稿。期间西安外国语大学的张真老师也参与了项目的研究，撰写了中俄文学交流（清代至民国部分），共计12 000字，后期我把这部分材料融合进了专著中。

写完著作，掩卷长思，《中国和俄罗斯人文交流史（17世纪至今）》正是我这一年风风雨雨的最好见证。2018年是我人生中颇不平静的一年，经历了奋斗、失败、彷徨、疾病，终于还是一路走过。为了完成写作，6月底7月初，我只身来到莫斯科，走访了俄罗斯国家档案馆、俄罗斯科学院东方所、俄罗斯科学院远东研究所等地，期间得到东方所同仁的大力支持，搜集了大量的资料。回国后，整整一个暑假的时间我都在做资料的整理归档工作。此后的9月和10月，我一边进行《中国历史地理纲要》俄文版的第三轮校对，准备中华外译项目的结项，一边努力推进本书的撰写，其中的艰辛自不必说。

著作的完成离不开太多人的支持和帮助。首先要感谢陕西师范大学支持我在教育部国际司区域国别项目的资助下完成本书的研究；感谢爱人和女儿对我无比宽容，让我专心写作，在不到一年的时间里完成了人生中的第三部著作；感谢母校山东大学国际汉学中心的全体同仁，特别是导师郑杰文教授和王培元教授的接纳，让我有机会参与文化部重大委托项目“全球汉籍合璧计划”的些微工作，更多地接触了俄罗斯的中国学研究。

本书的完成于我来说并非是一个研究内容的终点，而是一个新领域的起点，它为我开启了语言学、文学和史学研究相结合的更为广阔的研究模式。专著撰写过程中，我发现了300多年中俄人文交流中诸多值得深挖的话题，也深感有必要进行多学科融合的中俄文明互动研究，条件允许的话，也想在这方面做些工作。总之，本书的出版必将把我的研究引向更为崭新的天地和广阔的空间。

陶 源

农历乙亥年正月初五于陕西师范大学雁塔校区